国家社科基金
GUOJIA SHEHE JIJIN HOUQI ZIZHU XIANGMU
后期资助项目

案例导向研究的比较技艺
哲学基础与研究设计

The Craft of Case-Oriented Studies
Philosophical Basis and Research Design

游宇　陈超　著

中国社会科学出版社

图书在版编目（CIP）数据

案例导向研究的比较技艺：哲学基础与研究设计／游宇等著. -- 北京：中国社会科学出版社，2024. 8（2026. 1 重印）.

ISBN 978－7－5227－4094－2

Ⅰ. D0

中国国家版本馆 CIP 数据核字第 20247F9Y80 号

出 版 人　季为民
责任编辑　孔继萍
责任校对　刘　娟
责任印制　李寡寡

出　　版　中国社会科学出版社
社　　址　北京鼓楼西大街甲 158 号
邮　　编　100720
网　　址　http：//www. csspw. cn
发 行 部　010－84083685
门 市 部　010－84029450
经　　销　新华书店及其他书店

印　　刷　北京君升印刷有限公司
装　　订　廊坊市广阳区广增装订厂
版　　次　2024 年 8 月第 1 版
印　　次　2026 年 1 月第 2 次印刷

开　　本　710×1000　1/16
印　　张　14. 5
插　　页　2
字　　数　260 千字
定　　价　79. 00 元

国家社科基金后期资助项目

出版说明

后期资助项目是国家社科基金设立的一类重要项目，旨在鼓励广大社科研究者潜心治学，支持基础研究多出优秀成果。它是经过严格评审，从接近完成的科研成果中遴选立项的。为扩大后期资助项目的影响，更好地推动学术发展，促进成果转化，全国哲学社会科学工作办公室按照“统一设计、统一标识、统一版式、形成系列”的总体要求，组织出版国家社科基金后期资助项目成果。

全国哲学社会科学工作办公室

前　言

如何“科学地”展开一项案例导向研究？这是本书致力于探讨的主题。本书关注的“案例导向研究”主要指在实证主义与后实证主义传统下，以理论建构与机制解释为目标的个案研究、少案例比较研究与定性比较分析，以及基于案例导向的整合研究设计。通过介绍并讨论案例导向研究的哲学基础与研究设计，本书希望可以深入理解案例导向研究的价值、规范与设计原理，从而协助研究者科学、严谨地开展相关的案例导向研究。

我们的主要观点包括四个方面。第一，案例导向研究在假设验证与理论发展方面具有独特的优势，包括：提炼有效概念的潜力，生成新假说的有效程序，在个别案例背景下检验因果机制的预设作用，以及解决因果复杂性的强大能力等等——这些优势使得案例导向研究非量化研究逻辑可以统合。第二，要科学地展开一项案例导向研究，研究者首先要理解案例导向研究的哲学基础，包括其因果性本体论以及认识论。实证主义传统下案例导向研究主要遵循“规律性—决定论”（比如少案例比较研究与定性比较分析）或“机制性—决定论”（比如案例内过程追踪法），因此其关键价值在于揭示事物之间具体的逻辑因果，而非简单的变量相关。第三，在跨案例分析中，研究者需要在研究设计上实现认识论与方法论上的正确衔接，并将案例选择范围与案例选择技艺等重要内容融入理论分析框架与研究设计之中，从而实现理论与实证的有机结合。第四，在多元方法与案例导向的整合研究中，研究者在设计研究之初便要明确研究的客体、核心的研究目标及可供研究的案例总体，以及不同因果分析路径的作用边界，并针对不同目标运用合适方法来选取恰当的案例，从而充分挖掘案例导向研究在多元方法研究设计中的巨大潜力。

在上述理论观点引导下，本书还辅之大量的研究实例，试图为读者全景式地展现如何科学严谨地开展案例导向研究。一旦厘清案例导向研究的因果性本体论与方法论特征，研究者将不难判别选择案例导向研究的时机，并以此为研究“利器”，讲好基于中国情境的理论故事。

目　　录

导言　将案例导向研究带回来

一个学科通常包含三大基础部分：首先是学科的基本问题与理论，这构成了学科的核心框架；其次是学科的学术史与思想史，这些历史背景提供了理论发展的脉络；最后是学科的基本方法论，这是研究的实践基础。在当代，社会科学领域的研究趋向于跨学科，采用多元方法（multi - method）或混合方法（mixed - method）的研究设计，这使得不同学科间的研究边界变得模糊，研究方法的学科特性也逐渐弱化。然而，对于特定学科而言，某些特定方法在奠定和发展学科范式方面仍然占据着核心地位。例如，心理学领域依赖实验方法，经济学重视计量与建模分析，人类学倚靠民族志研究，政治学则偏重于比较分析方法。

在本书聚焦的主要学科——政治学中，比较政治学是一个独特的分支，它是基于方法而非实际内容来划分的。根据阿伦德·利普哈特的总结，比较方法是当时比较政治学的主要研究方法之一，特别适用于小样本（small - N）研究。[①] 这种方法的核心在于“结构—重点比较法”（the method of structured and focused comparison）。所谓的“结构性”比较是指研究者通过精心设计的研究问题来引导和标准化数据收集，从而使得不同案例研究结果的系统比较成为可能；而“重点性”比较则是指研究者通常聚焦于研究案例中的某些关键方面，从而尝试基于关键变量完成因果推断。[②]

比较方法与统计分析、实验方法一样，目的都在于对研究问题进行实证解释，在两个或更多因素间建立一般的经验关系。同时，在 20 世纪 70 年代初的学科发展背景下，利普哈特也强调，在政治学者面临“变量多、

① Arend Lijphart, “Comparative Politics and the Comparative Method”, *American Political Science Review*, Vol. 65, No. 3, 1971, pp. 682 - 693.

② Alexander L. George and Andrew Bennett, *Case Studies and Theory Development in the Social Sciences*, Cambridge: MIT Press, 2005, p. 215.

案例少”的窘境时，将比较方法与不同类型的案例研究[①]结合，将成为政治学研究中最有益的方法论工具之一。[②]然而，政治学以及相关学科之后的发展表明，将比较方法与案例研究结合起来的少案例比较方法尽管运用于不同学科的研究，但其影响力似乎并未如定量研究那样广泛。我们认为其中的原因很可能是多方面的。

首先，自20世纪70年代以来，政治学及其相关学科在微观调查数据库、复杂统计模型与软件的发展，以及实验方法在社会科学中的应用方面取得了显著进步。这些进展使得大样本的观察性研究和各种形式的随机干预实验设计在数据获取的便利性和因果推断的有效性方面更受青睐。[③]

其次，案例比较分析对研究者的方法论训练和知识储备提出了较高要求。研究者需要在“战略”层面构建合理的理论框架，并在“战术”层面解决多个复杂的方法论问题，如案例选择的范围界定、案例选择方法以及比较分析技术等。此外，由于需对每个案例进行深入剖析，研究者还必须掌握与案例相关的文化、历史甚至语言知识。

最后，我们认为影响最大的是不同方法论之间的交锋，其中尤以加里·金（Gary King）、罗伯特·基欧汉（Robert O. Keohan）和悉尼·维巴（Sidney Verba）合著的《社会科学中的研究设计》（以下简称KKV）的影响最为显著。自此以后，围绕案例导向研究出现了多种观点。一种是赞同性的，支持KKV论点，强调案例研究与量化研究的共通性[④]，这一趋势

① 比如，根据利普哈特的总结，我们至少可以区分出六种理想类型的案例研究，包括：与理论无关型（Atheoretical）案例研究，解释型（Interpretative）案例研究，假说生成型（Hypothesis - generating）案例研究，理论证实型（Theory - confirming）案例研究，理论证为型（Theory - infirming）案例研究，以及异常型（Deviant）案例研究。值得注意的是，还有诸多学者建构了不同的案例类型学，本书也将在后面对此进行探讨。

② Arend Lijphart, “Comparative Politics and the Comparative Method”, *American Political Science Review*, Vol. 65, No. 3, 1971, p. 693.

③ 正是随着政治学日益重视因果推论（causal inference）与实证导向的理论提炼（empirically guided theoretical refinement）等两大研究目标，实验方法在政治学研究中也逐渐兴起。其主要体现表示，在美国政治学最顶级的三大期刊（*American Political Science Review*, *American Journal of Political Science* 以及 *Journal of Politics*）中，运用实验研究的规模在近三十年来不断增加。参见 James N. Druckman et al., “The Growth and Development of Experimental Research in Political Science”, *American Political Science Review*, Vol. 100, No. 4, 2006, pp. 627 - 635；余莎、游宇《不操纵无因果：实验政治学几个核心的方法论问题》，《甘肃行政学院学报》2017 年第 2 期。

④ Evan S. Lieberman, “Nested Analysis as a Mixed - method Strategy for Comparative Research”, *American Political Science Review*, Vol. 99, No. 3, 2005, pp. 435 - 452; Jason Seawright, *Multi - Method Social Science: Combining Qualitative and Quantitative Tools*, Cambridge: Cambridge University Press, 2016.

极大地提升了社会科学研究者的方法论意识，并建立了基于量化逻辑的统一社会科学方法论体系①。另外两种观点认为，案例研究和少案例比较分析有其独特价值，不能完全由量化研究逻辑统合。其中一种是“辩护性”的，认为这些研究路径具有其他方法不可替代的作用。② 另一种则主张“另辟蹊径”，明确反对 KKV 的观点，探索案例导向研究与量化研究的根本区别，并尝试为案例研究建立独特的方法论体系，如定性比较分析（Qualitative Comparative Analysis，QCA）或集合论。③

然而，即便对于上述后两种观点，学者们也在反思一个重要问题：如何“科学地”进行案例导向研究？要回答这个问题，首先需要理解案例导向研究的方法论基础。大多数质性研究者并不认同用量化逻辑指导比较研究，因为他们认为案例比较的核心价值在于揭示具体的逻辑因果关系，而非简单的变量相关性。简而言之，当我们考虑到因果性的本体论，质性取向的案例导向研究与定量研究相比显示出了其独特的本质特质。

本书所探讨的核心主题——案例导向研究，正是建立在上述方法论争论与发展的基础上。总的来说，本书中的“案例导向研究”指的是在实证主义或后实证主义传统中，以构建理论或机制解释为目的的个案研究、少案例比较研究及定性比较分析，以及基于案例导向的综合研究设计。④

正是在对 KKV 的争论和反思中，方法学家逐步构建了一种基于布尔代数、旨在发掘充分/必要条件（或条件组合）的方法论体系，这一体系成为了指导案例比较的基本思想，从根本上区分了案例导向的质性研究与

---

① James Mahoney, “After KKV: The New Methodology of Qualitative Research”, *World Politics*, Vol. 62, No. 1, 2010, p. 120.

② Henry E. Brady and David Collier, Henry E. Brady and David Collier eds., *Rethinking Social Inquiry: Diverse Tools, Shared Standards*, Plymouth: Rowman & Littlefield Publishers, Inc., 2010; John Gerring, *Case Study Research: Principles and Practices*, New York: Cambridge University Press, 2007.

③ Charles C. Ragin, *Redesigning Social Inquiry: Fuzzy Sets and Beyond*, Chicago and London: University of Chicago Press, 2008; Gary Goertz and James Mahoney, *A Tale of Two Cultures: Qualitative and Quantitative Research in the Social Sciences*, Princeton: Princeton University Press, 2012.

④ 根据查尔斯·C. 拉金的观点，“案例导向的研究”是指在科学研究传统中进行的案例研究，主要包括旨在构建理论的个案研究、少案例比较研究及定性比较分析（QCA）。参见 Charles C. Ragin, *The Comparative Method Moving Beyond Qualitative and Quantitative Strategies*, Berkeley: University of California Press, 1987。我们采纳了与拉金相同的定义，并将在第一章对“案例导向研究”的概念进行深入讨论。

变量导向的量化研究，形成了两种截然不同的“研究文化”[①]。然而，由于国内学界过于倾向于变量导向的量化研究路径，对案例导向的定性研究关注不足，许多相关的重要问题仍有待解决和探讨。

首先，由于两种研究文化在认识论层面的巨大差异，它们在方法论层面的研究设计也相应存在不同。然而，许多学者对这种认识论与方法论的“错配”问题似乎并未给予足够关注。因此，在国内广泛采用的少案例比较研究中，我们不难发现一种普遍现象：研究者在提出关于充分/必要条件（或条件组合）的因果框架时，却常常根据 KKV 的建议来指导研究设计。[②]

其次，以集合理论为基础的研究者通常聚焦于中等规模案例[③]的问题，因此他们并未为少案例研究提供具体的研究设计建议，也几乎没有给出关于案例选择的可操作性方案。[④] 如果研究者的目标是从大量案例中选取一些进行比较分析，那么案例选择可能会基于量化相关的逻辑。因此，我们认为，如果研究从内容和分析路径上属于逻辑因果而非量化相关（反之亦然），其在案例选择策略上将完全不同，无论是作为单一研究设计还是多元方法研究的跨案例分析部分。

最后，尽管另一种与量化研究对应的文化更多指的是基于集合理论的定性比较分析，但我们认为，少案例比较分析（small - N comparative methods）和案例内分析（within - case analysis）也是案例导向研究中不可或缺的部分。一方面，由于定性比较分析并未提供关于“变量控制”的方法，研究者通常需要在特定范围条件内的总体上探索逻辑因果关系。然而，由于研究者知识储备、研究成本或数据可得性等多方面的限制，研究者往往只能通过少案例比较来进行研究，这为少案例比较分析提供了广阔的空间。另一方面，随着以“先量化相关后质性比较”为特征的多元或混合方法研究的兴起，少案例比较分析及过程追踪等方法也成为了理论建构或因果推断的重要工具。

---

① Gary Goertz and James Mahoney, *A Tale of Two Cultures*: *Qualitative and Quantitative Research in the Social Sciences*, Princeton: Princeton University Press, 2012.

② 陈超、李响：《逻辑因果与量化相关：少案例比较方法的两种路径》，《公共管理评论》2019 年第 2 期。

③ 目前对于“中等规模”并没有一个精确的规定，大概指的是多于 10 个而少于 100 个的案例规模。

④ 关注中等规模案例的定性比较分析往往使用条件范围或因果域之中的全部案例，因而更多关注的是案例类型，而非案例选择。

因此，虽然我们认同案例导向研究的独特性和重要价值，但针对不同路径的案例导向研究，我们仍需进一步探讨其哲学传统的差异、研究设计的关键决策和操作细节等问题。本书的核心出发点在于聚焦个案内因果推断、少案例比较研究和定性比较分析等主要的案例导向研究方法。我们的目标是帮助更多研究者深刻理解案例导向研究的价值、规范和设计原则，并将这一研究路径重新引入国内政治学及其他社会科学领域的研究。同时，本书也旨在阐明不同分析路径下的案例导向研究，在方法论或研究设计上需要注意的核心差异。

在组织结构上，本书从案例导向研究的理论与哲学基础出发，主体内容分为两大部分。

第一部分着重于案例导向研究的理论内涵和哲学基础，内容涉及：第一章介绍案例导向研究的发展历程和方法论对话；第二章探讨案例导向研究的因果性本体论及其与变量导向研究的区别；第三章讨论案例导向研究的范围条件，旨在帮助研究者应对内部效度挑战，更清晰地界定研究对象；第四章从社会科学理论化视角分析案例选择的策略和挑战。

第二部分集中讨论案例导向研究的具体研究设计，包括：第五章介绍个案内分析的研究路径与设计，如因果过程追踪法和一致性分析设计；第六章通过聚焦政治学领域的次国家比较研究，探索少案例比较分析的设计；第七章介绍定性比较分析的方法论定位及具体设计；第八章从研究设计角度讨论基于案例导向的整合研究设计问题。最后，第九章总结全书内容。除了回顾案例导向研究设计的核心特征，还将探讨为何在大数据时代依然需要重视案例导向研究，以及案例导向研究如何帮助学者更好地基于中国情境讲述理论故事。

第一章 何为案例导向研究

第一节 比较分析中的案例导向研究

没有差异就难以进行比较，而缺乏比较就无法深入研究。寻找差异通常是提出研究问题的关键一步。然而，如何科学地进行“比较”以解释这些差异背后的原因和机制，则成为诸多研究在方法论层面的分野。也就是说，虽然因果推断和基于实证的理论构建是社会科学研究的核心任务[①]，但研究者对于因果性本质的理解是多元的，进行因果分析的逻辑也因此存在差异[②]。在实证研究中，这种差异或方法论之争最明显体现在定量与质性研究对“什么是案例”这一关键问题的不同理解上。

对定量研究者而言，案例更多被视为由多种变量组成的集合体。在大量“案例”的研究中，关键解释变量的变异可能导致被解释变量出现规律性变化。相比之下，虽然质性研究者通常将“案例”放在研究的中心位置，但他们对“什么是案例”有着更加多元化的理解。

例如，在拉金和贝克尔[③]主编的关于“什么是案例”的书中，查尔斯·拉金将学者们对案例定义的不同观点归纳为四种类型（见表 1－1）[④]。第一种观点认为案例是在研究过程中被发现并确认的具体实体，具有真实性和明确的边界。第二种观点同样认为案例在经验上是真实且有边界的，

---

① James N. Druckman et al.，“The Growth and Development of Experimental Research in Political Science”，*American Political Science Review*，Vol. 100，No. 4，2006，pp. 627－635.

② 左才：《政治学研究中的因果关系：四种不同的理解视角》，《国外理论动态》2017 年第 1 期。

③ Charles C. Ragin and Howard Saul Becker eds.，*What is a Case?：Exploring the Foundations of Social Inquiry*，Cambridge & New York：Cambridge University Press，1992.

④ Charles C. Ragin，“Introduction：Cases of ‘What is a Case?’”，in Charles C. Ragin and Howard Saul Becker eds.，*What is a Case?：Exploring the Foundations of Social Inquiry*，Cambridge & New York：Cambridge University Press，1992，pp. 9－12.

但认为无须在研究中验证它们的存在或建立边界，因为这些案例通常是一般化和常规化的，例如“家庭”或“正式组织”。第三种观点视案例为研究者的观点与经验证据相互作用和融合的理论构念，这些案例不是经验性的或给定的，而是在研究过程中逐渐形成，并通过经验证据归纳得出。第四种观点则将案例视为一般化的理论构念：它们是学术共同体通过长期讨论和互动形成的，超越了任何特定研究的范围，如“工业社会”。这类“案例”是学术界长期讨论形成的约定俗成的理论构念。

表 1－1　　对于“案例”的多元化理解

对于案例的理解（understanding of cases）	对于案例的认知（case conceptions）	
	特定的（specific）	一般的（general）
作为经验的单位	1. 案例是被发现的（cases are found）	2. 案例是一类客体（objects）
作为理论的构念	3. 案例是被创造的（cases are made）	4. 案例是某种约定俗成的产物（conventions）

资料来源：Charles C. Ragin，“Introduction：Cases of ‘What is a Case?’”，in Charles C. Ragin and Howard Saul Becker eds.，*What is a Case?：Exploring the Foundations of Social Inquiry*，Cambridge & New York：Cambridge University Press，1992，p. 9。

本书所探讨的“案例导向研究”中的“案例”更多指向的是经验世界中的分析单位，即在某一时间点或经过一段时期所观察到的一种有空间界限的现象（或一个观察单位）。换言之，“案例”构成了一项推论试图解释的一类现象，并具有理论上的时空边界。①

不过，在比较分析的方法论领域，定量与质性方法的争论由来已久。查尔斯·拉金在其有关比较社会科学的经典著作中对此做了深入总结。②2014 年该书再版时，作者针对时代背景更新了书中的主题讨论，并从认识论层面深入比较和反思了两种方法论路径的优势和劣势。拉金指出，定量研究即变量导向的研究路径，虽能利用主流社会科学的定量工具拓展研究广度，但在将经验与理论、现实和政治关怀连接时常面临矛盾。例如，

① John Gerring，“What Is a Case Study and What is It Good for?”，*American Political Science Review*，Vol. 98，No. 2，2004，pp. 341－354.

② Charles C. Ragin，*The Comparative Method：Moving Beyond Qualitative and Quantitative Strategies*，Berkeley：University of California Press，1987.

在定量的跨国研究中，国家作为系统性困境的有机体（organisms with systemic distress），其所检验的数据与实际经验过程往往缺乏实质性联系，难以真实展现研究对象的特性。作者强调，只有通过深入分析少数案例的定性案例导向研究，才能有效解决这些问题，并对复杂性和历史独特性保持理论敏感。

基于此，拉金尝试将定量技术与传统定性研究的优势相结合，运用集合理论和布尔代数作为方法论工具，提出了定性比较分析，专门用于分析中等规模案例。时至今日，这一研究路径在国内众多学科中得到了广泛应用，包括国际关系[①]、管理科学与经济管理[②]、新闻传播[③]以及图书与情报研究[④]等领域。然而，许多学者在应用定性比较分析时，更关注于方法的具体操作，如案例编码、真值表的制作、分析方法及统计量的解释等，却较少关注或深入讨论该方法背后的认识论。这导致不少研究者对该方法的适用场景和合理应用存在误解。

作为一种案例导向型的研究路径，我们认为，定性比较分析对于比较分析认识论的认知贡献主要体现在两个相互关联的特征上，即对案例的整体理解和对因果关系的组合性理解：其一，该路径视案例为整体而非孤立部分的集合，强调部分之间的关系应置于整体情境中理解，而非简单基于可比部分或变量之间共变模式；其二，对因果关系的理解是组合性的，视每个案例为条件的组合，并通过跨案例比较分析展现结果与影响因素间的逻辑联系。[⑤]

因此，定性比较分析非常适合分析经验性定义的历史结果，擅长处理中小样本数量和因果关系复杂的社会现象，以及用于理论生成型研究。正是遵循拉金的案例导向研究思路[⑥]，以及对 KKV 完全以量化逻辑指导社

---

① 刘丰：《定性比较分析与国际关系研究》，《世界经济与政治》2015 年第 1 期。

② 夏鑫、何建民、刘嘉毅：《定性比较分析的研究逻辑——兼论其对经济管理学研究的启示》，《财经研究》2014 年第 10 期；杜运周、贾良定：《组态视角与定性比较分析（QCA）：管理学研究的一条新道路》，《管理世界》2017 年第 6 期。

③ 毛湛文：《定性比较分析 QCA 与新闻传播学研究》，《国际新闻界》2016 年第 4 期。

④ 郑胜利、付少雄：《定性比较分析（QCA）在图书情报学中的应用——以网络社区健康信息搜寻影响因素研究为例》，《情报理论与实践》2017 年第 12 期。

⑤ Axel Marx, Benoît Rihoux and Charles Ragin, "The Origins, Development, and Application of Qualitative Comparative Analysis: The Yirst 25 years", *European Political Science Review*, Vol. 6, No. 1, 2014, pp. 115 – 142.

⑥ Charles C. Ragin, *The Comparative Method: Moving Beyond Qualitative and Quantitative Strategies*, Berkeley: University of California Press, 1987; Charles C. Ragin, *Redesigning Social Inquiry: Fuzzy Sets and Beyond*, Chicago and London: University of Chicago Press, 2008.

会科学研究设计的争论和反思，方法论学者建立了一套基于布尔代数和集合理论的体系，旨在挖掘充分—必要条件组合的逻辑因果关系。① 这一系列方法论进展不仅丰富了社会科学的因果分析工具箱，也在很大程度上促进了少案例比较分析等案例导向的实证研究路径。

本书主要探讨的“案例导向研究”则是建立在上述研究之上，涵盖实证传统下的案例内分析和跨案例研究，包括以建构理论或机制检验为目的的个案研究、少案例比较研究及定性比较分析，以及基于这些方法的多元方法研究设计。本书的重点是这些研究路径的方法论基础、研究设计思路及其各自的优势与局限。

第二节　实证主义传统下的案例导向研究

衔接上述讨论，我们下一步将深入介绍案例导向研究的哲学基础及其在因果分析工具箱中的定位。研究设计过程中，研究者难以避免两个核心问题：一是选择何种方法论和研究方法；二是如何论证所选方法的合理性。进一步地，迈克尔·克罗蒂（Michael Crotty）将研究过程概括为四个层层递进的问题②：

问题一：我们打算使用什么样的方法（methods）？

问题二：何种方法论（methodology）主导了我们的选择和方法运用？

问题三：隐藏在我们所选择的方法论之后的理论视角（theoretical perspective）是什么？

问题四：指引这一理论视角的本体论（epistemology）又是什么？

---

① Ingo Rohlfing and Carsten Q. Schneider, “A Unifying Framework for Causal Analysis in Set – Theoretic Multimethod Research”, *Sociological Methods and Research*, Vol. 47, No. 1, 2018, pp. 37 – 63; Derek Beach and Ingo Rohlfing, “Integrating Cross – case Analyses and Process Tracing in Set – Theoretic Research: Strategies and Parameters of Debate”, *Sociological Methods & Research*, Vol. 47, No. 1, 2018, pp. 3 – 36; Gary Goertz and James Mahoney, *A Tale of Two Cultures: Qualitative and Quantitative Research in the Social Sciences*, Princeton: Princeton University Press, 2012.

② Michael J. Crotty, *The Foundations of Social Research: Meaning and Perspective in the Research Process*, London: SAGE Publications Ltd, 1998, pp. 2 – 10.

这四大问题也分别代表着研究过程的四大要素。其中最为基础的便是研究方法，即用于收集与分析数据的技术或程序，比如是用问卷调查还是深入访谈，是用量化分析还是质性编码等。这一要素在研究最为常见，往往以“白纸黑字”的形式呈现在“方法”部分。

第二个要素则是方法论，即研究的策略、纲要、过程或设计，这一要素往往隐藏于我们对特定研究路径的选择之中。比如，民族志（ethnography）便是人类学的一种方法论，强调通过实地调查与参与式观察，对特定文化、社会与群体所形成的描述与解释。

第三个要素是理论视角或认识论，即指引方法论的哲学立场，其为研究过程提供一种可以对话的情境，同时奠定逻辑和标准基调。例如，阐释主义（interpretivism）作为一种认识论，认为个人行为取决于对社会环境、文化模式和价值判断，因而反对将自然科学中的中立式观测（neutral observations）、一般法则（universal laws）应用于社会科学研究。①

第四个要素——本体论——是关于知识和世界本身的理论，即真实与认知的基础。换言之，本体论是各种范式中有关真实与知识的基础（foundations of truth and knowledge）。②或者更为形象地说，对于各个学科的研究者而言，本体论更像是研究的皮肤（skin）而绝非仅仅是套衫（sweater）——因为正是它们在塑造我们的研究路径，并不会因为研究者的喜好而随意穿脱。③因此，尽管研究者通常并不会在研究中提及本体论，但无论对研究者本人还是其研究本身而言，本体论均贯穿始终、无所不在。比如，客观主义（objectivism）这一本体论，便假定现实世界是独立于个体的精神世界而存在的，个人也可以通过自身的感知将自身与这种现实关联，从而获得知识、认识世界④。秉承这一本体论的研究者往往采用的是实证主义的认识论。

---

① Ann Chih Lin, "Bridging Positivist and Interpretivist Approaches to Qualitative Methods", *Policy Studies Journal*, Vol. 26, No. 1, 1998, pp. 162 – 180.

② Yvonna S. Lincoln, Susan A. Lynham and Egon G. Guba, "Paradigmatic Controversies, Contradictions, and Emerging Confluences, Revisited", in Norman K. Denzin and Yvonna S. Lincoln eds., *The SAGE Handbook of Qualitative Research*, Thousand Oaks: Sage, 2018, pp. 234 – 237.

③ Paul Furlong and David Marsh, "A Skin Not a Sweater: Ontology and Epistemology in Political Science", in Vivien Lowndes, David Marsh and Gerry Stoker eds., *Theory and Methods in Political Science*, London: Palgrave Macmillan, 2018, pp. 177 – 198.

④ Michael J. Crotty, *The Foundations of Social Research: Meaning and Perspective in the Research Process*, London: SAGE Publications Ltd, 1998, p. 5.

综上，社会科学研究者在认知世界与探索人类社会时往往受到不同世界观的指引或驱动，而个体世界观（world views）的多样性便在于他们对现实本质有不同认识（本体论），看待已有知识的方式存在差异（认识论）以及采取了形式各异的研究程序（方法论）。因此，我们必须认识到，社会科学研究者在理解世界和探索人类社会的过程中，常常受到不同世界观的影响和指引。个体的世界观差异主要体现在对现实本质的认识（本体论）、对已有知识的看法（认识论）以及所采用的研究程序（方法论）。约翰·克雷斯维尔等人对此进行了进一步的阐述，总结出四种常见世界观在本体论、认识论、价值论、方法论以及行文修辞等方面的差异（见表1－2）。①

表1－2　　四种常见的世界观的要素构成

世界观构成	实证主义	建构主义	参与式	实用主义
本体论（现实的本质是什么?）	单一现实（例如，研究者拒绝还是无法拒绝假设）	多元现实（例如，研究者使用引述来展示不同视角）	政治现实（例如，与参与者商讨发现）	单一且多元的现实（例如，研究者检验假设并提供多元视角）
认识论（研究者与研究对象的关系是什么?）	疏离与公正（例如，研究者利用测量工具客观地收集数据）	亲密性的（例如，研究者拜访参与者住处来收集数据）	合作性的（例如，研究者积极地将参与者当作合作者）	实用性的（例如，研究者根据“什么有用”来收集数据、回答研究问题）
价值论（价值观起什么作用?）	无偏见的（例如，研究者用数据表来消除偏见）	有偏见的（例如，研究者积极讨论他们的偏见和阐释）	协商的（例如，研究者将自己的偏见与参与者讨论）	多元立场（例如，研究者同时持有有偏见的和无偏见的视角）

① John W. Creswell, *Research Design: Qualitative, Quantitative, and Mixed Approaches*, Thousand Oaks: Sage, 2009; John W. Creswell and Vicki L. Plano Clark, *Designing and Conducting Mixed Methods Research*, SAGE Publications, Inc., 2011.

续表

世界观构成	实证主义	建构主义	参与式	实用主义
方法论（研究过程是什么？）	演绎的（例如，研究者对现有理论进行检验）	归纳的（例如，研究者从参与者视角开始，随后“上升”形成模式、理论和通用的理解）	参与式（例如，全部研究阶段都有参与者参与，而且研究者会对结果进行循环检验）	结合的（例如，研究者收集定量和定性数据并加以混合）
修辞学（研究使用什么语言？）	正式风格（例如，变量使用公认的定义）	非正式风格（例如，研究者以文学的非正式风格写作）	倡导与变革（例如，研究者使用能引发变革、有利于参与者的语言）	正式或非正式风格（例如，研究者可能既采用正式风格又采用非正式风格写作）

资料来源：John W. Creswell and Vicki L. Plano Clark，*Designing and Conducting Mixed Methods Research*，p. 42。

首先，与本书密切相关的是实证主义（positivism）和后实证主义（post – positivism）认识论。[①] 实证主义遵从现实主义或基础主义的哲学本体论，强调研究者与研究对象之间的独立性，坚信可知论，即认为现实确实存在且可以被认识，事物本身具有固定、可重复的规律。[②] 在这种认识论的指导下，方法论主要基于自然科学的实证方法，例如受控制的比较研究，实验便是其中一种形式。

与此相对，以卡尔·波普尔为代表的后实证主义者对人类认知边界持“悲观”态度，认为我们对所谓真实世界的认知仅是逼近客观真实的过程，研究的目的在于对这种真实“表象”进行“证伪”（falsification），

① 相对于实证主义而言，后实证主义者更加强调：实体从来就不可能被完全把握，只可能被无限接近；研究者需要依赖多种方法，尽可能多地捕获实体的方方面面，比如理论的发现和证明、重视诸如内在效度与外在效度等传统评价标准，以及更加重视质性程序的使用等。具体可参见 Norman K. Denzin and Yvonna S. Lincoln，“Introduction：The Discipline and Practice of Qualitative Research”，in Norman K. Denzin and Yvonna S. Lincoln eds.，*The SAGE Handbook of Qualitative Research*，Thousand Oaks：Sage，2018，pp. 1 – 32。而在本书中，我们并未严格区分实证主义与后实证主义，只是笼统地使用实证主义的基本内涵，即强调研究者与研究客体相互分离，现实是独立存在的，研究者应该坚持经验研究的方法等。

② 井润田、孙璇：《实证主义 vs. 诠释主义：两种经典案例研究范式的比较与启示》，《管理世界》2021 年第 3 期。

科学在一系列螺旋式的证伪革命中不断进步。[①]同时，后实证主义也进一步认为研究者的理论预设、社会化过程、知识和价值观等因素，很难不影响研究客观性。尽管如此，后实证主义仍然强调，研究者还是应该坚持经验研究的方法，同时，客观真实也是可以且应当探求的。[②] 总体来看，绝大部分定量研究者和一部分质性研究者都秉持这一世界观。[③]

与此相反，建构主义（constructivism）与前文提到的阐释主义有相似之处，都强调个体及其对现象和现象意义的主观理解是这一世界观的核心要素。同时，参与者在呈现他们的理解时，其表达的意义或解释不仅受到与他人的社会互动影响，也受制于自身的经验。[④] 因此，在建构主义的影响下，相关研究往往采用“自下而上”的方式进行，即从个体视角出发，逐步推广至更广泛的理解。[⑤] 例如，叙事研究（narrative study）通常以群体间比较分析、社会或历史理解以及个性探究为目标，采用对话式倾听和阐释作为基本方法。[⑥] 因此，这一世界观通常与质性研究紧密相关。

参与式世界观（participatory worldviews）通常与批判理论（critical theories）紧密相连，其中个体的政治观点或关切诉求成为其核心驱动力。在这种世界观的指导下，研究者通常关注诸如赋权（empowerment）、边缘化（marginalization）、霸权（hegemony）以及父权制或家长主义

---

① Karl Popper, *The Structure of Scientific Revolutions*, Chicago and London: University of Chicago Press, 1970; Karl Popper, *The Poverty of Historicism*, New York: Routledge, 2002.

② Yvonna S. Lincoln, Susan A. Lynham and Egon G. Guba, “Paradigmatic Controversies, Contradictions, and Emerging Confluences, Revisited”, pp. 213 – 263; 曾荣光、罗云、叶菊艳：《寻找实证研究的意义：比较—历史视域中的实证主义之争》，《北京大学教育评论》2018 年第 3 期；刘慧：《超越实证主义和后实证主义之争——批判实在论与国际关系理论研究》，《世界经济与政治》2007 年第 7 期；何鉴孜、李亚：《政策科学的“二次革命”——后实证主义政策分析的兴起与发展》，《中国行政管理》2014 年第 2 期。

③ 比如，人类学的基本研究方法——民族志（ethnography），则是以研究者本人作为研究工具，是在特定的人类社会和情境中通过足够充分的实地调查和参与式田野观察，目的在于深入剖析一个人类社群的整体性生活、言行以及文化模式。因而，其研究的修辞手法也是动态和情景化的，带有非正式的写作方式。具体可参见安·格雷《文化研究——民族志方法与生活文化》，许梦云译，重庆大学出版社 2009 年版；田耕《社会学民族志的力量：重返早期社会研究的田野工作》，《社会》2019 年第 1 期。

④ Thomas A. Schwandt, “Constructivist, Interpretivist Approaches to Human Inquiry”, in Norman K. Denzin and Yvonna S. Lincoln eds., *Handbook of Qualitative Research*, Thousand Oaks: Sage, 1994, pp. 221 – 259.

⑤ John W. Creswell and Vicki L. Plano Clark, *Designing and Conducting Mixed Methods Research*, SAGE Publications, Inc., 2011.

⑥ Amia Lieblich, Rivka Tuval – Mashiach and Tamar Zilber, *Narrative Research: Reading, Analysis, and Interpretation*, Thousand Oaks: Sage, 1998.

(patriarchy) 等议题，并期望与那些遭受这些不公正待遇的人们合作。[①] 其目标在于，参与式研究者致力于制定社会变革计划，以期改善社会状况，使边缘群体不再像以往那样被忽视。

其次，实用主义（pragmatism）通常与前文提及的多元方法或混合方法研究密切相关。实用主义重视研究的结果，认为研究问题的重要性超越了研究方法本身，强调采用多种数据收集方法以全面回答研究问题。[②]在这一世界观的影响下，戈尔茨指出，多元方法研究的核心原则是整合跨案例分析与案例内研究，通过多样化的方法构建因果推断的基础。[③] 在比较分析中，多元方法研究的优势在于不同方法工具能够相互补充、弥补各自的弱点，从而做出更为稳健的因果推论。虽然这一领域已经取得了显著进展，但对于不同因果推理方法的潜在假设及其本体论和认识论基础仍存在一定程度的混淆和不清。[④]

案例研究源于多种不同的哲学基础，并受到各种研究传统的影响。[⑤] 这包括基础主义（foundationalism）或客观主义，以及对立的反基础主义（anti - foundationalism）或主观主义。按照保罗·弗隆和戴维·马什的归纳，基础主义坚信真实世界独立于人类知识存在，并通过经验观察来认识现实，其相应的认识论是实证主义或后实证主义；而反基础主义主张世界是由人类社会建构，我们只能通过阐释和理解世界，其对应的认识论是阐释主义或建构主义。[⑥]

如图 1 - 1 所示，作为社会科学中两大常见和基本的认识论，与实证主义或后实证主义相匹配的研究方法既包括量化研究方法，也包括质性研

---

① Thomas A. Schwandt, "Constructivist, Interpretivist Approaches to Human Inquiry", pp. 221 - 259; John W. Creswell and Vicki L. Plano Clark, *Designing and Conducting Mixed Methods Research*, p. 41.

② John W. Creswell and Vicki L. Plano Clark, *Designing and Conducting Mixed Methods Research*, SAGE Publications, Inc., 2011.

③ Gary Goertz, *Multimethod Research, Causal Mechanisms, and Case Studies: An Integrated Approach*, Princeton: Princeton University Press, 2017.

④ 参见 Derek Beach, "Multi - Method Research in the Social Sciences: A Review of Recent Frameworks and a Way Forward", *Government and Opposition*, Vol. 55, No. 1, 2020, pp. 163 - 182。正因为此，在本书的第八章还会继续讨论有关案例导向的整合研究设计。

⑤ Robert E. Stake, *The Art of Case Study Research*, Thousand Oaks: Sage, 1995.

⑥ Paul Furlong and David Marsh, "A Skin Not a Sweater: Ontology and Epistemology in Political Science", pp. 177 - 198.

究方法，而阐释主义研究则主要采用质性研究方法。①

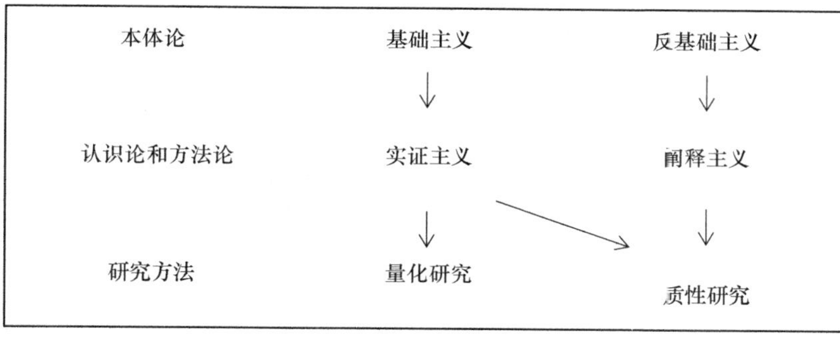

图1－1　基础主义与反基础主义对应下的认识论和方法论体系

资料来源：张汉：《质性研究与量化研究是截然对立的吗？——社会科学研究中的本体论和认识论辨析》，《国外理论动态》2016年第5期，第50页。

因此，质性案例研究的哲学基础既涵盖了“基础主义—实证主义”传统，也包括了“反基础主义—阐释主义”传统。本书所探讨的案例导向研究主题，包括个案研究、少案例比较分析及定性比较分析等，均基于对客观现实世界和社会的经验观察，目的在于进行因果分析和探索因果机制。这些研究方法显然属于实证主义下的科学传统路径，也正是案例导向研究的哲学基础所在。② 在对案例导向研究的发展脉络和哲学基础进行详细阐释之后，下一节将着重探讨案例导向研究在因果分析工具箱中的作用及其局限性。

第三节　因果分析“工具箱”中的案例导向研究

完整的因果分析过程往往包含探寻因果关系与厘清因果机制两个紧密相关的部分。整体而言，在实证主义基础下，根据案例规模，研究者大致可以区分出四种主要的因果分析路径（见表1－3）。

---

① 张汉：《质性研究与量化研究是截然对立的吗？——社会科学研究中的本体论和认识论辨析》，《国外理论动态》2016年第5期。

② 同理，对于本书中所提到的定性或质性研究，如果没有特别说明，指的都是实证主义或后实证主义下的科学传统路径。

表 1－3　　　　　　　　因果推断的主要路径选择

<table>
<tr><td colspan="2"></td><td>数据收集方式</td><td colspan="4">观察性数据</td><td>实验数据</td></tr>
<tr><td colspan="2" rowspan="2"></td><td rowspan="2">案例规模</td><td>案例内分析</td><td colspan="4">跨案例分析</td></tr>
<tr><td>个案研究</td><td>小样本[b]</td><td>中等样本[b]</td><td>大样本[a]</td><td>大样本</td></tr>
<tr><td rowspan="2">因果推断</td><td>偏重识别因果关系</td><td rowspan="2">数据分析方式</td><td>模式匹配；一致性个案研究</td><td>少案例比较研究</td><td>定性比较分析</td><td>统计分析</td><td>统计分析</td></tr>
<tr><td>偏重厘清因果机制</td><td>过程追踪；因果叙事[d]</td><td colspan="2">宏观因果现象的微观层次解释；[c]通过进一步的案例研究进行机制说明</td><td colspan="2">进一步的机制性统计分析；宏观因果现象的微观层次解释</td></tr>
</table>

注：以上仅仅是列举出相对典型的分析方法，并未穷尽。a. 大样本主要是根据中心极限定理、用以构造具有特定极限性质的样本数量；但在具体的统计分析中，大样本的数量往往还要考虑需要估计的统计参数与具体使用的估计方法。b. 中等样本与小样本更多是相对而言：中等样本通常指的是不足以进行大样本统计分析但满足定性比较分析等方法的样本数量；小样本则更少，通常是满足理论限定条件（比如时空）的案例不足 10 个。c. 降低分析层次、找寻微观基础通常旨在解释两种宏观现象之间的关系，理性选择理论对此尤其强调，即通过找出行动者（可以是非个人的集体），界定其利益和偏好以及可选择的策略，以进行成本收益和策略选择分析。① d. 因果叙事（causal narrative）则运用跨案例的比较方法进行案例内的时序性分析（within－case chronologies）。②

首先要讨论的是基于单个案例的案例内分析。在社会科学领域，案例研究及其方法论对话内容丰富。但正如上所述，其中也存在一个问题，即学者们对于案例研究的理解几乎和个案本身一样多样，且对如何进行案例研究并没有统一的标准。然而，一些关于案例研究的分类或分析框架对于我们理解其作用仍非常有益。

在案例研究的应用分类方面，罗伯特·K. 殷主要将其划分为描述性案例研究（descriptive case studies）和解释性案例研究（explanatory case

① 张长东：《社会科学中的因果机制：微观基础和过程追踪》，《公共管理评论》2018 年第 1 期。

② James Mahoney, "Strategies of Causal Inference in Small－N Analysis", *Sociological Methods & Research*, Vol. 28, No. 4, 2000, pp. 387－424.

studies)。[①] 后者主要目的在于探索因果关系和因果机制。不过，不同的个案研究在对因果关系和因果机制的关注点上存在差异：例如，一致性个案研究（congruence case studies）通过预测和证据之间的匹配情况来发现因果联系；而过程追踪（process tracing）则通过判断因果机制各部分是否存在来揭示因果机制。[②]

具体而言，一致性个案分析通过不同理论（比如 X_1、X_2…）对个案结果预测情况的比较，判断不同理论对该个案的解释力。研究者常常会从个案过程内选择几个时间剖面（t_1，t_2，…），通过考察各个理论对不同剖面上事件的预测情况，比较不同理论的解释力。[③] 比如，对于古巴导弹危机这一事件的不同剖面，管理学与政治学的解释便呈现出完全不同的理论视角和侧重点。[④]

过程追踪主要着重于时间顺序、因果链条、偶然性事件以及因果关系的双向性，同时强调将行动者纳入因果分析的重要性。[⑤] 因此，基于过程追踪的个案研究主要是以“因果机制”为中心的案例内因果推断，关注“由果溯因”以及动态地解释具体结果。德里克·比奇和拉斯穆斯·布

---

① 其实，在罗伯特·K. 殷的分类中，还有一种探索性案例研究（exploratory case studies），其往往是很多社会研究的前奏，不过由于其研究方法过于草率，常常被人诟病；而且，当探索性案例研究确定了最终的研究问题或方法后，最终的研究形式也可能不再是案例研究了。本书也不再讨论这一类案例研究。具体可参见 Robert K. Yin, *Applications of Case Study Research*, Thousand Oaks: Sage, 2011。

② 本书将在第五章对这两种案例内分析的研究设计进行详细讨论。此外，个案研究也可以通过模式匹配（pattern matching）的分析逻辑对现有理论提供关键的支持性证据或进行证伪。具体而言，对于难以观察的理论假设，我们可以从理论上的因果关系（并不是核心因果链）中观察其中的潜在的现象或结果（即案例），从而提供关键性的实证或证伪性证据。这些现象或结果（implication）通常是伴随因果关系而来的现象，比如彗星撞地球导致恐龙灭绝，那这一方法就是去寻找那个年代的彗星化石等。参见 James Mahoney, “Strategies of Causal Inference in Small – N Analysis”, *Sociological Methods & Research*, Vol. 28, No. 4, 2000, pp. 387 – 424。

③ Alexander L. George and Andrew Bennett, *Case Studies and Theory Development in the Social Sciences*, pp. 181 – 204.

④ Graham Allison and Philip Zelikow, *Essence of Decision*: *Explaining the Cuban Missile Crisis*, New York: Addison – Wesley Longman, 1999.

⑤ Sharon Crasnow, “Process Tracing in Political Science: What's the Story?”, *Studies in History and Philosophy of Science Part A*, Vol. 62, 2017, pp. 6 – 13; Jason Lyall, “Process Tracing, Causal Inference, and Civil War”, in Andrew Bennett and Jeffrey T. Checkel eds., *Process Tracing*: *From Metaphor to Analytic Tool*, Cambridge: Cambridge University Press, 2015, pp. 186 – 207；张长东：《社会科学中的因果机制：微观基础和过程追踪》，《公共管理评论》2018 年第 1 期。

伦·佩德森进一步将其细分为以理论为中心（theory – centric）的个案研究（包括理论验证型与理论建构型）和以案例为中心（case – centric）的个案研究（结果解释型）。①其中，理论验证型（theory – testing）分析的主要目的是确认因果机制的存在及其是否按理论预期运作；理论建构型（theory – building）分析则专注于探究“X 与 Y 之间的因果机制是什么”；结果解释型（explaining outcome）分析关注哪些机制能解释结果的发生。②

不过，过程追踪在研究设计层面仍面临诸多挑战，比如：如何选取个案、描摹机制、定义情境、检验证据；如何在就事论事地解释个案中发生的变化与因果假说的外部有效性之间进行权衡。③

为了应对这些挑战，有研究认为，一个切实可行的选择是将基于案例内因果推断的过程追踪与一致性分析相结合。④除此之外，研究者还可以将过程追踪与另外两种案例导向研究（少案例比较研究与定性比较分析）整合为多元方法研究，从而让个案研究得出的理论解释可推广适用，或在其他个案中得到检验。比如，在跨案例分析前，研究者可以将案例内过程追踪作为构建理论框架或因果关系的探索性研究；或者在跨案例分析后，将其作为解释所发现的因果路径的案例内机制分析。⑤ 具体而言，在构建理论框架之前，通过探索性的案例内过程追踪分析可以帮助研究者确认结果与特定原因条件之间到底存在何种机制；在通过跨案例分析发现某种因果关系或多种因果路径后，研究者可以通过过程追踪来分析何种机制可以解释结果是如何发生的，或者验证因果机制是否如理论预期那样起作

---

① Derek Beach and Rasmus Brun Pedersen, *Process – Tracing Methods: Foundations and Guidelines*, Ann Arbor: University of Michigan Press, 2019.

② 注意，比奇和佩德森的分类也是理论上的，而关于在哪一个研究阶段应该关注何种案例分析，我们也仅仅是相对而论。在实际的研究中，我们有时候其实很难区分出因果关系建构前、建构中以及机制说明等阶段，也难以判断每个案例对于理论建构和机制分析的具体作用。因此，这也进一步说明，在跨案例分析中，研究者对全部案例的了解程度将直接影响整个研究设计与具体分析的成效。此外，案例内的过程追踪分析之所以有意义或值得重视，主要是因为这一方法的基本假定：因果机制往往是独一无二的，来自某些过程追踪研究的证据往往不能与在其他研究中收集的证据进行比较。不过，正如我们在本书第五章所强调的那样，运用何种类型的过程追踪并不重要，关键在于厘清研究设计的具体过程和步骤。

③ 汪卫华：《拆解过程追踪》，《国际政治科学》2022 年第 2 期。

④ 陈超、游宇：《迈向理论导向的个案研究：过程追踪与一致性分析的混合设计》，《公共管理评论》2022 年第 4 期。

⑤ Derek Beach and Ingo Rohlfing, “Integrating Cross – Case Analyses and Process Tracing in Set – Theoretic Research: Strategies and Parameters of Debate”, *Sociological Methods & Research*, Vol. 47, No. 1, 2018, pp. 3 – 36.

用——如果没有起作用，其原因又是什么。①

当案例数量逐渐增加时，我们进入传统的少案例比较研究。这类研究主要基于密尔在《逻辑学体系》中关于求同法与求异法的经典论述②，并进一步发展为在逻辑因果的指引下选择合适案例进行因果论证的研究类型③，旨在进行因果解释的少案例比较分析在比较政治学、比较历史分析、政治社会学及财政社会学等领域得到了广泛应用。④ 例如，西达·斯考切波的跨国社会革命起源与形成研究⑤，何文凯从历史制度主义角度探究英国、日本和中国的财政制度变迁⑥，以及包刚升对民主政体崩溃原因的系统性归纳和因果机制分析⑦。

在少案例探索性研究中，约阿希姆·布拉特等人则总结了有关案例研究的三种代表性研究路径：共变性路径（the co - variational approach，COV）、因果过程追踪路径（the causal - process tracing approach，CPT）和一致性分析路径（the congruence analysis approach，CON）。⑧

共变性路径的研究旨在探讨特定原因是否导致了不同的结果，特别关注那些造成影响的特定原因，即“自变量”，因此也被称为以“X”为中

---

① 因此在第八章讨论了基于案例导向的整合研究设计问题。

② John S. Mill, *A System of Logic, Ratiocinative and Inductive*, New York: Harper & Brothers, 1958.

③ Arend Lijphart, "Comparative Politics and the Comparative Method", *American Political Science Review*, Vol. 65, No. 3, 1971, p. 693; Gary Goertz and James Mahoney, *A Tale of Two Cultures: Qualitative and Quantitative Research in the Social Sciences*, Princeton: Princeton University Press, 2012; Adam Przeworski and Henry Teune, *The Logic of Comparative Social Inquiry*, New York: Wiley - Interscience, 1970.

④ David Andersen, "Comparative Democratization and Democratic Backsliding: The Case for a Historical - Institutional Approach", *Comparative Politics*, Vol. 51, No. 4, 2019, pp. 645 - 663; Isaac William Martin, Ajay K. Mehrotra and Monica Prasad, *The New Fiscal Sociology: Taxation in Comparative and Historical Perspective*, Cambridge University Press, 2009; James Mahoney and Kathleen Thelen, *Advances in Comparative - Historical Analysis*, Cambridge: Cambridge University Press, 2015; James Mahoney and Dietrich Rueschemeyer, *Comparative Historical Analysis in the Social Sciences*, Cambridge University Press, 2003.

⑤ Theda Skocpol, *States and Social Revolutions: A Comparative Analysis of France, Russia and China*, New York: Cambridge University Press, 1979.

⑥ Wenkai He, *Paths toward the Modern Fiscal State: England, Japan, and China*, Cambridge: Harvard University Press, 2013.

⑦ 包刚升：《民主崩溃的政治学》，商务印书馆2014年版。

⑧ Joachim Blatter and Till Blume, "In Search of Co - Variance, Causal Mechanisms or Congruence? Towards A Plural Understanding of Case Studies", *Swiss Political Science Review*, Vol. 14, No. 2, 2008, pp. 315 - 356; Joachim Blatter and Markus Haverland, *Designing Case Studies: Exploratory Studies in Small - N Researeh*, Houndmills: Palgrave Macmillan, 2012.

心的研究。[①] 该路径假设各个原因独立起作用，因而对“自变量”的关注具有更深入的研究意义。[②]与之相对的是因果过程追踪路径，这种方法特别关注由果溯因的过程，并假设结果通常由多个因素共同作用产生，因此这类研究特别强调对因果条件组合[③]或社会机制的探索。[④]

最后是一致性分析路径，其目的是为某个学科或研究领域的理论对话作出贡献。一致性分析路径强调范式和理论在知识生成中的重要作用，它们为研究计划提供锚点并构建科学话语。在这种路径下，理论不被简化为某个独立变量，而是作为一个整合的世界观，主要用于阐明或比较竞争或互补理论的解释优势。[⑤] 换句话说，当研究者使用不同的理论来分析同一事件时，其视角和侧重点将完全不同，从而便于比较不同理论之间的解释效果。[⑥]

不过，在案例比较分析路径中，该方法的可操作性与案例选择的科学性等方面往往会被人诟病。[⑦] 尽管如此，其对于控制性比较与逻辑因果的推广与重视，实际上使其成为跨案例研究的方法论基础。

第三类案例导向研究则是定性比较分析。如上所述，这一研究路径主要基于整体论的视角，将每个案例都视为条件变量的“组合形态”，旨在通过案例间的比较，找出条件组态与结果间的因果关系。[⑧] 然而，由于部分研究者对该方法的认知和理解不够全面，这一分析方法在国内管理学、国际关系、政治学以及行政管理等相关研究中存在明显的误用。虽然拉金是在尝试对定量分析与质性案例研究两种路径上进行取长补短，并以此提

---

① 与以“X”为中心的研究相对应的是以“Y”为中心的研究（Y - centered research）。不过，这一类研究往往是关注对某类结果相对完整的认知，或对某种社会过程的全方位理解，而不仅仅是结果的一个方面或某个变量。

② Joachim Blatter and Markus Haverland, *Designing Case Studies: Exploratory Studies in Small - N Research*, Houndmills: Palgrave Macmillan, 2012, pp. 35 - 40.

③ 注意，探求原因之间的条件组合的影响，在一定程度上也与QCA的研究路径比较相似。

④ Joachim Blatter and Markus Haverland, *Designing Case Studies: Exploratory Studies in Small - N Research*, Houndmills: Palgrave Macmillan, 2012, pp. 84 - 88.

⑤ Joachim Blatter and Markus Haverland, *Designing Case Studies: Exploratory Studies in Small - N Research*, Houndmills: Palgrave Macmillan, 2012, pp. 148 - 150.

⑥ 注意，一致性分析在本质上属于案例内分析，其主要特征是针对某一特定案例，检验对其解释的各个理论之间的相对效力。

⑦ Colin J. Beck, “The Comparative Method in Practice: Case Selection and the Social Science of Revolution”, *Social Science History*, Vol. 41 (2017), pp. 533 - 554.

⑧ Benoit Rihoux and Charles C. Ragin, *Configurational Comparative Methods: Qualitative Comparative Analysis (QCA) and Related Techniques*, Sage, 2009.

出以布尔代数为基础的定性比较分析，但是，如果研究者将定性比较分析作为定量和定性研究方法的中间路径，这也很可能造成 QCA 方法的滥用或误用。对此，我们认为，要避免上述错误认知与方法误用，则要重新回归 QCA 的认识论基础，即定性比较分析是如何看待因果关系（决定论还是概率论）与因果机制（规律性还是机制性）的。①

不过，任何研究方法都各有优缺点。在发挥特定方法优势的同时，研究者也应清醒认识到这些方法的局限性，并尝试通过优势互补，综合运用各种方法来提高研究设计的效度。② 对于案例导向研究来说，由于研究者倾向于关注具体事件和行动过程，因此它与社会及政治问题的联系通常更为密切。然而，在处理大量案例时，维持对复杂性的深度关注是有挑战的。此时，少案例研究常遭批评的问题包括如何确定案例选择的范围、如何挑选案例，同时也面临如何将对少数案例的分析结果进行归纳或推广的问题。③ 对此，我们认为其中的关键在于如何设计案例选择策略，并将其与理论化目标关联起来。④

在定性比较分析中，研究者需要对所有相关案例进行结构化的条件组态分析，因此在理论上并不涉及案例选择问题——换言之，定性比较分析中的案例选择实质上是在界定理论解释的时空边界，即确定在哪个时间和空间范围内构建理论。⑤ 然而，关于哪些条件或原因是影响结果的关键，这通常依赖于研究者基于理论的积累和主观判断；并且，在构建了条件组合的因果关系之后，如何利用案例内分析来进行机制的深入解释，这一步骤至关重要。这一过程要求研究者对相关案例展现出较高的理论敏感性。

上述讨论表明，案例导向研究在很大程度上是理论洞察与研究设计这一"研究艺术"与各种分析技巧这一"研究技术"的融合。为了最大限度地发挥案例导向研究的解释潜力，研究者需要全面而精确地理解案例导

---

① 本书的第六章将从案例导向研究的认识论基础开始，详细介绍这一研究路径的优势与方法论"边界"。

② 这也是混合方法研究或多元方法研究兴起的重要原因。

③ Felix Elwert and Christopher Winship, "Endogenous Selection Bias: The Problem of Conditioning on a Collider Variable", *Annual Review of Sociology*, Vol. 40, No. 1, 2014, pp. 31 - 53; Jason Seawright and John Gerring, "Case Selection Techniques in Case Study Research: A Menu of Qualitative and Quantitative Options", *Political Research Quarterly*, Vol. 61, No. 2, 2008, pp. 294 - 308; Barbara Geddes, *Paradigms and Sand Castles: Theory Building and Research Design in Comparative Politics*, Ann Arbor: The University of Michigan Press, 2003.

④ 本书第四章将讨论这一关键议题。

⑤ 这一问题是本书第三章着重讨论的范围条件或因果域问题。

向研究的哲学基础和方法论要点；另外，研究者还需要深思熟虑如何借助恰当的案例选择策略和综合性研究设计来避免案例导向研究潜在的问题和局限。因此，为了发挥案例导向研究的最大解释力，研究者需要深入挖掘并准确把握案例导向研究的哲学基础与方法论要素，这不仅涉及对案例的深入理解和严谨分析，还包括对研究过程中可能出现的偏差和局限的预见与规避。此外，通过精心设计的研究方法来综合运用案例内分析与跨案例比较，能够在增强理论的说服力的同时，也在一定程度上确保了研究结论的有效性和可靠性。

第二章　理解案例导向研究的因果逻辑

在不同维度探索案例导向研究的内涵之后，本章将专注讨论案例导向研究的因果性本体论问题。随着学界对 KKV 框架的争论与深化，学者们逐步构建了一个基于布尔代数的体系，旨在探寻充分/必要条件或条件组合，以此体系为指南进行案例比较，明确地区分了案例导向的质性研究与变量导向的量化研究，形成了两种截然不同的研究文化。[①] 然而，在这些显著的研究进展中，还存在许多亟待深入探讨的问题，例如：当前的体系对案例选择与变量控制的指导相对模糊，几乎没有提供可操作的具体方案；在指导少案例比较分析时，如何界定案例范围及选取案例仍然是个问题。

进一步观察现有的少案例比较研究，不难发现一个普遍的矛盾：研究者们虽然构建了关于充分/必要条件或条件组合的因果框架，却依旧采用 KKV 的建议来指导研究设计。特别是在运用 QCA 的研究中，由于对其认识论基础的理解不足，许多研究过度侧重技术层面的分析，甚至采用如“抽样”等方法来“选取”研究“样本”，从而忽视了 QCA 在揭示因果条件组合与机制解释上的定性优势。这导致一些使用 QCA 的研究，在未能充分理解其“整体论”视角的前提下展现出了种种不协调之处。

一项旨在探索充分/必要条件的研究，应当如何进行案例导向研究设计？我们认为，充分/必要性与统计相关性在因果关系的本体问题上存在本质差异：前者视因果关系为“逻辑因果”关系，遵循布尔代数法则，而后者视因果关系为“量化相关”关系，遵循线性代数法则。更重要但却常被忽视的是，这一本体上的不同带来了两个更具体的差异：第一，在布尔代数中，只有不同类型的因果关系，而没有不同程度的因果效应；第二，在布尔代数中，不同类型的条件（或条件组合）对结果产生的是

---

① Gary Goertz and James Mahoney, *A Tale of Two Cultures: Qualitative and Quantitative Research in the Social Sciences*, Princeton: Princeton University Press, 2012.

“完全影响”，而在线性代数中，不同原因对结果产生的都是“部分效应”（partial effect），它们可以通过简单相加来计算对结果的线性累积效应。这两点具体的差异给研究设计带来的影响是：在案例分类方式与案例选择策略方面，寻找充分/必要性的研究与寻找统计相关性的研究各有不同。

在本章中，我们将深入挖掘与探讨两种完全不同的因果性本体论（the ontology of causality），即量化相关与逻辑因果。随后，我们将在此差异的基础上，针对逻辑因果下的少案例比较方法，提出关于案例分类与案例选择的部分具体操作方案。

第一节 案例导向研究的因果性本体论假定

结合对概然论因果观和决定论因果观的比较，我们可以更好地理解德里克·比奇和拉斯穆斯·布伦·佩德森所总结的因果性本体论假设的类型学（见表2－1）。其中，“规律性—概然论”的因果性假定无疑在社会科学研究之中应用最为广泛。在这一因果论下，X 被理论化为增加结果 Y 在总体中发生的概率：如果该因果性假设的三条标准（相关性、因果时序性以及非虚假性关联或规律性关联）均得到满足，那研究者便可以推断 X 是 Y 的一个原因。[①] 定量方法便是遵循这一因果性本体论。正如上所述，该方法服务于实证主义研究，承认客体与主体的分离，并强调对经验数据（包括实验性数据和观察数据）进行统计推论，从而对理论假设进行检验的过程。[②]

表2－1　不同社会科学方法论中的因果性本体论假设

	概然论（Probabilistic）	决定论（Deterministic）
规律性（Regularity）	（1）大样本定量统计方法，KKV的定性案例研究方法	（2）一致性个案研究（案例内分析），跨案例的比较研究（少量个案，small－n），QCA（中等规模个案，medium－n）

① ［丹麦］德里克·比奇、拉斯穆斯·布伦·佩德森：《过程追踪法：基本原理与指导方针》，汪卫华译，格致出版社、上海人民出版社2020年版，第28页。

② 庞珣：《国际关系研究的定量方法：定义、规则与操作》，《世界经济与政治》2014年第1期。

续表

	概然论（Probabilistic）	决定论（Deterministic）
机制性（Mechanisms）	（3）在单一个案研究中逻辑上不可能，在大样本研究中机制考察不可行	（4）过程追踪法（单一个案）

资料来源：［丹麦］德里克·比奇、拉斯穆斯·布伦·佩德森：《过程追踪法：基本原理与指导方针》，汪卫华译，格致出版社、上海人民出版社 2020 年版，第 28 页。

过程追踪涉及的是在案例内分析中探究因果机制。它的核心理念认为，由于机制的独特性，个别案例中的证据不应与其他研究中的证据进行比较，因为这些证据是特定情境下的，跨案例的比较在多数情况下是不可行的。[①] 因此，基于过程追踪的个案研究采取了“机制性—决定论”的因果本体论。[②]

而与过程追踪不同的一致性个案研究，采用了“规律性—决定论”的因果假设，通过比较预测与证据之间的一致性来发掘因果关联。布拉特和哈弗兰总结，这种研究路径将理论视为整合的世界观，案例研究则用来阐明或比较理论间的解释优势。[③] 在具体的研究设计中，一致性个案分析通过比较不同理论（如 X_1、X_2等）对案例结果的预测情况，来判断各理论的解释力。研究者会选择案例中的几个时间剖面（如 t_1、t_2等），检验不同理论对这些剖面上事件的预测情况，以比较理论的解释能力。[④]

对于本书所关注的跨案例比较研究——少案例比较研究与 QCA，则遵从于“规律性—决定论”的因果性假设。在这一因果性假定下，研究者往往会关注一个重要问题：在社会科学的研究设计中，如何通过小规模

---

① David Collier, “Understanding Process Tracing”, *PS: Political Science and Politics*, Vol. 44, No. 4, 2011, pp. 823 – 830.

② 马洪尼提醒我们，如果研究者对研究因果机制感兴趣，我们需要采用因果性的决定论本体论。而当我们在调查单一个案及其原因时，使用因果性的概率论理解是没有意义的：“在单个个案层面，特定结果发生的事后（客观）概率要么是 1 要么是 0；也就是说，要么结果会发生，要么结果不会发生……单一个案的各种概率毫无意义。”参见 James Mahoney, “Toward a Unified Theory of Causality”, *Comparative Political Studies*, Vol. 41, No. 4, 2008, pp. 412 – 436。这就使得单元格 3 在单一个案研究设计中逻辑上是不可能的，而研究机制对于大样本研究则是不可行。

③ Joachim Blatter and Markus Haverland, *Designing Case Studies: Exploratory Studies in Small – N Research*, Houndmills: Palgrave Macmillan, 2012, p. 24.

④ Alexander L. George and Andrew Bennett, *Case Studies and Theory Development in the Social Sciences*, Cambridge: MIT Press, 2005.

或中等规模的案例比较来进行逻辑因果推断，探索影响结果的充分/必要条件？这一看似普通的问题，在先行研究中却很难找到答案。KKV 与他们的追随者虽然为案例比较研究拟定了一整套指导方案，然而从统计量化思维出发的基本立场，从根本上就决定了他们的方案最多仅能够用来检验一项关于“量化相关”的假说，而并不适用于挖掘条件的充分/必要性。

因此，詹姆斯·马洪尼认为，我们应该在少量个案研究中采用决定论的因果性本体论假定。[①] 而且，如上所述，在跨案例分析中，这也涉及使用案例导向的比较分析来寻找原因与条件（组合）之间的规律性联系。然而，对于如何选择案例，仍是一个不能回避的问题。

对于从集合理论出发的方法研究者来说，他们虽然没有这种“手段”与“目的”的错位问题，但是由于他们从一开始就将目光聚焦在具有中等规模案例数量的问题上，因此也没有为少案例的研究设计提供任何处方。直到上述提到的盖瑞·格尔茨（Gary Goertz）与詹姆斯·马洪尼（James Mahoney）试图用集合理论统一定性研究逻辑的时候，关于案例导向研究中的案例选择、变量控制等研究设计中的核心问题才得到了关注。

在很长一段时间里，少案例比较研究常常受到量化研究者的批评。这种批评主要集中于两个方面：第一，按照因变量选择案例，从而产生“选择性偏误”（selection bias）的问题[②]；第二，案例选择受到研究者各种主观因素的影响，违背了随机性原则，很难具有代表性[③]。然而，格尔茨与马洪尼也指出，这些批评都是从统计量化思维出发，针对量化相关型假说而提出的：如果一项研究遵循的是决定论的因果性假设，那么其属于逻辑因果（即规律性—概然论）而非量化相关，从而在案例选择上的策略便会完全不同。[④]

首先，在检验逻辑因果假说时，研究者有时必须要按照因变量选择案例。例如，某研究需要检验“X 是 Y 的必要条件”这一逻辑因果的假说，

① James Mahoney, “Toward a Unified Theory of Causality”, *Comparative Political Studies*, Vol. 41, No. 4, 2008, pp. 412 – 436.

② Gary Goertz and James Mahoney, *A Tale of Two Cultures: Qualitative and Quantitative Research in the Social Sciences*, Princeton: Princeton University Press, 2012, p. 178; David Collier and James Mahoney, “Insights and Pitfalls: Selection Bias in Qualitative Research”, *World Politics*, Vol. 49, No. 1, 1996, pp. 56 – 91.

③ Gary Goertz and James Mahoney, *A Tale of Two Cultures: Qualitative and Quantitative Research in the Social Sciences*, Princeton: Princeton University Press, 2012, p. 182.

④ Gary Goertz and James Mahoney, *A Tale of Two Cultures: Qualitative and Quantitative Research in the Social Sciences*, Princeton: Princeton University Press, 2012.

那么，根据必要条件的概念可知，X 与 Y 应当满足如下情况：当 $Y=1$ 时，$X=1$。因此，在进行案例选择的过程中，研究者就需要将“因变量的取值是否等于1”作为案例筛选的标准，而这一过程显然正是按照因变量而非自变量选择案例的过程①。其次，研究者需要根据不同案例的“影响力”（leverage）进行非随机的案例选择。同样以检验必要条件为例，那些“$Y=1$，$X=0$”的案例非常重要，因为这些案例直接与必要条件的定义相悖，具有显著的证伪效用，因此应当被重点考察。②

格尔茨和马洪尼的论述向读者明确展示了因果性本体论差异导致的研究设计策略的不同。然而，他们提出的方案并不全面，尤其在“变量控制”方面的讨论上显得不足，甚至有些令人困惑地指出，在集合理论指导下的定性研究中不必进行变量控制。③他们的论点是，如果在总体层面集合A属于集合B，则在总体的所有子集中这一关系也同样成立，即一个在总体中的完美预测因素，在各个子集中也应当是完美的预测因素（perfect predictor）。④的确，对于那些通过定性比较分析（QCA）或模糊集方法（fuzzy set）在总体层面探索逻辑因果的研究，这一论证似乎是有说服力的。但实际情况是，研究者更多时候受限于成本或数据获取能力，往往只能通过少量案例进行比较研究，并不能包含所有的研究对象。如果不能为少量案例比较提供具体的研究设计方案，而是要求所有定性研究都在总体层面进行，则格尔茨和马洪尼所强调的“两种文化”区分，将仅限于统计方法与QCA、模糊集方法之间的区别，而不是定量研究与定性研究之间的差异。这样的话，他们在方法论上的贡献将受到限制，他们对统计方法与QCA、模糊集方法的区分，也只能算是在查尔斯·拉金的框架上做了一些细节上的补充。

那么，我们应当如何通过少案例比较的方式检验一个关于充分/必要条件的逻辑因果假说呢？为什么现有的从量化相关逻辑出发的比较方案是不适用的？下文将指出，量化相关与逻辑因果是关于因果关系的两种不同

---

① Gary Goertz and James Mahoney, *A Tale of Two Cultures: Qualitative and Quantitative Research in the Social Sciences*, Princeton: Princeton University Press, 2012, p. 179.

② Gary Goertz and James Mahoney, *A Tale of Two Cultures: Qualitative and Quantitative Research in the Social Sciences*, Princeton: Princeton University Press, 2012, p. 183.

③ Gary Goertz and James Mahoney, *A Tale of Two Cultures: Qualitative and Quantitative Research in the Social Sciences*, Princeton: Princeton University Press, 2012, p. 200.

④ Gary Goertz and James Mahoney, *A Tale of Two Cultures: Qualitative and Quantitative Research in the Social Sciences*, Princeton: Princeton University Press, 2012, p. 200.

阐释（interpretation）。这种差异性要求针对不同类型的理论假说，要有相应不同的案例分类方式与案例选择策略。由于现有的比较方案大多受KKV的影响，是根据统计量化的思维进行建构的，因此无法有效检验有关逻辑因果的理论假说。

第二节　两种阐释：量化相关与逻辑因果

在社会科学方法论的研究中，有两种常见的对于因果关系的阐释：一种是量化相关，另一种是逻辑因果。"量化相关"的阐释将因果问题转化为数量问题，遵循线性代数的法则；而"逻辑因果"的阐释将因果问题转化为充分/必要性的问题，遵循布尔代数的法则。关于这两种阐释的差异，有不少先行研究均已进行了较为详细的比较，在这里无须赘述。这一部分仅对这两种阐释的一些基本概念与基本思想进行简要的介绍，从而为后文的深入论证作一铺垫。

一　量化相关

简单来说，量化相关将因果性简化为数量问题，具体关注的是自变量（实验干预）T_i 对于因变量（实验结果）Y_i 的效应大小。为简化讨论，假设 T_i 是一个二元变量，凡接受实验干预的状态赋值为1，而未接受干预的状态赋值为0，即 $T_i \varepsilon \{0,1\}$ 。根据鲁滨提出的潜在结果框架（potential outcome framework）①，对于单位个体 i 的干预效应可以定义为：

$$\Delta_i = Y_{i1} - Y_{i0}$$

其中，Y_{i0} 是未接受干预的结果（$T_i = 0$），Y_{i1} 是接受干预的结果（$T_i = 1$）。

然而，问题在于，研究者永远无法在同一个单位个体上同时观察到 Y_{i0} 与 Y_{i1} 。② 由于一个单位个体不可能同时既受到实验干预，又不受到干预，因此在个体水平意义上的干预效应是无法被观测到的。针对这一问

① Donald B. Rubin, "Estimating Causal Effects if Treatment in Randomized and Nonrandomized Studies", *Journal of Educational Psychology*, Vol. 66, No. 5, 1974, pp. 688 – 701.

② Paul W. Holland, "Statistics and Causal Inference", *Journal of the American Statistical Association*, Vol. 81, No. 396, 1986, pp. 945 – 970.

题，霍兰德[1]提出，要从统计学的角度，从总体水平而非个体水平上来寻找因果（干预）效应。因此，对于量化研究者来说，因果效应本质上是在“平均”意义上存在的，即平均干预效应（Average Treatment Effect，即 ATE）：

$$ATE = E[Y_i(1) - Y_i(0)] = E[Y_i(1)] - E[Y_i(0)]$$

在一项实验中，通过对实验组与控制组的结果平均值求差，可以无偏误地计算获得 ATE。而在观测数据当中，在恒定累加单位干预效应（constant additive unit treatment）的假设下，通常将回归系数认为是对于 ATE 的无偏估计。

这一潜在结果框架对于研究者来说并不陌生，然而，当把这一逻辑应用到少案例比较分析时，这一框架中的三个重要特征值得高度重视。第一，ATE 是在群体水平而非个体层面进行定义的。这也就是为什么从这一逻辑出发来看，因果推断是无法在个案当中进行的。第二，在这一框架的背后是对因果关系的概然性假定。例如，在一个关于新药的试验中，研究发现，服用该药的患者比服用安慰剂的患者从平均结果来看更有可能改善病情。这一结论只能在概然的意义上进行解读，而不能理解为服用该药物是促使某位患者病情改善的必要/充分条件。在现实中，完全存在这样的可能：某位患者因为服用该药物使得病情更加恶化，而另一位患者因为服用安慰剂而使病情得到了改善。正如 KKV 所说，当我们在概率上理解因果关系时，必要条件与充分条件之间的差异基本就已经消失了[2]。事实上，采用概然因果的研究者通常很少提及充分/必要性这样的用语，这主要是因为，当因果性在概率意义上进行理解时，对于结果的任一具体取值，没有什么原因是充分的或必要的。第三，ATE 本质上是一种平均的部分效应（average partial effect）。当多元因果存在时，每一个原因都有其自身对于结果的部分效应。通过线性回归的矩阵模型，可以辅助我们理解这一部分效应：

$$y = X\beta + u$$

其中，y 和 u 都是 $n \times 1$ 的向量，X 是一个 $n \times k$ 的矩阵，β 是一个 $k \times 1$ 的向量，通过矩阵将上述回归方程书写如下：

---

① Paul W. Holland, “Statistics and Causal Inference”, *Journal of the American Statistical Associationican*, Vol. 81, No. 396, 1986, pp. 945 – 970.

② Gary King, Robert O. Keohane and Sidney Verba, *Designing Social Inquiry: Scientific Inference in Qualitiative Research*, Princeton: Princeton University Press, 1994, p. 87.

$$\begin{pmatrix} y_1 \\ y_2 \\ \vdots \\ y_n \end{pmatrix} = \begin{pmatrix} x_{1,1} & x_{1,2} & \cdots & x_{1,k} \\ x_{2,1} & x_{2,2} & \cdots & x_{2,k} \\ \vdots & \vdots & \ddots & \vdots \\ x_{n,1} & x_{n,2} & \cdots & x_{n,k} \end{pmatrix} \times \begin{pmatrix} \beta_1 \\ \beta_2 \\ \vdots \\ \beta_k \end{pmatrix} + \begin{pmatrix} u_1 \\ u_2 \\ \vdots \\ u_n \end{pmatrix}$$

在这一回归模型中，有 1 个因变量、k 个自变量以及 n 个样本。在向量β中，每一个元素被记为$\beta_1,\beta_2,\cdots,\beta_k$，分别代表着它们对应自变量$x_1,x_2,\cdots,x_k$的部分效应。

二 逻辑因果

与量化相关的阐释不同，逻辑因果将因果关系阐释为不同类型的条件与结果之间的关系。在科学哲学领域，经过休谟、密尔与麦基等人的发展①，对结果产生影响的条件分为五个主要类型：充分条件、必要条件、充要条件、充分（非必要）条件的必要（非充分）部分（INUS）与必要（非充分）条件的充分（非必要）部分（SUNI）。

由于在社会科学研究领域，充要条件极为罕见，因此，研究者主要对其他四种类型的条件进行探索。其中，如果条件 A 发生，总能引起结果 Y 发生，那么 A 就是 Y 的充分条件；如果结果 Y 的发生，总能发现条件 A 的存在，或者当条件 A 不存在时，结果 Y 总是不能发生，那么条件 A 就是结果 Y 的必要条件；如果条件 A 与条件 B 的组合总是能够引起结果 Y 发生，那么条件组合 AB 就是结果的充分条件组合，而 A 与 B 均是结果 B 的 INUS 条件；如果条件 A 是结果 Y 发生的必要条件，条件 B 是产生条件 A 的充分条件，那么条件 B 就是结果 Y 的 SUNI 条件②。

有关逻辑的充分/必要性，可以用集合或布尔代数的形式进行表达。

---

① ［英］大卫·休谟：《人类理智研究》，吕大吉译，商务印书馆 1999 年版；John Leslie Mackie, *The Cement of the Universe: A Study of Causation*, Oxford: Oxford University Press, 1980; John S. Mill, *A System of Logic, Ratiocinative and Inductive*, New York: Harper & Brothers, 1958。

② 例如，斯考切波指出，国家崩溃与农民起义的组合共同导致了社会革命的爆发，那么国家崩溃与农民起义就是社会革命爆发的 INUS 条件，具体参见 Theda Skocpol, *States and Social Revolutions: A Comparative Analysis of France, Russia and China*。再如，在 2003 年的伊拉克战争问题上，戈尔不当选总统被认为是战争爆发的一个必要条件，而布什当选总统是导致戈尔不当选的一个充分非必要条件，因此，“布什当选总统”就是导致伊拉克战争爆发的 SUNI 条件，参见 James Mahoney and Rodrigo Barrenechea, “The Logic of Counterfactual Analysis in Case - Study Explanation”, *British Journal of Sociology*, Vol. 70, No. 1, 2017, pp. 306 - 338。

从集合的角度来看，充分性与必要性可以这样理解：如果 A 是 Y 的必要条件，那么 Y 是 A 的一个子集（见上文图 4）；如果 A 是 Y 的充分条件，那么 A 是 Y 的一个子集（见上文图 5）。

从布尔代数的角度来看，如果条件 A 是结果 Y 的一个充分条件，则表示为

$$Y = A + \cdots$$

如果 A 是结果 Y 的必要条件，则可以表示为

$$Y = AB + \cdots$$

其中 AB 组合表示产生结果 Y 的充分性条件组合。不难看出，布尔代数中不同条件的取值仅有两种情况"1"或"0"。需要注意的是，在这里数字的"1"与"0"并不能表示数量上的大小关系，而表示的是逻辑上的"真"与"假"。相应地，布尔代数中的运算符号与线性代数中的运算符号所表达的含义也不相同。在布尔代数中，"+"表示逻辑上"或"的关系，"×"表示逻辑上"且"的关系。因此，布尔代数具有以下与线性代数不尽相同的定理：

$$A + 1 = 1$$

$$A \times 0 = 0$$

通过上文的简要介绍，可以看出，量化相关和逻辑因果是关于因果关系的两种不同的阐释。那么，从这两种阐释出发进行少案例比较的研究设计又有什么不同呢？下文将从案例分类与案例选择两个方面对这一差异进行论述。

第三节 因果效应、因果类型与案例分类

如何界定相关与不相关案例，并进而对案例进行分类，是两种不同因果关系阐释对研究设计影响的首要方面。这种差异产生的主要原因在于：从"量化相关"的传统出发，确定"因果效应"是检验因果关系的一个重要方面，而在"逻辑因果"的传统中，原因对于结果的影响没有效应程度的差别，只有类型特征的不同。

一 因果效应与案例分类

正如上文所述，从量化相关的角度出发，因果推断的过程就是确定自变量对因变量的平均因果效应的过程。在计算因果效应的过程中，符合研

究问题的研究对象都是相关案例，没有哪一种是不相关的。

在案例的分类上，马洪尼和格尔茨曾尝试提出一种不同的分类方式。他们认为，对于那些结果不可能发生的案例，都属于无关案例①。假设自变量 X 是取值为 1 或 0 的二分变量，因变量 Y 也同样如此。那么，根据变量的取值变化，可以得到一个简易的矩阵如下（见表 2－2）：

表 2－2　　两个二分变量下的案例分布

	$X=1$	$X=0$
$Y=1$	方格 1	方格 2
$Y=0$	方格 3	方格 4

资料来源：笔者自制。

根据马洪尼和格尔茨的排除法则，方格 4 中的案例属于无关案例，因为"一个排除性的自变量（an eliminatory independent variable）（$X=0$）预示着结果不会发生（$Y=0$）（nonoccurrence of the outcome）"②。事实上，如果我们从因果推断确认平均因果效应的逻辑出发，就会发现，马洪尼和格尔茨提出的这种"可能性原则"（possibility principle）是有重大问题的。原因很简单，方格 4 中的案例是基准组（baseline group）的重要组成部分，如果将这些案例排除，很可能会在估计平均因果效应时发生偏误。

再回到上文提出的药物实验的例子。$X=1$ 表示干预组，其中每一个患者都服用了真实的药物；$X=0$ 表示控制组（基准组），其中每一个患者都服用安慰剂。同时，令 $Y=1$ 表示患者健康状况得到改善，而 $Y=0$ 表示患者健康得到改善以外的情况（通常来说，医学上记录三种情况：健康状况未发生任何改变；健康状况恶化；死亡）。在这个例子中，方格 4 中的案例正是那些服用安慰剂并且身体健康没有得到改善的其他情况。不难看到的是，如果将这部分样本剔除之后，在估计平均因果效应时就会产生负面的偏误，从而低估药物对于疾病治疗的效应。

总之，从潜在结果框架出发，与问题相关的所有案例都是相关案

① James Mahoney and Gary Goertz, "The Possibility Principle: Choosing Negative Cases in Comparative Research", *American Political Science Review*, Vol. 98, No. 4, 2004, p. 653.

② James Mahoney and Gary Goertz, "The Possibility Principle: Choosing Negative Cases in Comparative Research", *American Political Science Review*, Vol. 98, No. 4, 2004, p. 658.

例。如果我们在概然的意义上思考因果关系的问题，没有什么是事实上完全不可能的。进一步来说，关注群体层面的平均效应框架并没有假设干预效应在个体层次上具有单位同质性。因此，正如药物实验这个例子展示的那样，对于任何一个自变量的取值，因变量所有取值都是可能的，并且这种变化将在不同的个体上存在。因此，也就没有什么真正的"无关案例"。

二　因果类型与案例分类

与量化相关的传统不同，从逻辑因果出发的理论假说，旨在挖掘条件对结果影响的充分/必要性，而在不同的条件之间，只有类型的差异，没有因果效应程度的差别。因此，在针对逻辑因果的假说检验过程中，如何确定相关案例，以及如何对案例进行分类，都与量化相关的传统有所不同。在我们的第二部分，已经介绍了关于因果类型的五种情况。其中，必要性与充分性是构成这五种不同情况的基本要素。因此，这里分别对必要条件与充分条件进行讨论，从而展示在逻辑因果传统下案例分类的基本方式。

必要性

假设条件（或条件组合）A（存在/不存在）是结果 Y（发生/不发生）的必要条件，那么 A 与 Y 的必要性关系可以通过两种方式进行定义：(1) 如果 Y 发生，则 A 一定存在；（2）如果 A 不存在，则 Y 必不发生①。

对于第一种定义，可以通过一个 2×2 的矩阵表示如下（见表 2-3）：

表 2-3　必要条件第一种定义下的案例分类

	A 不存在	A 存在
Y 不发生	方格 1：-	方格 2：-
Y 发生	方格 3：≈0	方格 4：支持案例

资料来源：笔者自制。

① Bear F. Braumoeller and Gary Goertz, "The Methodology of Necessary Conditions", *American Journal of Political Science*, Vol. 44, No. 4, 2000, pp. 844-858.

根据第一种定义，在矩阵的4个方格里，方格1与方格2中的案例都是与检验不直接相关的案例，而在方格3中，案例的数量应当为0，或基本接近于0，否则假说就将直接被证伪，而无须再进行其他深入的检验。全部案例或者接近全部的案例都应当落入方格4中，并成为支持必要条件假说的案例。

类似地，对于第二种定义，同样可以通过一个2×2的矩阵表示如下（见表2－4）：

表2－4　　必要条件第二种定义下的案例分类

	A不存在	A存在
Y不发生	方格1：支持案例	方格2：－
Y发生	方格3：≈0	方格4：－

资料来源：笔者自制。

在这个矩阵中，由定义可知，方格2与方格4是与检验不直接相关的案例，而在方格3中，案例数量应当为0，或基本接近于0。而全部或接近全部的案例应当落入方格1中，作为支持必要条件假说的案例。

综合以上两种定义以及相关案例归类情况，可以得出一个新的2×2的矩阵如下（见表2－5）：

表2－5　　必要条件两种定义结合后的案例分类

	A不存在	A存在
Y不发生	方格1：支持案例	方格2：－
Y发生	方格3：≈0	方格4：支持案例

资料来源：笔者自制。

充分性

与必要性相比，关于充分性的定义显得更加简单。假设条件（或条件组合）A（存在/不存在）是结果Y（发生/不发生）的充分条件，那么意味着：如果A存在，则Y一定会发生。根据这一定义，可以得到一个2×2的矩阵（见表2－6）：

表 2－6 充分性定义下的案例分类

	A 不存在	A 存在
Y 不发生	方格 1：－	方格 2：≈0
Y 发生	方格 3：－	方格 4：支持案例

资料来源：笔者自制。

在这个矩阵中，方格 1 与方格 3 是与检验充分性不相关的案例，因为当充分条件 A 不存在时，无论 Y 是发生还是不发生，都既不能证实也无法证伪条件 A 的充分性。方格 4 中的案例是支持充分性假说的案例，而方格 2 中的案例对充分性假说有高度的证伪性，因此，这部分的案例数应当为 0 或几乎接近于 0①。同样地，当有大量案例落入方格 2 中时，研究者亦应从数据与理论两个方面入手进行反思与调整。

三 《国家与社会革命》中的案例与分类

本节以上述提到的斯考切波的名作——《国家与社会革命》中的案例为例，将以上关于因果类型与案例分类的内容进行简要展示。在解释革命为什么会爆发这一问题时，斯考切波提出两个重要的因素，一个是来自上层的政治危机（A），另一个是来自下层的农民起义（B）。这两个因素的共同作用，最终引起一国革命的爆发（Y）。不难看出，在这一理论中，条件 A 与 B 分别是结果 Y 的必要条件，而 AB 的组合是导致革命产生的一个充分性条件组合。在检验这一理论时，斯考切波前后使用了 6 个案例。在这 6 个案例中，条件 A、B 与结果 Y 的对应情况如下（见表 2－7）：

表 2－7 《国家与社会革命》案例比较

	政治危机（A）	农民起义（B）	社会革命（Y）
俄国	是	是	是
法国	是	是	是
中国	是	是	是

① Charles C. Ragin, *Redesigning Social Inquiry: Fuzzy Sets and Beyond*, Chicago and London: University of Chicago Press, 2008.

续表

	政治危机（A）	农民起义（B）	社会革命（Y）
日本	否	是	否
英国	是	否	否
普鲁士（德国）	否	否	否

资料来源：根据斯考切波研究①相关内容制作。

由上文关于必要条件的案例分类可知，在必要条件的第一种定义下，俄国、法国、中国都是支持型案例；在必要条件的第二种定义下，日本、英国与普鲁士也是支持型案例。如果历史中能够找到 A、B 不存在，然而 Y 却发生的案例，那么这些案例则是对于政治危机与农民起义作为社会革命必要条件的证伪型案例。在关于充分条件的唯一定义下，俄国、法国与中国均是支持型案例。如果存在政治危机与农民起义发生，而社会革命不发生的案例，那么则是对斯考切波理论的证伪型案例。将这些理论上所有可能的案例可以归类如下（见表 2－8）：

表 2－8　《国家与社会革命》案例分类

政治危机（A）	农民起义（B）	社会革命（Y）	案例类型
是	是	是	AB 充分性组合支持型案例
是	是	否	AB 充分性组合证伪型案例
是	否	是	必要条件 B 证伪型案例
是	否	否	必要条件 B 支持型案例
否	是	是	必要条件 A 证伪型案例
否	是	否	必要条件 A 支持型案例
否	否	是	必要条件 A、B 证伪型案例
否	否	否	必要条件 A、B 支持型案例

资料来源：根据斯考切波（2015）相关内容制作。

① Theda Skocpol, *States and Social Revolutions: A Comparative Analysis of France, Russia and China*, New York: Cambridge University Press, 1979.

由此可见，从必要条件与充分条件的定义出发，政治危机、农民起义与社会革命二分取值的所有组合对应的案例都是相关案例，从理论上说并没有哪一种是马洪尼和格尔茨所谓的真正无关的案例。

综上所述，量化相关与逻辑因果在对案例进行分类的问题上存在显著的不同。这种不同主要根源于他们二者对于因果性本体论的认知差异：量化相关将确认因果关系的问题转化为确认平均因果效应的问题，而逻辑因果则将因果关系转化成不同类型的条件与结果之间的关系问题。因此，在进行一项少案例研究的设计过程中，究竟如何界定案例、区分案例类别，首先取决于研究者试图建立一种怎样的因果关系。

第四节　部分效应、完全影响与案例选择

上文已经阐明，从量化相关与逻辑因果的不同阐释路径出发，相关案例与不相关案例的划分情况也是不同的。那么，接下来的问题便是如何在相关的案例中进行案例选择呢?

对这一问题，两种阐释所提供的思路也是大相径庭的。下文将指出，由于在量化相关的阐释中，不同原因对结果产生的都是“部分效应”，它们可以通过简单相加来计算对结果的线性累积效应，因此，在案例选择时，从这一阐释出发的方法的一个共性建议是：选择那些除自变量以外，其他控制变量的“取值”都相等或都不等的案例，即“量化可比”的策略。[①] 然而，由于在逻辑因果的阐释中，不同类型的条件对结果产生的是非线性相加的“完全影响”，因此，在案例选择时，仅仅要求其他条件“取值”相似/不同是完全不够的，还必须要将不同条件的不同类型纳入考量，我们将此定义为“逻辑可比”的策略。由于当下主流的案例选择方法均属于“量化可比”的策略，因此并不适用于检验“逻辑因果”的理论假说。

一　部分效应下的“量化可比”

正如本章第二小节介绍的那样，每一个自变量对于因变量的作用都是

---

① Gary King, Robert O. Keohane and Sidney Verba, *Designing Social Inquiry: Scientific Inference in Qualitative Research*, Princeton: Princeton University Press, 1994. Barbara Geddes, *Paradigms and Sand Castles: Theory Building and Research Design in Comparative Politics*, Ann Arbor: University of Michigan Press, 2003.

以“部分效应”存在的。因此，为了能够将某一自变量的效应识别出来，研究者就需要对其他自变量进行有效控制。也就是说，要在“其他因素不变”（ceteris parabus）或“其他条件都相同”（other things being equal）的情况下来计算目标自变量对因变量的影响，我们将这一控制策略概括为部分效应下的“量化可比”策略。在实验设计中，这一“控制”主要通过对干预进行随机分配得以实现。通过随机分配的过程，实验组与控制组在“平均”的意义上得以彼此相似，而干预之后的组间平均差异也正是干预导致的结果。

那么，对于少案例比较的研究来说，又是如何进行案例选择的呢？从研究设计的角度来看，目前主流的少案例比较研究与实验设计的逻辑基本相同。密尔提出的“求异法”①、普热沃斯基和休恩②提出的“最大相似系统设计”（most similar system design），以及亚历山大与贝奈特③提出的“控制性比较”（controlled comparison）就是三个典型的例子。它们的基本主张可以简单地概括为：研究者需要有意识地选择那些除了自变量以外，其他变量都相似的案例进行比较。相反，在比较的过程中，如果不能控制其他变量，那么在估计自变量的部分效应时，就很容易产生遗漏变量偏误（omitted variable bias）④，从而对目标自变量对因变量产生的部分因果效应造成误判。

然而，需要特别注意的是，KKV 进一步指出，忽略了两类特殊的变量并不会导致遗漏变量偏差。第一类变量被他们称为“无关遗漏变量”，也就是那些对于因变量不会产生影响的变量。例如，如果研究者试图通过比较德国与英国来考察为什么两国对于区域一体化有着不同的偏好，那么

① 从这个角度来说，密尔的求同法、求异法，事实上与 QCA 的思想是有本质区别的。关于二者的区别阿里克·蒂姆（Alrik Thiem）曾做了更为详细的解释，并且批评了马洪尼、格尔茨、里金等人认为 QCA 的思想与密尔相通的观点。参见 Alrik Thiem, “Mill's Methods, Induction and Case Sensitivity in Qualitative Comparative Analysis: A Comment on Hug (2013)”, *Qualitative & Multi - Method Research*, Vol. 12, No. 2, 2014, pp. 19 - 24; Alrik Thiem, Michael Baumgartner and Damien Bol., “Still Lost in Translation! A Correction of Three Misunderstandings Between Configurational Comparativists and Regressional Analysts”, *Comparative Political Studies*, Vol. 49, No. 6, 2016, pp. 742 - 774。

② Adam Przeworski and Henry Teune, *The Logic of Comparative Social Inquiry*, New York: Wiley - Interscience, 1970.

③ Alexander L. George and Andrew Bennett, *Case Studies and Theory Development in the Social Sciences*, Cambridge: MIT Press, 2005.

④ Gary King, Robert O. Keohane and Sidney Verba, *Designing Social Inquiry: Scientific Inference in Qualitative Research*, Princeton: Princeton University Press, 1994, p. 168.

在假说检验的过程中，即使研究者忽视了两国不同语言的影响，大致也是没有问题的。这是因为，至少在欧洲的背景下，目前似乎并没有证据表明使用不同的语言与该国对欧盟一体化的偏好有显著相关性。第二类变量是那些即使对因变量会产生巨大影响，但是却与其他自变量不存在相关性的变量。例如，如果孩子的身高是因变量，父亲的身高是自变量，那么孩子的户外运动情况就可以看作是 KKV 所说的第二类变量。因为，虽然孩子的户外运动情况虽然与其身高有相关性，但是这一变量似乎与自变量“父亲的身高”并无相关性。

KKV 的建议看似合理，然而，不幸的是，在社会科学研究的现实中，我们很难令人信服地对第二类变量加以确认。也就是说，我们很难保证一个会对因变量产生影响的自变量，同时却与模型中包含的所有其他变量都不相关。通常更有可能存在的情况是，一个与因变量紧密相关的自变量，往往与其他自变量也存在一定的相关性。在上文列举的有关孩子身高的例子中，虽然户外运动情况与父亲的身高这一自变量并无相关性，但是却总是可能会与其他的某些重要因素相关，例如身体对钙质的吸收情况。因此，在实际的操作过程中，更可行、更严谨的办法是：将所有对因变量产生影响的自变量都要进行控制。

总之，部分效应下的“量化可比”策略，为研究者提供了一整套较为详细的案例比较方案。然而，问题恰恰在于，对于绝大多数案例比较研究来说，研究者提出的理论框架，根本就不是一个从“量化相关”出发寻找因果效应的解释框架，而是一个从“逻辑因果”出发寻找充分（或必要）条件（或组合）的理论体系①。那么，为什么“量化可比”的策略不能直接用于检验一个关于充分性/必要性的因果关系呢？如果要对“逻辑因果”进行检验，又当如何进行控制性的比较呢？

二 部分影响下的“逻辑可比”

（一）逻辑因果的非线性“完全影响”

与量化相关中自变量对因变量的部分效应不同，在逻辑因果的阐释中，不同类型的条件对于结果的影响是完全性的，并且不同条件之间不存在线性累加的关系。这种特殊性可以通过布尔代数的基本定理加以理解。

假设条件 A 与条件 B 分别是结果 Y 的充分条件，那么根据我们第二

① 这样的研究不胜枚举，斯考切波的名著《国家与社会革命》就是一个典型。

部分对布尔代数的基本运算法则的介绍可知，A、B 与 Y 之间的关系可以表示如下：

$$A + B = Y$$

又因为布尔代数满足定理：

$$A + 1 = 1$$

因此，可知，无论充分条件 A 取何值，只要 B 为1，结果 Y 始终为1。其含义为，只要有一个充分条件存在，结果一定会发生。

当条件 A 与条件 B 分别是结果 Y 的必要条件时，那么根据我们第二部分对布尔代数的基本运算法则的介绍可知，A、B 与 Y 之间的关系可以表示如下：

$$A \times B = Y$$

又因为布尔代数满足定理：

$$A \times 0 = 0$$

因此，可知，无论必要条件 A 为何值，只要 B 为0，结果 Y 始终为0。其含义为，只要有一个必要条件不存在，结果必不发生。

那么，在这种非线性的完全影响下，为什么传统的“量化可比”策略是无效的？如果无效，那又应当怎样进行案例挑选？下文将对此进行简要分析。

（二）与“量化可比”不同的“逻辑可比”

诚如上文所言，无论是密尔的求同法和求异法、普热沃斯基和休恩提出的“最大相似系统设计”，还是延续 KKV 思想的其他案例选择法，它们都要求质性研究者通过控制“取值”（相同或相异）来实现控制的比较（controlled comparison），从而剥离出自变量对因变量的独立影响。然而遗憾的是，由于许多质性研究者提出的是关于充分/必要条件（组合）的理论假说，因此“量化可比”的策略是无效的。当考虑到逻辑因果关系的不同类型时，研究者需要采取的是“逻辑可比”而非“量化可比”的策略。这一策略的基本要求是：令需要被控制的“其他”充分条件取值为0，必要条件取值为1。这一论点可以通过对密尔的求同法与求异法的分析得以论证。

原则1：“其他”充分条件取值为0。通过求同法进行因果推断的基本逻辑是：假设 X 是原因，在两个案例中，除 X 以外的所有其他因素（A、B）都不同，那么这些案例所共有的结果 Y，就是由原因 X 导致的结果。这种推断逻辑可简要表示如下（见表2-9）：

表 2－9　　　　　　　　　　　　　求同法

	X	A	B	Y
案例 1	1	1	0	1
案例 2	1	0	1	1

资料来源：笔者自制。

在表 2－9 中，“其他因素” A 与 B 在两个案例中取值各不相同，满足了关于案例比较的“量化可比”要求。然而，当我们将逻辑因果中不同类型的条件这一因素考虑进去时，这种简单的量化可比思维就存在重要的问题。例如，当条件 A 与条件 B 均为影响结果 Y 的充分条件时，那么在这一比较中，我们就无法了解到底 Y 为“1”是由于 X 的影响，还是由于 A、B 的影响。通过布尔代数的方式论证如下：

已知 $Y = X + A + B$，

当 $B = 0$ 时（即案例 1 的情况），$Y = X + A$

当 $A = 0$ 时（即案例 2 的情况），$Y = X + B$

$\because$ 布尔代数满足定理：$A + 1 = 1$

$\therefore$ 当 $1 = X + A$ 时，有 $X = 1$ 或 $A = 1$

当 $1 = X + B$ 时，有 $X = 1$ 或 $B = 1$

综上，在两个案例中，当 $Y = 1$ 时有三种情况，$X = 1$，或 $A = 1$，或 $B = 1$。

由此可见，从逻辑因果的阐释出发，仅仅根据“量化可比”的要求，令所有控制变量“取值”不同并不能完成有效的因果推断。当“其他”条件是影响结果的充分条件时，需要令其值为 0，才能进一步在案例中推断条件 X 对结果的可能影响。

原则 2：“其他”必要条件取值为 1。通过求异法进行因果推断的基本逻辑是：假设 X 是原因，在两个案例中，如果所有其他因素都相同，仅有 X 分别存在于一个案例而不存在于另一个案例，并且结果 Y 的发生情况在两个案例中也有相同的对应关系，那么 X 与 Y 之间就存在因果关系。这种推断逻辑可简要表示如下（见表 2－10）：

表 2－10　　　　　　　　　　　　求异法

	X	A	Y
案例 1	1	1	1
案例 2	0	1	0

资料来源：笔者自制。

根据这一逻辑，若想证伪 X 与 Y 之间的相关性，可通过寻找两个案例，使其满足如下情况（见表 2－11）：

表 2－11 求异法证伪相关性

	X	A	Y
案例 3	1	0	0
案例 4	0	0	0

资料来源：笔者自制。

从实验的逻辑来看，通过案例 3 与案例 4 来证伪 X 与 Y 之间的关系似乎并无不妥，因为从取值的角度来看，其他相关的影响变量都得到了有效控制。然而，当我们将不同类型的逻辑因果条件纳入考量时，这一“量化可比”的策略便再次令人失望。例如，先行研究显示，政府干预（A）是经济发展的一个必要条件，一项新的研究试图在此基础上考察劳工压制（X）是否为经济发展（Y）的另一必要条件。那么，基于案例 3 与案例 4 的研究设计并不能证伪劳工压制作为必要条件的影响，因为研究者无法排除以下因素：两个案例中的经济停滞现象，均由缺乏政府干预引起。布尔代数可以用非常简单的过程将这一问题展示出来：

已知 X、A 与 Y 的关系为，$Y = X \times A$，

$\because$ 有定理 $A \times 0 = 0$，

$\therefore$ 当 $A = 0$ 时，$Y = X \times 0 = 0$

综上，在案例 3 与案例 4 中，由于结果 $Y = 0$ 被 $A = 0$ 的完全影响所决定，因此 X 对 Y 的影响既无法得到证实也无法得到证伪。因此，若想考察 X 与 Y 的关系，需要在其他必要条件均为 1 的情况下进行比较。

三 《国家与社会革命》中的比较策略

我们依然以《国家与社会革命》为例。在该书中，有关案例比较的策略，西达·斯考切波同样为我们提供了一个经典的范例。本节以该书研究设计为例，针对上文逻辑可比的第二原则进行简要说明。

在该书中，日本、英国与普鲁士是斯考切波使用的三个辅助性案例。如果将日本与普鲁士，以及英国与普鲁士分别进行比较，可得下表（见表 2－12 与表 2－13）：

表2-12　　日本与普鲁士比较

	政治危机	农民起义	社会革命
日本	0	1	0
普鲁士	0	0	0

资料来源：根据斯考切波研究①相关内容制作。

表2-13　　英国与普鲁士比较

	政治危机	农民起义	社会革命
英国	1	0	0
普鲁士	0	0	0

资料来源：根据斯考切波研究②相关内容制作。

在不考虑条件的充分性与必要性的特征，而仅从密尔求异法的形式上来看，日本与普鲁士的简单比较在“控制”了政治危机的前提下，似乎剔除了农民起义与社会革命的相关性；而英国与普鲁士的简单比较在“控制”了农民起义的前提下，仿佛剔除了政治危机与社会革命的相关性。

然而，一旦将因果条件的类型（充分/必要性）纳入考量，这样形式上的简单比较就无法为检验假说提供帮助。事实上，政治危机与农民起义是斯考切波解释社会革命产生的两个必要条件。根据上文第二原则的论证过程可知，在日本与普鲁士的比较中，由于作为必要条件的政治危机在两个案例中均不存在，因此，并不能确认农民起义与社会革命的关系；而在英国与普鲁士的比较中，由于同样的逻辑，也并不能确认政治危机与社会革命的关系。所以，只有在“其他”必要条件取值为1，即该必要条件在比较案例中均存在的情况下，才更有利于研究者考察某一特定必要条件与结果的关系。也正因为如此，斯考切波使用日本与中国比较、法国与英国比较（见表2-14与表2-15），在保证“其他”必要条件为1的情况下，分别检验了政治危机与农民起义作为两个必要条件与结果的关系。

---

① Theda Skocpol, *States and Social Revolutions: A Comparative Analysis of France, Russia and China*, New York: Cambridge University Press, 1979.

② Theda Skocpol, *States and Social Revolutions: A Comparative Analysis of France, Russia and China*, New York: Cambridge University Press, 1979.

表 2-14 日本与中国比较

	政治危机	农民起义	社会革命
日本	0	1	0
中国	1	1	1

资料来源：根据斯考切波研究①相关内容制作。

表 2-15 法国与英国比较

	政治危机	农民起义	社会革命
法国	1	1	1
英国	1	0	0

资料来源：根据斯考切波研究②相关内容制作。

第五节 小结

在研究方法日新月异的今天，少案例比较法依然具有不可替代的重要作用③，然而，在多数研究中，都存在一个本体论与方法论相互错位的现象。这一现象具体表现为：研究者明明提出的是一个有关充分/必要条件（或条件组合）的因果框架，却用实验与统计的思维来指导案例的选择以及变量的控制。

在本章中，我们指出，“量化相关”与“逻辑因果”是对因果关系的两种不同阐释，前者遵循线性代数法则，而后者遵循布尔代数法则。在此基础上，我们进一步指出，这一本体上的根本不同带来了两个具体的差异：第一，在布尔代数中，只有不同类型的因果关系，而没有不同程度的因果效应，因此在不同算数法则之下，如何对案例进行分类也有着不同的逻辑；第二，在布尔代数中，不同类型的条件（或条件组合）对结果产生的是“完全影响”，而在线性代数中，不同原因对结果产生的都是“部分效应”（partial effect），因此，“逻辑可比”而非“量化可比”的策略

① Theda Skocpol, *States and Social Revolutions: A Comparative Analysis of France, Russia and China*, New York: Cambridge University Press, 1979.

② Theda Skocpol, *States and Social Revolutions: A Comparative Analysis of France, Russia and China*, New York: Cambridge University Press, 1979.

③ Dan Slater and Daniel Ziblatt, “The Enduring Indispensability of the Controlled Comparison”, *Comparative Political Studies*, Vol. 46, No. 10, 2013, pp. 1301-1327.

更适用于检验有关充分/必要性的理论框架。

基于以上结论，我们也想提醒研究者在进行研究设计时尤其要注意以下三个方面内容：第一，注意“量化相关”与“逻辑因果”在因果关系本体论层面存在的两个具体差异；第二，在方法论层面注意揭示这两种具体差异如何影响案例的分类与选择；第三，关注与“量化相关”传统相对应的案例研究设计策略。我们的策略主要包括案例分类方式与“逻辑可比”的基本原则两方面的内容。同 KKV 提出的指导方案相比，这一策略的贡献在于，它解决了研究者常常出现的因果关系本体论与方法论相互错位的现象；同马洪尼与格尔茨在《两种传承》中提出的建议相比，我们提出的策略弥补了他们忽视如何进行少案例比较的不足。

显而易见，强调因果关系本体论与检验因果关系方法论的一致性是本书的一项基本立场。从这一立场出发，那些倡导将定量方法与案例比较方法相结合的混合研究策略①，就值得研究者们谨慎考虑。一个最直接的原因便是，那些看似功能可以互补的方法，实际上却扎根于完全不同的本体论土壤。因此，更为有效的混合型研究，应当是在相同本体论基础上的不同方法的结合②。对此，本书也将在第八章讨论不同案例导向研究如何进行整合设计的问题。

---

① 比如：Jason Seawright, *Multi - Method Social Science: Combining Qualitative and Quantitative Tools*, Cambridge: Cambridge University Press, 2016; Evan S. Lieberman, “Nested Analysis as a Mixed - Method Strategy for Comparative Research”, *American Political Science Review*, Vol. 99, No. 3, 2005, pp. 435 - 452。

② 例如，近年来一些学者尝试将 QCA、模糊集的方法与反事实分析、过程追踪的方法相结合。比如 Derek Beach and Ingo Rohlfing, “Integrating Cross - Case Analyses and Process Tracing in Set - Theoretic Research: Strategies and Parameters of Debate”, *Sociological Methods & Research*, Vol. 47, No. 1, 2018, pp. 3 - 36; Derek Beach, “Achieving Methodological Alignment When Combining QCA and Process Tracing in Practice”, *Sociological Methods & Research*, Vol. 47, No. 1, 2018, pp. 64 - 99。

第三章　案例研究中的“范围条件”与理论建构

2022 年 4 月 26 日，《美国政治科学评论》（APSR）的编辑团队发出声明：期刊将增加定性研究的投稿数量（APSR，2022）。①在这份声明中，编辑部明确将案例导向的实证研究作为期刊未来关注的重点目标之一。国内学术界在 2021 年就成立了“中国案例研究期刊联盟”，充分展示了各个期刊对于案例研究的支持与重视。然而，一项优质的案例研究并不容易实现，研究者常常要面对至少两方面的挑战。首先是对研究内部效度的挑战②，即批评者常常通过不同的方式指出，由案例研究所得出的因果关系存在高度的不确定性。其次是对研究外部效度的挑战③，亦即人们常常讨论的案例是否具有代表性的问题。正是这两方面挑战的存在，令许多研究者对案例导向的实证研究产生了深深的怀疑④。

既然以上这些挑战如此重要且频频成为一些学者对案例研究进行攻坚的目标，那么我们又该通过哪些办法对案例研究加以改善，从而真正实现案例对理论的滋养与发展呢？在这一问题上，已经有不少学者提出了富有洞见且具有可操作性的建议。例如，加里·金（Gary King）、罗伯特·基欧汉（Robert O. Keohane）和西德尼·维伯（Sidney Verba）从量化统计的逻辑出

① American Political Science Review，“Notes from the Editors：Increasing Qualitative Submissions”，*American Political Science Review*，Vol. 116，No. 2，2022，pp. V－VI.

② 内部效度是社会科学研究实验方法中的基本概念，指的是自变量与因变量之间因果关系的明确程度。

③ 外部效度可以简单理解为经由实验检验的因果关系的对外适用性、外推性。

④ 这方面的例子可谓是不胜枚举。较早出现并且常被引用的一个典型例子参见 Stanley Lieberson，“Small N's and Big Conclusions：An Examination of the Reasoning in Comparative Studies Based on a Small Number of Cases”，*Social Forces*，Vol. 70，No. 2，1991，pp. 307－320。

发，为案例研究者提出了一系列的建议；[①]马哈尼与格尔茨创造性地提出了案例选择的"可能性原则"（possibility principle）；[②] 乔治与博耐特提出了"结构—焦点比较法"；[③] 西赖特与吉尔林强调极端案例、异常案例等各类关键案例的重要性；[④] 利伯曼与西赖特分别提出了混合式的研究设计；[⑤]叶成城及其合作者提出了基于时空规制进行案例选择的建议[⑥]；等等。

与上述已有的建议不同，我们指出，在案例导向的实证研究中，对于范围条件（scope conditions）的讨论与界定既能够缓解内部效度的挑战，也能够帮助研究者更好地廓清研究对象总体（population），从而有利于论证案例选择的代表性问题。事实上，早在 1985 年，社会学研究者就已经对范围条件的重要性做出了富有启发性的论证。[⑦]然而，在 30 多年后的今天，当我们阅读各类学术作品，尤其是国内各项研究成果的时候，却依然很少看到研究者对于范围条件的提及，更遑论详细严谨的论证。因此，我们的贡献并不在于发现了范围条件对于理论发展的重要意义，而是一次以前人观点为基础，从不同角度揭示范围条件对于案例研究的深刻影响，并做出相应建议的努力。虽然这一努力的推进仅具有边际意义，但是在案例研究重新得到重视的今天，却也应该具有值得一提的价值。

第一节　范围条件的含义

在科学哲学领域，关于范围条件的讨论与因果关系普适性的讨论紧密

---

① Gary King, Robert O. Keohane and Sidney Verba, *Designing Social Inquiry: Scientific Inference in Qualitative Research*, Princeton: Princeton University Press, 1994.

② James Mahoney and Gary Goertz, "The Possibility Principle: Choosing Negative Cases in Comparative Research", *American Political Science Review*, Vol. 98, No. 4, 2004, pp. 653 – 699.

③ Alexander L. George and Andrew Bennett, *Case Studies and Theory Development in the Social Sciences*, Cambridge: MIT Press, 2005.

④ Jason Seawright and John Gerring, "Case Selection Techniques in Case Study Research: A Menu of Qualitative and Quantitative Options", *Political Research Quarterly*, Vol. 61, No. 2, 2008, pp. 294 – 308.

⑤ Evan S. Lieberman, "Nested Analysis as a Mixed – method Strategy for Comparative Research", *American Political Science Review*, Vol. 99, No. 3, 2005, pp. 435 – 452.

⑥ 叶成城、黄振乾、唐世平：《社会科学中的时空与案例选择》，《经济社会体制比较》2018 年第 3 期。

⑦ Henry A. Walker and Bernard P. Cohen, "Scope Statements: Imperatives for Evaluating Theory", *American Sociological Review*, Vol. 50, No. 3, 1985, pp. 288 – 301.

相关。在《逻辑学体系》一书中，密尔提出了著名的“求同法”与“求异法”，这两个方法成为社会科学研究者开展因果推断的重要工具。然而，早在1938年，哲学家安德森就从因果普适性的角度对密尔提出的比较方法提出了尖锐的批评。安德森指出，这些方法看似严谨，实际上却存在问题。在他看来，在密尔的逻辑体系中，有一个不能忽视的特征是：它试图通过对个别（particular）案例的归纳性分析，挖掘出具有普遍（general）适用性的因果关系。① 然而，要实现这一目的，密尔的求同法与求异法必须建立在这样一种假设的基础之上：相关的因素具有一般性，且这些因素的数量是有限的，可以一一列举出来。安德森进一步指出，由于我们不可能全面地了解所有的相关因素，因此，密尔的方法最多向我们展示了“如何检验一个已经被考虑过的假说，但却不能使我们得出任何结论”②。更重要的是，由于“一果多因”的现象普遍存在，密尔方法中存在的这一难题就显得更加无解。因此，我们很难在普世范围内建立起原因与结果之间的因果关系，而原因与结果之间明确、稳定的关系更可能在某种“限制”（limits）或某个“域”（field）中存在。“正是对于‘域’的考虑，使我们能够让因果关系的理论更加明确，并解决密尔理论中存在的问题。”③

安德森关于因果成立“域”的反思与讨论，传递出他对因果关系普适性的两个重要观点：（1）因果关系仅在特定领域内成立，即因果关系具有条件性；（2）因果关系是多样的，“一果多因”的现象普遍存在，即因果关系具有异质性。以这两条认识论观点为基础，后继学者提出了理论的“范围条件”这一概念。以物理学理论为参照，图尔敏指出“物理学的任何一个分支，特别是任何一个理论或定律，都只有一个有限的范围。也就是说，只有一个有限的范围可以用这个理论来解释现象”④。受图尔敏的启发，沃克与科恩在他们的开创性研究中，将“范围条件”定义为使特定理论预期具有效度的相关参数。⑤ 从“范围条件”的内容与功能出

① John Anderson, *Studies in Empirical Philosophy*, Sydney: Sydney University Press, 2004.

② John Anderson, *Studies in Empirical Philosophy*, Sydney: Sydney University Press, 2004, p. 128.

③ John Anderson, *Studies in Empirical Philosophy*, Sydney: Sydney University Press, 2004, p. 131.

④ Stephen Toulmin, *The Philosophy of Science*, London: Hutchinson, 1953, p. 31.

⑤ Henry A. Walker and Bernard P. Cohen, “Scope Statements: Imperatives for Evaluating Theory”, *American Sociological Review*, Vol. 50, No. 3, 1985, p. 291.

发，这些学者进一步强调，一个完整的理论命题不应当仅仅包含关于因果关系发生的具体形式（form），同时应当包括因果关系发生的范围①，即"当条件范围满足时，原因（X）与结果（Y）呈现出某种稳定的关系"②。

值得特别注意的是，当研究者围绕理论的范围条件进行思考，并提出"在何种条件下，理论得以成立?"这一问题时，却可能产生对因果条件性的混淆，进而误解范围条件的含义。这种误区要追溯到麦基关于组态因果的重要发现。与上述科学哲学研究者的立场相似，麦基同样强调因果关系得以存在的环境（circumstance），并否认因果关系无条件的普适性。然而，麦基所强调的"环境"与上述学者所提出的"范围"是完全不同的概念。麦基指出，通常研究发现的单个条件，事实上并不是结果的原因，而仅仅是一个导致结果的条件组态的一个必要部分，即他所定义的"INUS"条件。③ 例如，接触感冒病毒（A）与身体虚弱（B）同时发生乃是感染流感（Y）的一个条件组态，而无论是条件 A，还是条件 B，都仅是导致结果的一个 INUS 条件。因此，麦基所谓的"环境"本质上指的是因果的组态性，即在条件 A（B）发生的情况下，B（A）导致 Y 的结果才得以成立。这与上述的"范围条件"截然不同，其中最根本的区别就在于"范围条件"与因果关系发生的具体形式毫无关联，即"范围条件"的调整并不是原因（自变量）的增减。例如，爱因斯坦为牛顿运动定律寻找的范围条件是质点、惯性参考系、宏观、低速，而这些范围条件并没有改动牛顿运动定律中因果关系本身的形式。正如沃克与科恩所说，"有关范围的陈述并不断言理论构造之间的关系"④。

综上所述，以因果条件性与异质性为认识论基础，范围条件指的是使理论命题的预期明确且稳定的相关参数，这对于缺乏普适性规律的社会科学研究具有重要的理论与方法意义。下文将聚焦于社会科学研究中案例导向的实证研究，通过政治学与社会学领域已经发表的一些经典著作，向读者展示对范围条件的讨论与界定如何能够在一定程度上缓解案例研究所面

① Stephen Toulmin, *The Philosophy of Science*, London: Hutchinson, 1953, p. 49.

② Henry A. Walker and Bernard P. Cohen, "Scope Statements: Imperatives for Evaluating Theory", *American Sociological Review*, Vol. 50, No. 3, 1985, p. 291.

③ John Leslie Mackie, *The Cement of the Universe: A Study of Causation*, Oxford: Oxford University Press, 1980, p. 62.

④ Henry A. Walker and Bernard P. Cohen, "Scope Statements: Imperatives for Evaluating Theory", *American Sociological Review*, Vol. 50, No. 3, 1985, p. 291.

临的挑战。

第二节　范围条件与案例研究的内部效度

案例导向的实证研究常被攻讦的一个弱点是其内部效度不足，即由案例研究所得出的因果关系存在高度的不确定性。对于少案例比较的研究，挑战者一般通过举反例或揭示案例存在选择性偏误的方式展开批评，而对于定性比较分析（QCA）的研究，最致命的批评在于，由于一个案例集合的不同子集通过归纳分析将得到不同的结论，因此研究者无法通过QCA的归纳分析来进行理论的生产。针对这两类挑战，以下内容将试图展示对范围条件的讨论与界定，虽然不能完全解决案例研究内部效度不足的问题，但是却可以在相当程度上化解挑战，从而对理论的生产与知识的积累具有不可或缺的价值。

一　少案例比较

挑战1：列举反例清单。《国家与社会革命》是斯考切波的成名作，或许也是她受到攻击最多的作品。在这部家喻户晓的作品中，斯考切波用中国、俄国与法国革命作为核心案例，并辅之以普鲁士、日本与英国革命的案例，通过系统性的比较试图揭示引起社会革命爆发的两个重要条件：国家崩溃与农民起义。然而，许多学者并不认可斯考切波的这一发现，因为他们可以举出很多与这一理论预期相悖的反例。例如，知名学者格迪斯就曾经提出，1910年的墨西哥、1952年的玻利维亚与1959年的古巴都是这样具有挑战性的反例，它们要么是具有国家崩溃与农民起义的条件却没有爆发革命，要么就是不具有这两个条件却恰恰产生了革命。[①] 然而，这样的批评对于斯考切波来说似乎并不公平，因为它完全忽视了斯考切波为其理论有效性所清晰界定的“范围条件”。在著作的引言中，斯考切波明确指出，她的研究并不致力于为所有革命提供一个普适性的框架，而仅仅适用于那些没有经历过殖民统治的、富裕且具有雄心的农业国家。相反，对于那些深受殖民历史影响、对于外部世界体系高度依赖的案例，它们将

① Barbara Geddes, *Paradigms and Sand Castles: Theory Building and Research Design in Comparative Politics*, Ann Arbor: The University of Michigan Press, 2003.

会有完全不同的因果形式。[1]

斯考切波的辩护并不是一种狡辩，也不应当被简单地理解为一种出于自我防卫所采取的策略。事实上，这种对范围条件的界定与讨论建立在关于因果关系条件性与异质性的认识论基础之上。从上一部分的论述可知，在范围条件限定下的因果关系乃是这样一种关系：当条件范围满足时，原因（X）与结果（Y）的关系才是稳定的。因此，一个有效的挑战应当是在满足范围条件的前提下寻找反例，或者针对范围条件进行批评。像格迪斯这样的批评完全站不住脚，因为她所倚重的这些案例完全落在了斯考切波所提供的范围条件之外。正如科利尔与马洪尼所言，这些案例都是“无关的”[2]。

挑战2：揭示选择偏误。案例选择性偏误通常是指，研究者根据因变量某一特定取值进行案例选择的问题。在这一问题的影响下，不同案例在因变量上的取值并未发生变化，因而研究者也就无法展开有效的因果推断。KKV 中专门有一章的内容讨论这一偏误，并为案例研究者提出了诸多建议。[3]可见，在一些方法论学者看来，选择性偏误是案例研究中最需要避免的错误之一。在这一点上，一个常被引用的例子是格迪斯对新兴工业化国家发展研究的批评。

有关新兴工业化国家的研究普遍认为，劳工压制是带来国家经济增长的一个重要因素。然而，格迪斯指出，如果我们将这一论点放在东亚各个国家（地区）中讨论时似乎是没有异议的（如图 3－1），然而，当我们将世界其他国家的样本都纳入考虑时，劳工压制与经济增长的关系就不复存在（如图 3－2）。[4]

格迪斯的挑战有理有据，看上去具有极强的说服力。然而，如果更加仔细且深入地阅读有关新兴工业化国家发展的研究就会发现，格迪斯再次忽视了这些文献对于理论适用性的条件限制。正如科利尔和马洪尼指出的那样，在这些文献中，劳工压制与经济增长仅适用于两类发展中国家：

---

① Theda Skocpol, *States and Social Revolutions: A Comparative Analysis of France, Russia and China*, New York: Cambridge University Press, 1979.

② David Collier and James Mahoney, "Insights and Pitfalls: Selection Bias in Qualitative Research", *World Politics*, Vol. 49, No. 1, 1996, pp. 56－91.

③ Gary King, Robert O. Keohane, and SidneyVerba, *Designing Social Inquiry: Scientific Inference in Qualitative Research*, Princeton: Princeton University Press, 1994.

④ Barbara Geddes, *Paradigms and Sand Castles: Theory Building and Research Design in Comparative Politics*, Ann Arbor: The University of Michigan Press, 2003, pp. 100－106.

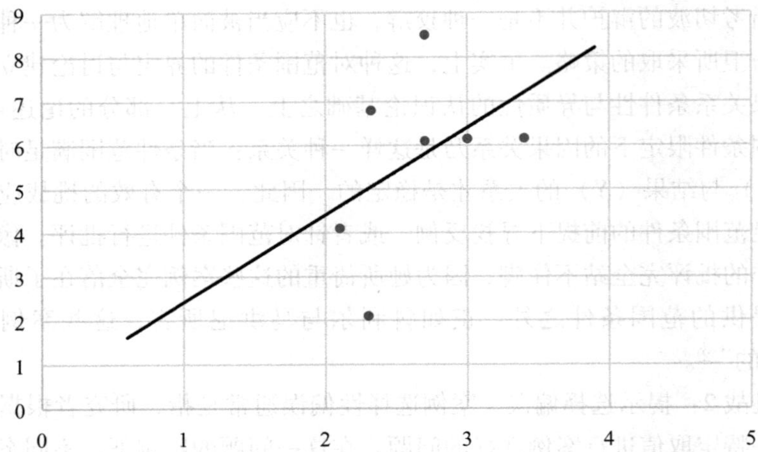

图 3-1　亚洲的劳工压制与经济增长（1970—1981）

资料来源：笔者根据芭芭拉·格迪斯《范式与沙堡》重制。

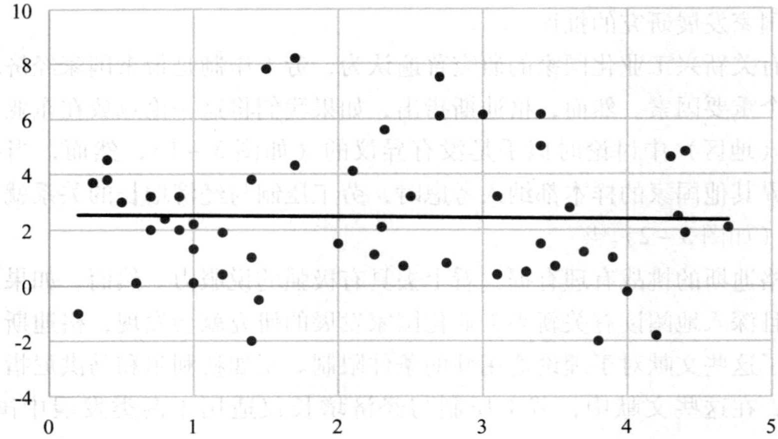

图 3-2　发展中国家中的劳工压制与经济增长（1970—1981）

资料来源：笔者根据芭芭拉·格迪斯《范式与沙堡》重制。

（1）以国内市场为导向、处于工业化更高阶段且经济较为发达的第三世界国家；（2）总体经济发展水平差异较大，但是正在经历以出口为导向工业化阶段的第三世界国家。当我们按照这两条标准，将所有案例纳入考量时，劳工压制与经济增长之间的关系可以得到明显的验证。[①] 因此，虽然格迪斯的挑战与提醒是有益的，但是对于这类案例研究来说，漫无目的地在所有发展中国家寻找反例显然无法对研究假说构成任何挑战，盲目地通过扩大样本数量来试图证伪的努力也同样是徒劳无益。

二　定性比较分析

近年来，定性比较分析在国内是一种比较时髦的方法，越来越多的成果发表在政治学、社会学、新闻传播学等多个学科期刊之上。然而，从世界范围来看，定性比较分析的使用者与文章发表数量的比例并不太高。一个可能很重要的原因就在于，通过这个方法得出的因果推断存在极高的不确定性。哈格发表在研究方法世界顶级期刊《政治分析》（*Political Analysis*）上的论文对这一点进行了详细的论述。

以福利国家产生的问题为例，哈格指出，从既有研究来看，福利国家的起源大致有四个重要的影响因素：强大的左翼政党（P），强力的工会（U），强力的法团主义的工业体系（C），以及社会经济结构的同质性（S）。如果我们以欧美主要国家为研究总体，按照它们在这四个条件上的有无分类（有 =1，无 =0），则可以构建如下真值表[②]：

表 3－1　　福利国家产生的真值表

国家	P	U	C	S	W
奥地利	1	1	1	1	1
丹麦	1	1	1	1	1
芬兰	1	1	1	1	1
挪威	1	1	1	1	1
瑞典	1	1	1	1	1
加拿大	0	0	0	0	0

① David Collier and James Mahoney, “Insights and Pitfalls: Selection Bias in Qualitative Research”, *World Politics*, Vol. 49, No. 1, 1996, pp. 56－91.

② 本书后续的案例选择内容也依然用了这一经典研究示例。参见 Simon Hug, “Qualitative Comparative Analysis: How Inductive Use and Measurement Error Lead to Problematic Inference”, *Political Analysis*, Vol. 21, No. 2, 2013, pp. 252－265。

续表

国家	P	U	C	S	W
法国	0	0	0	0	0
美国	0	0	0	0	0
德国	0	0	1	0	0
荷兰	0	0	1	0	0
瑞士	0	0	1	0	0
日本	0	0	0	1	0
新西兰	0	1	0	0	0
爱尔兰	0	1	1	1	1
比利时	1	1	1	0	1

资料来源：Simon Hug，"Qualitative Comparative Analysis：How Inductive Use and Measurement Error Lead to Problematic Inference"，*Political Analysis*，Vol. 21，No. 2，2013，p. 258。

根据这一真值表，遵循布尔代数的计算方法，可以得出福利国家产生的两条组态因果路径：

$$PUC + UCS \rightarrow W$$

这两条组态因果路径分别是：（1）强大的左翼政党、强有力的工会与强力的法团主义的工业体系；（2）强有力的工会、强力的法团主义工业体系与社会经济结构的同质性。哈格指出，通过定性比较分析得到的这一结果并不可信，因为只要剔除其中的部分案例，就能够改变布尔计算的最终结果。例如，当把爱尔兰从真值表中剔除后，产生福利国家的组态因果路径就仅剩下"PUC"一条；如果把比利时从真值表中剔除，那么最终结果将仅剩"UCS"。这就意味着，在不同的案例总体中，P 与 S 可能根本就不是产生福利国家的 INUS 条件。更严重的问题在于，如果将比利时（或爱尔兰）外加任意一个其他的案例从表中剔除后，研究结论将得到一个与之前截然不同的条件组合"PUCS"。基于以上讨论，哈格总结认为，由于一个案例集合的不同子集通过归纳性分析将得到不同的结论，因此，研究者无法通过 QCA 的归纳性分析来进行理论的生产（theory－generating），而 QCA 的主要用途仅在于进行理论的验证与数据的描述。

从因果的条件性与异质性的角度来看，哈格的挑战非但不能够成立，反而恰恰证明了界定"范围条件"的重要性。定性比较分析是一种在包含案例总体的基础上，通过归纳分析得出结论的方法。这种方法要求研究者根据研究问题与目的对研究对象的总体进行清晰、精确的界定，从而避免因为案例遗漏而导致结论的偏差。因此，一旦案例的范围条件得到确定，除非反对者能够证明其中部分案例存在因果关系的不同路径，即具有因果异质性特征，否则随意剔除相关案例而进行布尔计算都是对方法的错误使用。从这个角度来说，哈格对于定性比较分析挑战的方式是有待商榷的，而他由此产生的对定性比较分析方法的怀疑也显得过于偏颇。

第三节　范围条件与案例研究的外部效度

案例研究常被挑战的另外一个重要问题是其结论的外部效度问题，这一挑战大多数又会转化成一个共性的问题：被选择的案例是否具有代表性？下文将通过两项具体研究展示精确界定范围条件可以帮助研究者寻找具有代表性的案例，从而一定程度上化解案例研究结论的外部效度问题。

在《经济制度与民主改革：原苏东国家的转型比较分析》一书中，奥勒·诺格德（Ole Nørgaard）试图回答的核心问题是，在原苏东国家中，为什么有些国家能够建立起兼具经济发展、福利增长和民主巩固的经济制度，而有些国家却不能？作者从转型的初始条件与经济制度改革战略两个方面对问题做出了分析。为检验他所提出的观点，诺格德对研究的范围条件做出了详细说明，帮助他明确了案例选择的总体，为挑选代表性案例做出了准备。①

诺格德从自然属性、政治与社会特征以及异常情况三个维度界定了研究的范围条件。从自然属性的角度，诺格德指出，该研究的对象包括从地理与政治版图上属于“原苏东国家”的案例共30个。其中，属于原苏联的国家15个，亚美尼亚、阿塞拜疆、白俄罗斯、爱沙尼亚、格鲁吉亚、哈萨克斯坦、吉尔吉斯斯坦、拉脱维亚、立陶宛、摩尔多瓦、俄罗斯联邦、塔吉克斯坦、土库曼斯坦、乌克兰、乌兹别克斯坦；属于原南斯拉夫的5个国家，波斯尼亚和黑塞哥维那、克罗地亚、斯洛文尼亚、马其顿共和国、塞尔维亚；属于中欧和东欧的8个国家，阿尔巴尼亚、保加利亚、捷克、匈牙利、波兰、罗马尼亚、斯洛伐克、原德意志民主共和国；亚洲的中国和越南。

接着，诺格德根据研究问题所涉及的社会与政治特征，对研究对象的

① ［丹麦］奥勒·诺格德：《经济制度与民主改革：原苏东国家的转型比较分析》，孙友晋等译，上海世纪出版集团2007年版。

范围进行了更细致的界定。由于该研究从内容上关注的是不同国家经济与政治转型结果的差异，因此，“至少处于双重转型过程”就应当是案例在社会特征方面符合的基本条件。根据这一条件，越南和中国仅对经济体制进行了改革，而政治制度基本保持不变，故而不能入选。此外，从异常事件的角度，诺格德继续对范围条件进行说明。他指出，由于某些异常事件及其带来的一系列后果往往本身就是影响某种结果的重要因素，因此除非异常情况本身就是理论框架中的关键变量，否则一个合理的范围条件就应当将存在异常事件的案例剔除在外。用诺格德的表述就是，那些具有“正常”政治、经济转型过程的国家，不包括那些受到战争、国际封锁或自然灾害影响的国家。[①] 根据这一条件，克罗地亚、马其顿共和国、亚美尼亚、塞尔维亚、格鲁吉亚、阿塞拜疆和塔吉克斯坦都不能入选。最终，根据在自然属性、社会与政治特征以及异常事件这三个维度上界定的范围条件，诺格德从剩下的20个案例中开展了系统的数据分析与案例比较。

与诺格德类似，拉夏贝尔及其合作者在关于权威政体稳定性的研究中，同样对研究的范围条件进行了严格的限定，从而帮助他们遴选出了研究所需要的案例。在这项研究中，拉夏贝尔及其合作者认为，从社会革命的战火中建立起来的权威政体具有更强的执政韧性。[②] 因此，“社会革命”的特征，就成为他们界定研究对象范围的重要条件。以斯考切波关于社会革命的研究为依据，拉夏贝尔等人提出了四条界定社会革命的标准：（1）从发起者来看，社会革命应当是一种自下而上发起的，而非国家内部精英引起的斗争；（2）从手段来看，社会革命应当是一种通过暴力推翻旧体制的斗争；（3）从对国家造成的结果来看，社会革命应当既包括对原有机构的废除，也包括新军队与新机构的建设；（4）从对社会造成的结果来看，社会革命应当引起激进的变迁，其中既有对社会财富的重新分配，也有对社会阶级结构的重整以及对既有文化的摧毁。

根据以上四个特征，拉夏贝尔及其合作者首先排除了那些在革命后国家与社会结构完好无损的案例，例如格鲁吉亚、乌克兰和吉尔吉斯斯坦的“颜色革命”，埃及和突尼斯“阿拉伯之春”的变革；同时排除了由国家内部行为者发起的激进变革，例如纳赛尔领导下的埃及革命、马里亚姆领

---

① ［丹麦］奥勒·诺格德：《经济制度与民主改革：原苏东国家的转型比较分析》，孙友晋等译，上海人民出版社2007年版，第12页。

② Jean Lachapelle et al.，“Social Revolution and Authoritarian Durability”，*World Politics*，Vol 72，No. 4，2020，pp. 557 – 600.

导下的埃塞俄比亚革命；也排除了那些从暴力斗争中产生但并没有从根本上改变国家政权的革命（例如南也门和津巴布韦），以及那些通过和平手段过渡而国家结构基本上完好无损的"革命"（例如1989年东欧"革命"）等等。最终，拉夏贝尔等人列举出了符合条件的20个案例，作为他们进行理论建构与数据分析的基础。[①]

从以上两项研究的示例中可以看出，虽然界定范围条件的思路与依据不尽相同，但是它们最终都导向了一个结果：大大提升了范围条件内部案例的同质性，从而有利于解决案例选择的代表性问题。然而，更加值得特别注意的是，从这一范围内选择的案例，不仅具有总体一般属性的典型值[②]，而且还最大程度上保证了范围内案例因果关系模式的同质性。例如，诺格德之所以将包含异常事件的案例剔除，就是因为异常事件本身很可能带来影响结果的另一种路径；拉夏贝尔及其合作者之所以对社会革命进行最严格的定义，就是因为这样才能使剩下来的案例在权威政体执政韧性这一结果上都能归因于相似的机制——团结的精英、忠诚的军队、有力的压迫武器以及敌对组织的消亡。

第四节 重视"范围条件"对案例研究的启示

通过上文的讨论可以看到，在案例导向的实证研究中充分重视对"范围条件"的讨论与界定，能够大大完善因果推断与案例选择的过程。这一完善策略的核心就是为具有某些共性的一类案例确定严格且清晰的边界。对这一策略的深入观察可以为我们未来开展案例研究提供两点重要启发：（1）案例研究是一个基于因果相对异质性而进行理论生产的过程，对"范围条件"的确定是理论建构与完善的重要组成部分；（2）对范围条件的深入思考有利于深化对关键性概念的建构。

一 从"范围条件"完善理论

许多学者认为，量化研究对因果性存在一个同质性假设，即无论在因

---

① Jean Lachapelle et al., "Social Revolution and Authoritarian Durability", *World Politics*, Vol. 72, No. 4, 2020, pp. 557 – 600.

② John Gerring, *Case Study Research: Principles and Practices*, New York: Cambridge University Press, 2007.

变量上取值如何,样本子集都服从于一致性的因果律。[①] 对于这一假设,案例研究者并不认可,他们认为这种对现实的化约性(reduction)假设大大掩盖了案例之间的差异性。例如,乔治与斯姆克曾指出,在国际关系学领域,定量研究者常常从威慑的"成功"与"失败"对案例进行区分。然而,在他们看来,"将因变量仅仅分为威慑成功与威慑失败两个子集"忽视了威慑可能失败的各种方式。[②] 拉金也在其著作中表示,案例研究者可以通过区分不同类型的威慑揭示众多独立的因果路径,而这正是案例研究的优势。[③]

案例研究者对量化研究的挑战虽然具有很大的启发意义,但是我们显然无法在一个绝对意义上用因果同质性与异质性来区分量化研究与案例研究。毕竟,案例研究的对象不仅只包含一个个体,量化研究的总体也有其边界。因此,对于在相对意义上同时强调因果异质性的案例研究来说,如何精确界定其研究的"范围条件"就显得尤为重要。一个关键原因在于,在案例研究中"范围条件"将更加深切地关系到理论的效度。正如上文各个部分的举例所展示的那样,范围条件的界定不仅可以帮助研究者剔除无关案例,也可以帮助研究者廓清理论的适用范围。这进一步对案例研究在理论生产方面提供了两点启示:第一,在理论建构的过程中,范围条件是与自变量、因变量以及因果机制同等重要、必不可少的内容;第二,在理论反思的过程中,面对反例的挑战与可比性的批判,对范围条件的重构而非对于因果关系的重构或许可以是研究者首先需要思考的问题[④]。这两点在上述关于新工业化国家的研究示例中表现得最为突出。通过对于范围条件的界定,研究者展示了新兴工业化国家内部实现经济增长路径的多样性,从而拓展了对后发国家现代化的理论解释。

---

① Andrew Abbott, "Conceptions of Time and Events in Social Science Methods: Causal and Narrative Approaches", *Historical Methods*, Vol. 23, No. 4, 1990, pp. 320 – 344; Reinhard Bendix, "Concepts and Generalizations in Comparative Sociological Studies", *American Sociological Review*, Vol. 28, No. 4, 1963, pp. 532 – 539; Charles C. Ragin, *Fuzzy – Set Social Science*, Chicago: University of Chicago Press, 2000; Adam Przeworski and Henry Teune, *The Logic of Comparative Social Inquiry*, New York: Wiley – Interscience, 1970.

② AlexanderL. George and Richard Smoke, *Deterrence in American Foreign Policy: Theory and Practice*, New York: Columbia University Press, 1974.

③ Charles C. Ragin, *The Comparative Method: Moving Beyond Qualitative and Quantitative Strategies*, Berkeley: University of California Press, 1987.

④ Henry A. Walker and Bernard P. Cohen, "Scope Statements: Imperatives for Evaluating Theory", *American Sociological Review*, Vol. 50, No. 3, 1985, pp. 288 – 301.

二　从“范围条件”深化概念

在对“范围条件”的思考过程中，作者不仅能够完善因果推断的过程与结论，同时还能够在深化概念的过程中拓展类型学的建构。在比较政治学领域，萨托利与维特根斯坦提出了两种关于概念化的理解。① 萨托利认为，概念的内涵是由被界定对象的不同属性组成的一种抽象性建构。缺少任何一种属性，虽然外延所包含的对象将显著增加，但是概念的内涵将变得模糊；相反，增加任何一种新的属性，虽然外延所能包含的对象随之减少，但是概念的内涵却将变得更加精确。② 概而言之，概念的内涵精确度与外延的包容度存在一种内在张力。例如，在定义权威主义时，林茨提出了两个重要的属性：有限的多元主义与非指导性意识形态的某种思想。③ 那么，在定义一个国家是否属于权威主义政体时就必须从这两个方面进行考察，缺一不可。不难看出，萨托利坚持的是一种本质主义的概念观。从这一观点出发，对于一个类型的亚类型进行拓展，只能是一种“做加法”的过程，即通过增加而不是减少既有概念所包含的属性来实现。例如，大众权威主义指的是既存在有限多元主义、非意识形态的某种思想，又具备大规模工人阶级或中产阶级动员的政体；官僚权威主义指的是具备以上两种属性，同时又具备与大众抗衡的军人、技术官僚与跨国资本联盟的政体。④ 在前文介绍的研究中，斯考切波与拉夏贝尔的研究正是通过这种“做加法”的过程，对社会革命提出了四个新的关键特征，从而在清晰界定研究范围的同时拓展了有关革命的类型学建构。

与萨托利的观点不同，维特根斯坦提出了一种“家族相似”（family resemblance）的概念观。在维特根斯坦看来，概念的内涵虽然包含了被界定对象的不同属性，但是其中单独的每一种属性都不是必要的，即没有一种属性是所有被界定对象共同拥有的。⑤ 也就是说，维特根斯坦坚持的是

---

① 参见 Gary Goertz, *Social Science Concepts: A User's Guide*, Princeton: Princeton University Press, 2005。

② Giovanni Sartori, “Concept Misformation in Comparative Politics”, *American Political Science Review*, Vol. 64, No. 4, 1970, pp. 1033－1053.

③ Juan J. Linz, *Totalitarian and Authoritarian Regimes*, Boulder: Lynne Rienner Publishers, 2000.

④ David Collier and James E. Mahon, “Conceptual ‘Stretching’ Revisited: Adapting Categories in Comparative Analysis”, *American Political Science Review*, Vol. 87, No. 4, 1993, pp. 845－855.

⑤ Ludwig Wittgenstein, *Philosophical Investigations*, London: Basial Blackwell, 1968.

一种反本质主义的概念观。例如,在克拉克对反革命现象的研究中,他指出,既有研究对于反革命的定义并没有一个统一的共识,他所定义的反革命指的是由旧体制代理人恢复旧体制秩序的努力。[①] 事实上,克拉克对其理论范围条件的界定,就是在对反革命进行精细的概念化过程中实现的,而这一概念化过程大体上就遵循了维特根斯坦的"家族相似"的概念观。在克拉克的研究中,他对既有研究中关于反革命的两种具有代表性的观点进行了回溯:(1)温和革命者对旧体制秩序的恢复;(2)旧体制代理人打击革命运动。如果将"温和革命者""旧体制代理人""旧体制秩序的恢复""旧体制秩序的打击"分别看成是关于"反革命"概念所包含的A、B、C、D四种属性,那么,既有的两种观点分别是属性A与C、B与D的组合,而克拉克文中对反革命的界定就是属性B与C的组合。为进一步确保理论的内在效度与因果同质性,他将这种B与C组合下的反革命界定为"复辟反革命"(restorative counter - revolution),[②] 从而为研究反革命增加了一种新的类型,也为未来研究者继续深入研究反革命的不同亚类型拓宽了思路。

第五节 小结

案例研究的价值能够被重新发现与重视,为学术界的多元发展提供了新的契机。然而,一项好的案例研究从来都不是轻而易举可以完成的。案例研究者至少要面对关于理论内部效度与外部效度两方面的重要挑战。在数十年的学术争论中,国外的方法论研究者们已经从研究设计的不同角度提出了多种多样的建议。尤为引人瞩目的是,最近在国内的学术界也同样涌现出一批关于案例研究方法的讨论。在这些研究中,他们有的是从本体论与认识论的角度深化了对案例研究的理解[③],有的是从案例选择的角度

---

① Killian Clarke, "Revolutionary Violence and Counterrevolution", *American Political Science Review*, Vol. 117, No. 4, 2023, pp. 1344 - 1360.

② Killian Clarke, "Revolutionary Violence and Counterrevolution", *American Political Science Review*, Vol. 117, No. 4, 2023, pp. 1344 - 1360.

③ 陈超、李响:《逻辑因果与量化相关:少案例比较方法的两种路径》,《公共管理评论》2019年第1期;蒙克、李朔严:《公共管理研究中的案例方法:一个误区和两种传承》,《中国行政管理》2019年第9期;凌争:《走出案例研究的迷思:两种视角与两种能力》,《经济社会体制比较》2022年第5期。

提供了因果推断的建议[①]，也有一些学者通过引入新方法或新视角的方式为案例研究提供了新的思路[②]。与这些研究的发现与建议不同，我们尝试从“范围条件”的角度探讨提升案例研究质量的问题。我们在前述讨论中已经指出，从因果条件性与异质性的认识论出发，“范围条件”指的是使理论命题的预期明确且稳定的相关参数。因此，范围条件的确定，不仅有助于提升理论的内部效度，同时有助于研究者对案例代表性进行合理化的论证。从这个角度来说，界定“范围条件”并不是研究设计的技巧，而是与自变量、因变量与因果机制一样的构成一个完整理论不可或缺的组成部分。更为重要的是，通过对“范围条件”不断深入的反思与讨论，研究者可以在精确地廓清理论边界的同时，拓展概念的内涵，丰富类型学的建构。

诚然，随着国内案例研究者对于方法日益成熟的探索，越来越多的研究展现了不断进步的方法论意识。在这些研究中，读者不仅可以看到关于案例代表性的讨论，也可以看到关于控制性比较的分析，甚至还总是能够在论文结尾处发现，作者以一种谦虚、保守的姿态对研究发现的外推性进行论断。事实上，只要研究者能够对范围条件进行合理的论证，以上这些与理论内外部效度紧密相关的重要维度都可以得到进一步的加强。当然，这对案例研究者也提出了更高的要求：研究者必须能够对案例的细节有翔实的理解，并不断地在论点与素材之间开展充分的对话，从而避免案例之间的“相似性幻觉”与“差异性幻觉”。[③] 总之，虽然探索“范围条件”的过程再次展示了案例导向实证研究的情境性与复杂性，但是它也为我们以案例为工具进行有效的理论生产与概念创新提供了一种新的、有效的思路。

---

① 游宇、陈超：《比较的“技艺”：多元方法研究中的案例选择》，《经济社会体制比较》2020 年第 2 期。

② 陈超、游宇：《迈向理论导向的个案研究：过程追踪与一致性分析的混合设计》，《公共管理评论》2022 年第 4 期；游宇：《“大事必作于细”：比较政治学中的次国家比较案例研究》，《经济社会体制比较》2022 年第 5 期；臧雷振、徐榕、陈香妤：《从规范化理念到规范化实践：透明度视域下案例研究方法新突破》，《经济社会体制比较》2022 年第 5 期。

③ Charles C. Ragin, *The Comparative Method: Moving Beyond Qualitative and Quantitative Strategies*, Berkeley: University of California Press, 1987, p. 48.

第四章　案例选择策略与理论化

完整的因果分析过程往往包含两个紧密相关的部分：一是侧重探寻因果关系的理论生成；二是侧重厘清因果机制的理论验证。研究者在尝试发掘与论证可被观察和有规律的联系时，通常需要借助结构与机制分析进行理论生成与理论验证。① 在这一理论化过程中，研究者开展研究设计时首先要思考应该在何种时空范围内进行比较以及如何进行比较？这些问题均涉及如何选择案例。②

然而，对于这些关键问题，中外的研究者几乎没有形成共识，相关研究也没有形成高度的方法论制度化（institutionalization of methodology）。比如，一项针对近四十年（1970—2009）发表或出版的有关革命研究的分析表明：尽管多数研究会通过选择最大相似案例或最大差异案例来进行比较分析，但他们在使用案例选择策略方面却长期缺乏共识，或未能将其服务于理论生成与理论验证之中。③

这种现状也说明，尽管在案例导向的质性研究中已有不少关于案例选择与理论建构的方法论讨论④，但相当一部分研究者对于案例选择的方法

---

① 赵鼎新：《论机制解释在社会学中的地位及其局限》，《社会学研究》2020 年第 2 期；张长东：《社会科学中的因果机制：微观基础和过程追踪》，《公共管理评论》2018 年第 1 期。

② Richard A. Nielsen, "Case Selection via Matching", *Sociological Methods & Research*, Vol. 45, No. 3, 2016, pp. 569 – 597.

③ Colin J. Beck, "The Comparative Method in Practice: Case Selection and the Social Science of Revolution", *Social Science History*, Vol. 41, 2017, pp. 533 – 554.

④ Barbara Geddes, *Paradigms and Sand Castles: Theory Building and Research Design in Comparative Politics*, Ann Arbor: The University of Michigan Press, 2003; Ingo Rohlfing, *Case Studies and Causal Inference: An Integrative Framework*, London: Palgrave Macmillan, 2012; Joachim Blatter and Markus Haverland, *Designing Case Studies: Exploratory Studies in Small – N Research*, Houndmills: Palgrave Macmillan, 2012; Jason Seawright, *Multi – Method Social Science: Combining Qualitative and Quantitative Tools*, Cambridge: Cambridge University Press, 2016.

论意义、案例选择与理论化之间的关系等核心议题仍缺乏重视，在研究设计中的方法论自觉也存在不足。在当前学科交叉融合的趋势下，如果研究者希望更有效地推动学科理论的发展，探索新的经验和因果机制，那么研究方法的整合与创新便成为他们的重要选择之一。① 因此，探讨如何将不同的案例选择策略融入一个统一的分析框架以提升研究的深度和广度便显得尤为重要。

本章主要基于理论化过程中的不同目标来讨论与整合现有的案例选择策略。不同的案例选择策略往往适用于理论化的不同环节：如在理论生成环节，选择何种案例来提出新理论或修正现有理论至关重要；而在理论验证环节，为了检验因果关系和因果机制，② 则需要运用特定案例进行跨案例比较或案例内分析。我们也认为，案例选择策略可以通过联结理论生成与理论验证成为因果推断的关键桥梁，案例选择策略的核心目标都是"为了理论"。③

基于不同的理论目标和受控比较（controlled comparison）的基本思维，本章重点讨论了三种案例选择策略。第一种策略主要基于理论预期与现实案例的反差，选择最不可能案例（least likely case）与最可能案例（most likely case），从而聚焦那些被既有文献所忽视的关键解释因素。第二种策略则利用最大相似或最大差异系统设计，分别选择一组结果不同的最大相似案例（most similar cases）或结果相同的最大差异案例（most different cases）。第三种策略综合了前两种策略的案例类型与受控比较思路，主要通过建构因果条件组合的类型学来选择兼具理论生成与验证的理论支持型与理论反对型案例：基于第一种案例的跨案例比较与案例内分析可以联结理论生成与理论验证，通过对第二种案例的探索性分析则可以进行理

---

① 漆海霞：《国际关系理论的突破与研究方法的应用》，《国际政治科学》2021 年第 3 期。

② 关于什么是机制、如何理解机制的讨论是相关方法论文献关注的焦点之一。我们探讨的因果机制主要是指初始原因影响最终结果之间的过程或路径。有关过程追踪等案例研究方法对机制的具体讨论，参见 Alexander L. George and Andrew Bennett, *Case Studies and Theory Development in the Social Sciences*, pp. 205 – 232; Derek Beach and Rasmus Brun Pedersen, *Process – Tracing Methods: Foundations and Guidelines*, pp. 53 – 88; James Mahoney, "The Logic of Process Tracing Tests in the Social Sciences", *Sociological Methods and Research*, Vol. 41, No. 4, 2012, pp. 570 – 597; John Gerring, "Causal Mechanisms: Yes, but...", *Comparative Political Studies*, Vol. 43, No. 11, 2010, pp. 1499 – 1526。

③ 从理论生成和理论验证的角度出发，我们所指的理论主要指关于因果关系的可验证性陈述。这意味着因果机制能够基于预期的理论关系被推导并得到验证。参见 Richard Swedberg, "From Theory to Theorizing", in Richard Swedberg ed., *Theorizing in Social Science: The Context of Discovery*, Stanford: Stanford University Press, 2014, pp. 1 – 28。

论修正。接下来基于不同案例类型的功能与理论化不同环节的需要，我们也尝试提出一种整合不同案例选择策略的分析框架。

第一节 基于“理论化”目标的案例选择策略

作为社会科学研究的核心任务之一，理论化是将一系列现象、事实和观察结果抽象出来并用概念和理论框架加以解释和理解的过程。理论化可分为四个步骤：一是通过观察确定经验支持的事实；二是提炼概念，通过精确的概念界定研究范围，并运用这些概念分析观察到的现象，确保研究中概念的定义前后一致；三是建构理论，即提出可被科学验证且可证伪的理论假设；四是通过经验证据进行理论验证。①

根据这一定义，理论化过程主要包括理论生成（theory formulation）和理论验证（theory testing）两大核心阶段，而理论验证又可分为修正假说和验证假说两个分析环节。具体而言，理论生成是指基于既有数据和知识构建新的理论框架和概念并提出假说，为理解相关现象提供新的解释和视角；而理论验证则是指利用经验数据和研究方法，修正和验证已有的理论框架和假说，确定其有效性和可靠性。② 案例选择在假说的提出、修正和验证中均发挥着重要作用（见图4－1）。

值得注意的是，在提出新假说或修正现有假说等分析环节中，从概念到需要验证的理论假说之间还需要一个真正的理论化过程。这个过程涉及提出既具有一定抽象性又富有普遍性意义的因素和机制。换言之，理论假说的形成并不是一个自发的过程，而是需要通过理论与案例的相互作用来实现。这需要对选定的案例进行探索性分析，从抽象或通用的理论中提炼出可被经验事实证实或证伪的具体假说。

因此，研究者在选择案例时应侧重那些有助于形成假说或深入理解特

① 关于理论与理论化的讨论，参见 Richard Swedberg，“Before Theory Comes Theorizing or How to Make Social Science More Interesting”，*The British Journal of Sociology*，Vol. 67，No. 1，2016，pp. 5－22. Ibid.；Petri Ylikoski，“Mechanism－Based Theorizing and Generalization from Case Studies”，*Studies in History and Philosophy of Science*，Vol. 78，2019，pp. 14－22；Jan A. Fuhse，“How Can Theories Represent Social Phenomena?”，*Sociological Theory*，Vol. 40，No. 2，2022，pp. 99－123。

② Ingo Rohlfing，*Case Studies and Causal Inference*：*An Integrative Framework*，London：Palgrave Macmillan，2012，pp. 9－12.

提出假说	修正假说	验证假说
生成概念	生成概念	生成概念
↓	↓	↓
	选择需要修正的假说	选择需要验证的假说
↓	↓	↓
选择案例	选择案例	选择案例
↓	↓	↓
探索性分析	探索性分析	验证性分析
↓	↓	↓
生成假说	改进假说	评估假说

图 4－1　理论化的不同环节与案例选择

资料来源：在相关研究基础上自制，参见 Ingo Rohlfing，*Case Studies and Causal Inference*：*An Integrative Framework*，London：Palgrave Macmillan，2012，p. 11。

定现象的案例。在这一过程中，特定的理论目标将起到关键作用，它可以引导研究者确定哪些案例最适合其研究指向、哪些案例具有典型性或“反常性”以及哪些案例能够提供最有价值的信息。例如，理论建构与机制甄别是当前社会科学的案例研究中的重要目标。它们可以帮助研究者确定某个案例是否满足特定条件或标准，进而选择最有助于支持/反驳理论假说的案例或能够最大化变量差异的案例。这些明确的理论目标确保了案例选择的系统性和目标导向，避免了随机或主观的选取。

如图 4－2 所示，在对中国农村公共物品供给的研究中，蔡晓莉（Lily L. Tsai）在提出连带团体（solidary group）这一核心概念后，利用了两种关键的案例选择策略来进行理论与案例的互动以生成假设：第一，作者通过选择与现有理论预期“格格不入”的 X 村，以展示村庙这一连带团体在提供高水平公共品的关键作用；第二，作者还利用受控比较策略来选择 X 村和 N 村，以说明相对于拥有包容性和嵌入式连带团体的前者，后者的非正式组织仅有包括性但欠缺嵌入式这一特征，因而 N 村的公共品供给相对不足。作者通过理论与案例的探索性分析，说明拥有连带团体的村庄不仅可以自己提供某些公共品和服务，还可以通过组织赋予的道德权威动员地方官员提供村民需要的公共品，并以此搭建基于“因素＋机制”的理论框架并提出相应假设。①

① Lily L. Tsai，“Solidary Groups，Informal Accountability，and Local Public Goods Provision in Rural China”，*American Political Science Review*，Vol. 101，No. 2，2007，pp. 355－372.

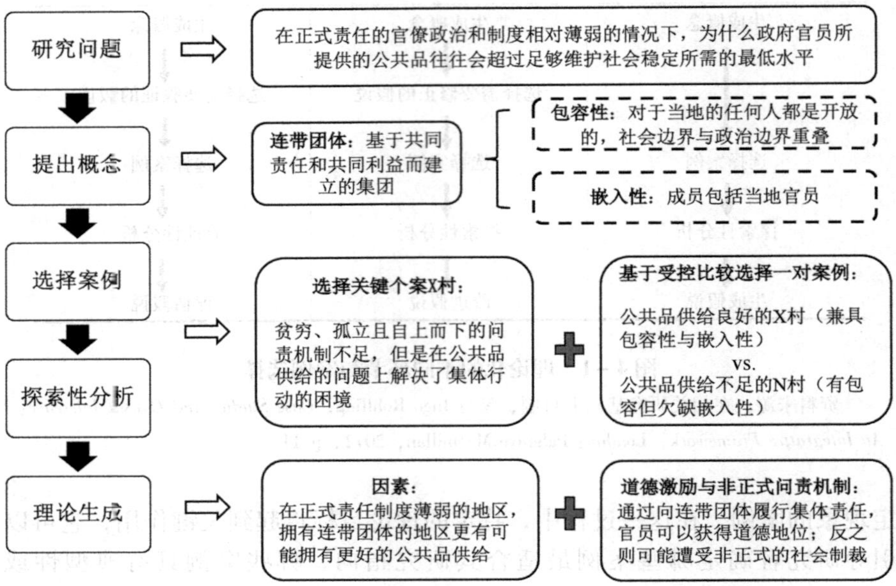

图4－2　理论生成中的案例选择与理论互动

资料来源：笔者自制。

上述关于案例选择与理论生成的讨论表明，在理论化的不同环节中，研究者可以通过案例选择实现不同的理论化目标①，同时也引出了两种基本的案例选择策略，即通过寻找理论预期与现实案例的反差来选择关键个案，以及通过最大相似系统这一策略来选择一组配对比较案例。

具体来说，基于既有理论预期与实际案例结果之间的差异，研究者可以选择两类"反理论"的关键个案来形成新理论或削弱既有理论：一种是"最不可能案例"，即根据现有理论的解释或推论某个结果本不应该出现，但现实情况却与此相反；另一种是情况恰好相反的关键个案，即依据现有理论解释或推论某些条件应会产生某种结果，然而实际情况却并非如

① 比如：研究者可以在大样本统计分析之后，基于回归结果来选择典型案例、异常案例或者路径影响型案例进行机制分析，也可以在定性比较分析之后，通过典型案例检验机制或通过异常案例检验条件；研究者也可以通过大样本的"匹配"方法来选择最大相似案例，以进行因果关系的检验。参见 Richard A. Nielsen, "Case Selection via Matching", *Sociological Methods & Research*, Vol. 45, No. 3, 2016, pp. 569－597；游宇、陈超《比较的"技艺"：多元方法研究中的案例选择》，《经济社会体制比较》2020 年第 2 期。

此。这两种关键个案实际上都会促使研究者反思现有解释的理论边界，并以此作为生成理论的起点，这即是前文提及的第一种案例选择策略。前述的第二种案例选择策略是基于最大相似系统设计或最大差异系统设计形成一组可比的最大相似案例或最大差异案例，这一策略实际上也属于案例比较的设计方式。①

尽管上述两种案例选择策略在比较逻辑（与理论预期进行比较还是案例间的系统比较）、案例数量（个案还是案例组）以及理论化作用（旨在识别关键解释因素还是构建理论框架）等方面存在差异，但它们的核心思想都是作为案例研究方法科学化基础的受控比较，② 这意味着两种案例选择策略在认识论和方法论层面上具有整合的可能性。同时二者在方法论层面也存在不同程度的局限性：第一种策略主要侧重于选择与理论预期相反的关键个案，虽然包含了比较的思想，但并未进行系统性的比较论证；第二种策略则通常受制于案例相似度有限和难以排除竞争性解释等问题，使得理论的内部有效性受到削弱。这也显示出在研究设计中整合两种案例策略的必要性。

我们重点讨论的第三种案例选择策略——基于因果条件组合来选择用于理论生成与验证的理论多样性案例——也由上述分析引出。建构因果条件组合类型学的主要目的是阐明因果关系，并根据不同理论作用的案例来进一步修正理论与验证理论。其理论生成过程则基于对因果关系的理论探讨与对案例的探索性分析，而理论验证过程往往需要借助案例内的因果机制分析。③ 这种案例选择策略首先通过限定因果领域从总体上“框定”研究的

---

① 基于这一比较策略的案例选择在少案例比较方法研究中应用的较为广泛。例如，一项针对有关特定主题的比较案例研究的文献计量分析表明，基于最大相似的案例选择（如家庭相似、时间类似和地域类似等）与基于最大差异的案例选择（如变量式变异、定性比较分析和时空变异等）是最为常用的选择方式，分别占到 148 项总样本的 40% 和 29%。参见 Colin J. Beck, “The Comparative Method in Practice: Case Selection and the Social Science of Revolution”, *Social Science History*, Vol. 41, 2017, pp. 533 – 554。

② 关于受控比较思维对比较方法与案例研究的重要方法论意义与运用原则，参见 Dan Slater and Daniel Ziblatt, “The Enduring Indispensability of the Controlled Comparison”, *Comparative Political Studies*, Vol. 46, No. 10, 2013, pp. 1301 – 1327; Alexander L. George and Andrew Bennett, *Case Studies and Theory Development in the Social Sciences*, Cambridge: MIT Press, 2005, pp. 151 – 180。

③ 过程追踪法就是一个典型的例子，具体讨论可参见本书第五章的介绍和讨论。

案例，[①] 然后根据理论框架建立因果条件与结果的类型学将这些案例分为理论支持型案例与理论反对型案例。前者主要用于理论验证，因此可以被称为机制验证型案例；后者主要用于理论修正或优化，因此可以被称为条件验证型案例。这些理论多样性的案例为建构更复杂的整合性分析框架奠定了基础。

表 4－1 总结了三种案例选择策略的核心原则、设计思路以及它们对理论化的作用。我们认为，第三种策略因其在展示更多针对理论化目标的案例类型、提供更为多元化的系统比较方式，以及为机制甄别与验证提供更加系统化和有效的设计思路等方面更具潜力和优势，因此可以更有效地服务于理论化的不同环节与目标。

表 4－1　　以理论化为目标的案例选择策略

案例选择策略	案例类型与定义	受控比较思路	对于理论化的作用
基于理论预期选择关键个案	最不可能案例：在其他所有既有的解释预测中最不可能出现某个结果但现实中却出现了该结果的案例	将理论“案例”与现实案例进行比较，以突出某个潜在的关键解释因素	理论生成：有效加强新解释的说服力
	最可能案例：在其他所有既有的解释预测中最可能出现某个结果但实际上却没有出现该结果的案例		理论修正：削弱既有解释的说服力
基于最大相似系统设计或最大差异系统设计选择一组案例	最大相似案例：只有一个条件（组合）不同而其他条件完全相同且导致结果呈现差异（发生或不发生）的一组（至少两个）案例	在控制其他因素的前提下，识别因关键因素的差异而形成的不同结果	（1）有限的理论建构；（2）引导进一步的理论验证
	最大差异案例：只有一个条件相同（X）而其他条件完全不同且导致结果发生（Y＝1）的一组（至少两个）案例	在排除其他因素的前提下，识别造成某一结果的相同因素	通过消除潜在的必要原因而起到微弱的理论建构

① “因果域”与第三章讨论的“范围条件”类似，是指使某种因果关系得以精确建立的理论范围。我们在文章中强调“条件范围内的案例总体”，主要是出于在理论建构中通过限定因果域来“界定”研究案例的选择范围，进而阐明理论解释的边界。这在很大程度上与“理论抽样”相似，而并不是要进行量化研究中的“统计抽样”，或尝试从个案推广至总体。参见 John Anderson, *Studies in Empirical Philosophy*, Sydney: Sydney University Press, 2004。

续表

案例选择策略	案例类型与定义	受控比较思路	对于理论化的作用
基于因果域与因果条件组合选择不同理论预期的案例	理论支持型或机制验证型案例，包括两类案例：（1）正面案例，即前因条件组合完整出现且结果也出现的案例；（2）负面案例，即前因条件组合部分缺失且结果未发生的案例	跨案例比较思路：（1）不同结果的最大相似案例比较（比如正面与负面）或相同结果的最大差异案例比较（比如正面与正面）；（2）案例内比较思路；（3）多阶段的受控比较分析	联结理论生成与理论验证：（1）通过跨案例比较分析加强理论生成与因果关系验证；（2）通过案例内分析进行理论机制验证
	理论反对型或条件验证型案例，包括两类反例：（1）前因条件组合完整出现且结果未出现的案例；（2）前因条件组合部分缺失且结果却发生的案例	将理论预期的典型案例（正面案例）与反例进行比较，以突出某个潜在的关键解释因素	通过反例进行理论生成或理论修正

资料来源：笔者自制。

其一，就多样化的案例类型和比较方法来看，第三种案例选择策略既可以呈现理论支持型或机制验证型案例，也可以呈现潜在的反例。一方面，研究者能够通过对支持理论的案例进行跨案例的比较分析来强化理论生成或通过案例内部分析来验证理论机制；另一方面，研究者也能够通过将符合理论预期的典型案例（正向案例）与反例进行比较分析，探寻一个可能的关键解释因素，从而进行理论修订。可见，基于此案例选择策略的分析路径在很大程度上覆盖了前两种策略的案例类型和比较技艺。

其二，尽管这三种案例选择方式均侧重于论证理论框架中不同因素之间的因果关系，但第三种策略在机制甄别与验证方面具备更多样化的设计思路，在有效联结理论生成与理论验证上也具有更大潜力。

第一种和第二种案例选择策略之于理论化的作用则较为有限。第一种案例选择策略的贡献主要在于提醒研究者重视那些被既有研究所忽视的潜在解释因素，同时因为缺乏系统性的比较，所以其对于机制甄别的作用主要在于选择那些能帮助研究者理解特定现象的案例。第二种策略中的最大相似系统设计通过识别由关键因素的差异形成的不同结果，[①] 有助于研究者优化理论建构和确定哪些案例具有典型性、哪些案例能够提供最有价值的信息，进而从预期的理论关系中进一步推导出因果机制。而第三种策略对于机制甄别和验证的贡献更为全面：一方面，该策略通过跨案例的比较分析强化了因果关系的建构或借助反例进行理论修正，为研究者有效获取用于识别机制的案例信息提供了便利；另一方面，该策略通过案例内分析或以下将强调的案例内多阶段受控比较分析，可以进一步服务于理论机制的验证。

基于上述讨论，我们在第三种案例选择策略基础上尝试整合前两种策略，形成一个基于理论化的整合性分析框架。下文将结合既有研究对前两种案例选择策略进行简要讨论，在此基础上重点探讨第三种案例选择策略与整合性研究设计。

第二节　基于受控比较思维选择关键个案或配对比较案例

受控比较是绝大部分科学化案例研究方法的基础。这种比较方法主要是指研究者通过控制或调整一组案例中的一个或多个变量，观察这些变化对研究结果的影响，进行比较的目标是尽可能地排除其他因素的影响，将研究的焦点集中在特定变量和结果之间的关系上。第一种和第二种案例选择策略实际上均基于受控比较思维，但由于比较对象与方式不同，因此其选择案例发挥的理论作用也大相径庭。

一　基于理论预期与现实案例的受控比较选择关键个案

如果研究者对某个理论的有效性具有强烈信心，那么某个案例的结果必须严密契合该理论的解释；反之，如果某个案例的结果与该理论的解释或推论完全相反，那么该案例可能就成为理论构建或理论修正的关键个案。[②]基于此，约翰·格林（John Gerring）也阐释了“严格意义上的”关键个案和“宽松意义上的”关键个案。具体而言，从严格意义上而言，一个案例之所以被视为关键的，是因为它能够被某个理论精确地解释；与

① 最大差异系统设计对于机制甄别或验证的作用，实际上与第一种策略类似。

② Harry Eckstein, “Case Studies and Theory in Political Science”, in Fred Greenstein and Nelson Polsby eds., *Handbook of Political Science*, *Vol. 1. Political science: Scope and Theory*, Reading: Addison - Wesley, 1975, pp. 79 - 138.

此同时，没有其他理论能够解释该案例的事实，且这个理论是稳定不变的（invariant）或决定性的（deterministic）；而从宽松意义上来看，一个案例的关键性，往往是因为它最有可能或最不可能符合某个理论的预测。[①]通常而言，研究者往往是从宽松意义上来理解“关键个案”，并引出了其两种变体，即最不可能案例与最可能案例。[②]

尽管这两种关键个案存在重要的差异（见表4－2），但本质上均是受控比较的产物。也就是说，通过观察基于理论预期的理想案例与现实案例在关键因素X上是否存在差异产生了不同结果。

表4－2　　关键案例的两种类型

案例类型	最不可能案例	最可能案例
既有理论的预期解释	F（x1，x2，x3）＝0	F（x1，x2，x3）＝1
现实中出现的情况	F（x1，x2，x3）＝1	F（x1，x2，x3）＝0
关键解释因素	既有理论未发现的因素X	既有理论应该重视但却被忽视的因素X
选择该案例的主要作用	理论建构：选择该案例能有效加强新解释X的说服力	理论修正：选择该案例说明既有解释存在重要遗漏变量，可以削弱既有解释的说服力

资料来源：笔者自制。

最不可能案例是指在所有既有解释预期中最不可能出现某个结果但实际上却因为我们关注的解释因素X而出现了该结果的案例。选择这样的案例的目的是强调既有理论未发现的因素X，并着重增强新解释X的说服力。根据安德鲁·本奈特（Andrew Bennett）和科林·埃尔曼（Colin Elman）对国际关系领域案例研究方法的评述，这一案例选择策略在推动国际关系理论创新中起着重要作用。[③] 比如，马修·埃万杰利斯塔（Matthew Evangelista）的研究表明，尽管现实主义理论普遍预期跨国行动者（transnational actors，TNAs）在国家主导的安全问题上影响十分有限，但实际上美苏科学家间的跨国联系确实对美苏国防和军备控制政策产生了重

① John Gerring, "Is There a (Viable) Crucial－Case Method?", *Comparative Political Studies*, Vol. 40, No. 3, 2007, pp. 231－253.

② Todd Landman and Edzia Carvalho, *Issues and Methods in Comparative Politics: An Introduction*, London & New York: Routledge, 2008, p. 232.

③ Andrew Bennett and Colin Elman, "Case Study Methods in the International Relations Subfield", *Comparative Political Studies*, Vol. 40, No. 2, 2007, pp. 170－195.

要影响；特别是在苏联的反弹道导弹防御政策转变中，跨国行动者的角色和作用凸显了新解释因素（跨国科学家的互信与交流）的重要性。[①] 选择这一最不可能案例，埃万杰利斯塔不仅挑战了传统理论对安全问题的解释，而且通过揭示未被现有理论所注意到的重要因素——跨国行动者在国际安全政策中的作用，为国际关系研究提供了新的视角。

最可能案例则是指在所有现有解释中最可能出现某个结果但由于我们感兴趣的特定解释 X 并没有出现该结果的案例。这类案例主要用于证伪，削弱既有解释的说服力。比如，阿伦德·利普哈特（Arend Lijphart）的研究即是一项经典示例。既有研究通常认为，政治动乱主要发生在社会构成高度异质化和存在认同冲突的地方。然而，荷兰案例却展示出完全不同的情况：一方面，荷兰的社会构成可谓高度异质化，存在党派林立、政党与宗教紧密相关和社会严重分化等基本社会现实；另一方面，与一般理论预期相反，荷兰却持续保持政治稳定。通过选择荷兰这一最可能案例，利普哈特发现，基于“共识民主”而非多数表决下的“赢者通吃”原则所建构的多元民主制度对社会稳定发挥了重要影响[②]。有趣的是，荷兰同时也是研究议会与公民关系的一个最不可能案例：虽然荷兰第一议院并不是由公民直接选举产生，议员数量相对其人口规模来说也不成比例，甚至议员不具有领土代表性，但是公民对于第一议院及其议员却具有相对较高的信任度并长年没有出现下降迹象。鲁宾·安德威（Rudy Andeweg）从荷兰公民对议员的期待与议员对公民的回应两方面解释了这一看似矛盾的现象：一方面，荷兰公民并不期望他们的议员过多投入选区工作，而是希望他们可以切实地回应公众的实际需求；另一方面，荷兰议员确实认真地对待了与公民的互动，如投入大量时间与公民接触并回应关于公民不满的请愿等。[③]

综上，这两类关键案例主要关乎对现有理论的可证实性（confirmatory）或可证伪性（disconfirmatory）：证实性的最不可能案例重点在于理论生成，即帮助研究者强化新解释的说服力；证伪性的最可能案例则更加强调理论修正，即通过削弱现有理论的解释力协助研究者思考如何提升既有理论。从本质上来说，这两类案例均属于单案例分析，并未进行控制性比

① Mathew Evangelista, *Unarmed Forces*: *The Transnational Movement to End the Cold War*, Ithaca: Cornell University Press, 1999.

② Arend Lijphart, *The Politics of Accommodation*: *Pluralism and Democracy in the Netherlands*, Berkeley: University of Califonia Press, 1968.

③ Rudy B. Andeweg, "A Least Likely Case: Parliament and Citizens in the Netherlands", *Journal of Legislative Studies*, Vol. 18, No. 3-4, 2012, pp. 368-383.

较的系统分析，因此难以直接形成因果关系或排除竞争性假设。

二　基于最大相似或最大差异的受控比较选择一组案例

关键个案的选择策略更多是基于与既有理论解释的比较，即通过提出反例的方式来挑战既有理论的解释，从而促进新知识的形成。这一逻辑虽然蕴含了比较的思维，但没有进行系统性比较的论证。在此，我们将借鉴密尔（John S. Mill）的求异法和求同法设计思路，讨论如何基于受控比较选择最大相似案例或最大差异案例。

密尔方法实际上在案例选择与研究设计之间建立了紧密关联（见表4－3）。求异法属于最大相似的系统设计（MSSD），其主要逻辑是：在其他条件一致时，导致结果不同的差异即为原因，也就是通过最小化差异解释不同结果。求同法则属于最大差异的系统设计（MDSD），这一设计的核心思维是：在其他条件都存在极大差异的情况下，如果仍然能得到相同结果，事物间的共性即为其原因，即通过最大化差异解释相似结果。①

表4－3　　基于最大相似设计与最大差异设计的案例选择

案例选择方法	最大相似设计求异			最大差异设计求同		
	案例1	案例2	案例3	案例1	案例2	案例3
其他因素	a	a	a	a	d	g
	b	b	b	b	e	h
	c	c	c	c	f	i
关键前因条件（组合）	X	X	x	X	X	X
结果	Y	Y	y	Y	Y	Y

注：X表示关键前因条件（组合）出现，x则与之相反；Y表示结果发生，y则表示没有发生。

资料来源：笔者根据相关研究制作，参见 Todd Landman and Edzia Carvalho, *Issues and Methods Comparative Politics: An Introduction*, London and New York: Routledge, 2008, p. 71。

基于上述受控比较思路选择的最大相似案例意味着在一组（至少两个）案例中，只有一个条件（组合）不同而其他条件完全相同，且这种差异导致了结果的变化（发生或不发生）。这一选择策略来源于密尔的求异法，并经由亚当·普沃斯基（Adam Przeworski）等关于"最相似体系"

① 这两种设计思路对应的控制思路与结果关系的表达式也可以总结为"最大相似系统—不同结果"与"最大差异系统—相同结果"。

方法以及李普哈特关于“比较方法”的探讨得到进一步发展和阐明。①

这一案例选择策略同样适用于在众多维度相似的案例之间识别关键差异，而且这一差异可以解释所观察到的结果。我们以查尔斯·蒂利（Charles Tilly）对法国西部旺代叛乱的研究为例，简要阐述其设计思路。②如表4-4所示，在这项探究地区叛乱程度高或低的研究中，研究者可以选择4个地区进行受控比较，这些案例在君主与贵族关系以及地理因素上均相同，而只有城市化与叛乱组织领导力这一条件组合不同，因此“高城市化+强领导力”很有可能是导致地区叛乱程度高的解释因素。③

表4-4　　求异法与最大相似案例

案例	条件				结果
	城市化	领导力	君主—贵族关系	地理因素	叛乱程度
地区A	高	强	疏离	山地平原	高
地区B	高	弱	疏离	山地平原	低
地区C	低	强	疏离	山地平原	低
地区D	低	弱	疏离	山地平原	低

资料来源：笔者自制。

不过，最大相似案例的作用通常是验证性的：通过对比分析这一组案例，我们可以观察关键解释条件（或条件组合）的存在或缺失（如对比地区A与地区B、C或D），显示原因条件（如“城市化+领导力”）与结果的相关性，为后续的案例内分析提供理论验证的基础。④

① John S. Mill, *A System of Logic, Ratiocinative and Inductive*, New York: Harper & Brothers, 1958; Adam Przeworski and Henry Teune, *The Logic of Comparative Social Inquiry*, New York: Wiley-Interscience, 1970; Arend Lijphart, "Comparative Politics and the Comparative Method", *American Political Science Review*, Vol. 65, No. 3, 1971, pp. 682-693.

② 需要注意的是，蒂利的研究只涉及两地的比较，而且关键解释变量为城市化程度。为了更好地展示最大相似案例的选择策略，笔者在蒂利的研究内容和设计上加了更多案例和原因条件，蒂利原作可参见 Charles Tilly, *The Vendé*, Cambridge: Harvard University Press, 1964。

③ 这一例子也说明导致结果发生与否的关键解释因素可能是一项条件，也可能是条件组合。如果是后者，研究者就需要选取足够多的案例覆盖这一条件组合的各种可能性；如果是两项条件组成的解释因素，那该组合就会有4种潜在形态。

④ Jason Seawright and John Gerring, "Case Selection Techniques in Case Study Research: A Menu of Qualitative and Quantitative Options", *Political Research Quarterly*, Vol. 61, No. 2, 2008, pp. 294-308.

这种受控比较的思维在定量分析中也得到了广泛应用，大样本定量分析中的各种形式的匹配策略实际上与这一设计思路有着相似之处。例如，合成控制方法就是一个基于求异法比较思维设计的估计模型。通过统计分析，我们可以“合成”一个适当的控制组，也就是未受到干预条件影响且其他方面都与处理组相似的“合成控制地区”，以此作为处理组（即受到干预的地区）的反事实，进而估计某项干预条件的因果效应。① 合成控制方法本质上是利用密尔方法在小样本比较研究中进行精确的因果推断，以定性思维扩展了定量研究的边界。比如，经济相互依赖如何塑造国家间关系是国际政治经济学关注的焦点问题，庞珣和陈冲的研究则利用合成控制法揭示了国际金融的“赫希曼效应”，即经济相互依赖关系导致双边外交立场接近的现象：在通过混合效应回归模型验证了这种效应的普遍性后，他们比较分析了真实的阿根廷与合成的“反事实阿根廷”，从而进行了更严格的因果效应识别，进一步检验了“赫希曼效应”并深化了对其因果机制的理解。②

然而，少案例比较研究是通过现实中的案例来进行受控比较，不能通过统计方法来合成“抽象”的比较案例。③ 此外，既有研究也揭示了这种研究设计在因果推断中的一些局限性：（1）在社会科学研究中几乎很难找到两个只有条件 X 不同而其他因素都一样的案例，因而只能够对于变量进行近似的控制；（2）受控比较会限制案例选择的多样性；（3）随着解释变量的增加，受控比较的设计难度和案例数量也会成倍增加；（4）这种方法难以回应竞争性解释的挑战，即研究者忽视的差异可能削弱解释变量的因果解释能力。④ 从这些局限性中可以看出，基于最大相似性的求异设计仍然只是一种相关性推断，研究者还需要通过综合使用多种案例研究的策略以增强其因果解释力。

---

① Alberto Abadie, Alexis Diamond and Jens Hainmueller, “Comparative Politics and the Synthetic Control Method”, *American Journal of Political Science*, Vol. 59, No. 2, 2015, pp. 495 – 510.

② 庞珣、陈冲：《国际金融的“赫希曼效应”》，《世界经济与政治》2020 年第 6 期。

③ James Mahoney, “Strategies of Causal Inference in Small – N Analysis”, *Sociological Methods & Research*, Vol. 28, No. 4, 2000, pp. 387 – 424.

④ Stanley Lieberman, “Small N’s and Big Conclusions: An Examination of the Reasoning in Comparative Studies Based on A Small Number of Cases”, *Social Forces*, Vol. 70, No. 2, 1991, pp. 307 – 320; Bernhard Ebbinghaus, “When Less is More: Selection Problems in Large – N and Small – N Cross – National Comparisons”, *International Sociology*, Vol. 20, No. 2, 2005, pp. 133 – 152.

与最大相似系统设计相反，最大差异系统设计的主要逻辑在于通过对各方面都差异巨大的案例进行比较，以识别出可以解释相同结果的共性因素。[①] 换言之，即使在其他条件有巨大差异的情况下，如果仍然能得到相同的结果，那么事物间的共性因素就可能是造成该结果的原因。因此，基于这一设计思路选择的最大差异案例是指那些只有一个条件相同、其他条件完全不同且出现相同的一组（至少两个）案例。

最大差异系统设计的案例选择和比较分析确实具有其优势。研究者可以在差异较大的情况下仍保持较少的变量，并通过消除那些并不在所有案例中出现的“虚假”必要因素提炼出理论的关键启示。然而这种设计也有其缺陷，可能使它比最大相似的系统设计的案例选择具有更大局限性：它难以解决变量与结果之间可能存在的因果复杂性或一果多因问题，只能为理论生成提供比较有限的证据支持。[②] 在这类案例研究中，如果只是简单地寻找少数因素的共性，研究者就难以通过严谨的因果推断得出正确结论。

第三节　基于因果条件组合的类型学选择理论多样性案例

进行分类或建构类型学是社会科学研究中常见的比较方法之一。与定量研究中因子分析或聚类分析的基本逻辑类似，类型学的最主要作用在于将零散或杂乱无章的信息通过一定的逻辑进行降维或压缩，使得人类世界显得不太复杂。同时，研究者也可以通过将众多的政治、经济或文化要素聚合为几个更宏观的因果条件，从而使得理论更加简洁。

以解释为目标的类型学则通常基于原因和结果的充分/必要条件组合进行理论建构，这一设计的应用也较为广泛。[③] 在国际关系研究中，研究者常常利用这种方法来探究某种国际体系下的大国关系等重要理论命题。例如，随着21世纪以来中国的快速崛起，关于在双极结构下两个大国如

---

① Todd Landman and Edzia Carvalho, *Issues and Methods in Comparative Politics: An Introduction*, London & New York: Routledge, 2008, p. 70.

② Jason Seawright and John Gerring, "Case Selection Techniques in Case Study Research: A Menu of Qualitative and Quantitative Options", *Political Research Quarterly*, Vol. 61, No. 2, 2008, p. 304.

③ Colin Elman, "Explanatory Typologies in Qualitative Studies of International Politics", *International Organization*, Vol. 59, No. 2, 2005, p. 297.

何互动（冲突、制衡还是共治）以及大国与中小国如何维持关系等重要问题再次引起研究者的关注。相关研究通过分析春秋晋楚弭兵、宋辽争夺高丽、美苏冷战对峙和中美东亚竞争四个涉及古今中外的典型案例，对这一问题进行了层层递进的理论解释，认为大国功能分异是引发大国差异化共治出现的重要前提，大国无战争是确保大国差异化共治能够得以稳定维持的必要条件，大国无战争和大国功能分异的条件组合则是大国出现稳定的差异化共治的充分条件。[①] 此外，在探讨后发地区国家构建与发展这一问题时，戴维·瓦尔德纳（David Waldner）也提炼出精英联盟与国家建构的两种政治经济模式——早熟的凯恩斯主义国家与发展型国家，并将其作为核心的中介变量，从而在“国家—精英关系”和国家的可持续发展之间建立起了理论桥梁。[②]

从这些研究的设计思路和理论建构过程可以看出，以解释为目标的类型学旨在基于特定理论对多维度条件的逻辑组合进行分类。詹姆斯·马洪尼（James Mahoney）和加里·戈尔茨（Gary Goertz）对此进行了深入讨论。[③] 他们认为，研究者应该遵循预期理论的范围条件和可能性原则区分不同类型的案例，重点选择正面案例和负面案例进行因果推断，并排除那些结果不可能发生或理论适用范围之外的案例。[④]

我们根据相关研究构建了两个前因条件与结果的逻辑组合（三个变量均为二分类，即是否发生），并由此得到四大类案例类型，而不同类型的案例对于理论化的作用也不同（见表4－5）。

---

① 杨原、曹玮：《大国无战争、功能分异与两极体系下的大国共治》，《世界经济与政治》2015年第8期。

② David Waldner, *State Building and Late Development*, Ithaca: Cornell University Press, 1999.

③ Gary Goertz, *Social Science Concepts: A User's Guide*, Princeton: Princeton University Press, 2005; James Mahoney and Gary Goertz, “The Possibility Principle: Choosing Negative Cases in Comparative Research”, *American Political Science Review*, Vol. 98, No. 4, 2004, pp. 653－699.

④ 根据马洪尼和戈尔茨的解释，条件范围主要是指理论的解释边界，类似于前文讨论的因果域。例如，西达·斯考切波在研究中所明确的理论范围条件是那些具有被殖民历史的国家，因为某个国家在特定时期是否具有这一条件将对其社会革命带来截然不同的影响。在这个条件范围之外可能也存在社会革命，但这些案例对于验证其理论则是不相干的。参见 Theda Skocpol, *States and Social Revolutions: A Comparative Analysis of France, Russia and China*, New York: Cambridge University Press, 1979。而可能性原则要求选取有可能成功的案例作为负面案例进行深入的机制分析，参见 James Mahoney and Gary Goertz, “The Possibility Principle: Choosing Negative Cases in Comparative Research”, *American Political Science Review*, Vol. 98, No. 4, 2004, pp. 653－699。

表4-5　　　　基于两个前因条件建构的因果关系组合

关系组合	Y = 是		Y = 否	
	X_1 = 是	X_1 = 否	X_1 = 是	X_1 = 否
X_2 = 是	正面案例 (1, 1, 1)	Ⅰ型反例 (0, 1, 1)	Ⅱ型反例 (1, 1, 0)	负面案例 (0, 1, 0)
X_2 = 否	Ⅰ型反例 (1, 0, 1)	Ⅰ型反例 (0, 0, 1)	负面案例 (1, 0, 0)	无关案例 (0, 0, 0)

注："是"代表这一条件X存在或结果Y发生，"否"则与之相反。括号中3个数字依次代表X_1、X_2与Y的状况是存在或发生与否，存在或发生标为1，反之为0。

资料来源：笔者根据相关研究自制，参见 James Mahoney and Gary Goertz, "The Possibility Principle: Choosing Negative Cases Comparative Research", p. 663。

第一类是正面案例，即完全符合研究者理论预期的典型案例。案例的典型性并不在于能够复现总体的特征，而在于其集中体现了某一类别现象的重要特性。换言之，对于建构理论与机制验证来说，这类案例正是研究者需要着重分析的对象。①

第二类是前因条件组合部分缺失（X_1和X_2的前因条件组合因其中之一没有出现）且结果也没有发生的负面案例（0-1-0型案例或1-0-0型案例）。这也是马洪尼和戈尔茨建议研究者应该根据可能性原则选择的另一类机制验证型案例。这类案例由于前因条件受到其他因素阻碍无法完整呈现，导致结果也难以发生。

第三类是反例，即与研究者理论预期相反的"异常案例"。我们认为，不同类型的反例对研究者所预期的理论解释构成的挑战不尽相同。具体而言，反例的"异常性"主要体现为两类：一是前因条件组合部分或完全缺失，但结果却发生的案例，即Ⅰ型反例（包括0-1-1型、1-0-1型以及0-0-1型案例）；二是前因条件组合完整出现但结果却未出现的案例，即Ⅱ型反例（1-1-0型案例）。Ⅰ型反例的理论作用与前述最不可能案例类似，其出现很可能表明存在使结果发生的新原因条件，而选择这一类型的案例可以帮助研究者有效加强新解释的说服力，从而进行理论优化。② Ⅱ型反例则类似于最可能案例，其存在会削弱理论解释的说服

① Robert K. Yin, *Applications of Case Study Research*, Thousand Oaks: Sage, 2011.

② 根据格林的研究，最不可能案例的"最不可能"更多是基于既有理论预期与现实案例在结果上的差异而言，我们也在这一认知基础上将这些案例类型归类为"Ⅰ型反例"，其理论作用与前述的最不可能案例类似。参见 John Gerring, "Is There a (Viable) Crucial - Case Method?", *Comparative Political Studies*, Vol. 40, No. 3, 2007, pp. 233 - 237。

力，从而提醒研究者需要修正现有理论。

第四类是无关案例（0－0－0 型案例）。这类案例的前因条件组合与结果都未出现。如果单独看待，无关案例的重要性并不在于因果推断，而在于确定范围条件，即通过与所谓“相关案例”（包括正面案例、负面案例和反例）的比较以确定理论解释的因果域。[①] 然而我们认为，如果研究者可以将无关案例与其他案例类型进行案例内的受控比较分析，这样的研究设计仍有助于进行理论验证。

我们将上述讨论总结为表 4－6。正面案例和负面案例都符合研究者的理论预期：前者是由于前因条件组合完整出现，结果应该发生实际上也确实发生的案例；后者则是由于前因条件组合并未完整出现，结果不应该发生实际上也没有发生的案例。两者都是支持理论的案例，可以选择它们作为理论验证的案例进行深入的案例内分析。[②] 相应地，反例则明显对预期理论解释提出了挑战，因而属于理论反对型案例，可以选择作为条件验证的案例，通过对反例进行案例内分析有助于发现新的解释因素或修正既有解释。无关案例则需要与其他类型的案例结合起来进行案例内的受控比较分析，方能发挥对理论的潜在支持或反对作用。因此，我们将这类案例定义为“理论复杂型案例”。

表 4－6　　　　不同类型的案例及其理论作用

理论作用	主要案例类型	主要的理论作用
理论支持型或机制验证型案例	正面案例	通过案例内分析厘清因果机制并讨论因素与机制的相互作用，进而从正面验证预期理论
	负面案例	通过案例内分析讨论机制部分缺失如何导致结果不发生的过程，进而从反面验证预期理论

① James Mahoney and Gary Goertz, “The Possibility Principle: Choosing Negative Cases in Comparative Research”, pp. 644－645.

② 相关研究也称之为“支持理论的案例/不支持理论的案例”或‘符合理论预期的案例/偏离理论预期的案例”，参见周亦奇、唐世平《“半负面案例比较法”与机制辨别——北约与华约的命运为何不同》，《世界经济与政治》2018 年第 12 期；叶成城、唐世平《基于因果机制的案例选择方法》，《世界经济与政治》2019 年第 10 期。

续表

理论作用	主要案例类型	主要的理论作用
理论反对型或条件验证型案例	Ⅰ型反例	类似于最不可能案例的异常案例，其出现表明研究者的预期解释存在漏洞，通过案例内分析探究新的解释因素或理论
	Ⅱ型反例	类似于最可能案例的异常案例，其存在会严重削弱研究者预期理论，通过案例内分析寻找重要的遗漏变量或证伪现有理论
理论复杂型案例	无关案例	如果个案从无关案例演变为负面案例或正面案例，则支持现有理论解释；如果个案从无关案例发展为反例，则会对现有理论解释构成挑战

资料来源：笔者自制。

综上，以解释为目标的类型学案例选择策略既能呈现更多样化的案例类型和多元化的系统比较方式，也为理论的生成和验证提供了更加系统和有效的设计思路。它基本上包含了前两种策略的案例类型和受控比较思路。

第四节　基于多元案例选择策略的整合研究设计

如前所述，基于因果条件组合类型学展示的不同类型案例在理论化过程中发挥着不同的功能。这种案例选择策略至少具有三方面效用：一是保证案例类型的完整性，即前因条件与结果的逻辑组合均可得到完整呈现；二是为不同理论化阶段的分析提供指引和备选案例，如选择机制验证型案例进行案例内分析或选择正面和反面案例比较分析以优化理论等；三是提醒研究者，如果存在异常案例或反例，则需要进行理论修正或重视其他竞争性解释。这些潜在作用进一步要求研究者从不同案例类型的功能出发，根据理论化不同阶段的需求进行综合性的案例研究设计，并将不同类型案例的跨案例比较与案例内分析进行有机整合。

如图4－3所示，这种整合性设计思路可以帮助研究者将理论生成和理论验证联系在一起：一方面，研究者可以通过系统严谨地展示因果条件的逻辑组合呈现因果关系，并通过跨案例对比分析和条件验证型案例内分析等研究设计构建和检验理论关系；另一方面，研究者可以通过对机制验证型案例内分析或案例内历时性受控比较分析澄清因果机制，并详细讨论因素和机制之间的相互作用。

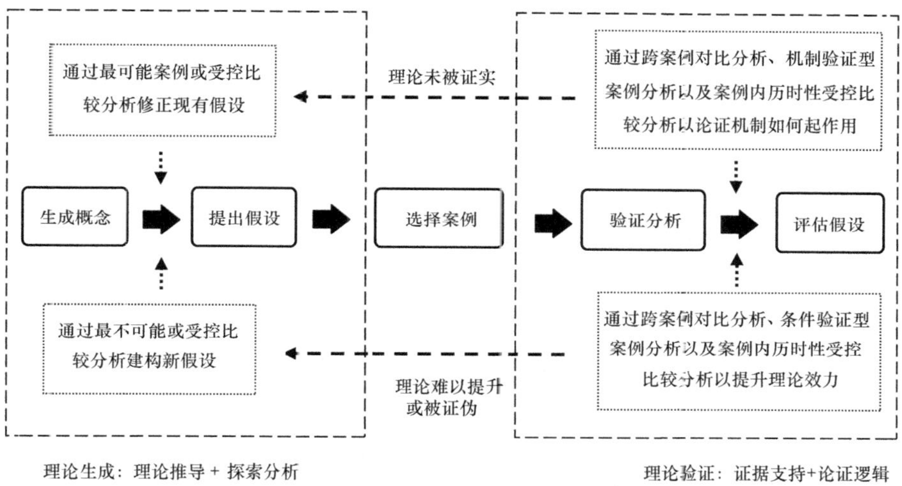

图4－3　以理论化为目的的整合性案例选择设计

注："实心箭头"指向的是理论化过程中的不同阶段；竖向的"虚线箭头"表示在不同研究阶段之间采取的主要研究设计；横向的"虚线箭头"则表示在理论验证环节"受阻"后，还需要回到理论生成环节作进一步的理论推导与探索分析。

资料来源：笔者自制。

在整合性案例选择设计中，我们尤其关注三方面内容。其一，在跨案例比较分析中，除常见的正反案例对比分析外，我们还尤其强调正面案例之间的对比以及正面案例与两类反例的对比。其二，除传统的跨案例比较外，这一框架尤其强调一种案例内多阶段受控比较的机制分析思路，从而能够更有效地将理论生成与理论验证相联结。具体而言，在借助对典型案例（即正面案例）进行过程追踪的基础上，研究者在机制分析中还可以将其与受控比较策略相结合，利用案例内的历时性受控比较分析进一步控制不随时间变化的因素，并重点讨论原因条件的变化（如完全缺失、部分缺失或完整呈现）如何导致结果的相应变化，从而更全面地分析因素与机制的相互作用。其三，在聚焦理论优化的条件验证性分析中，研究者可以结合基于理论预期的关键个案选择策略，通过对反理论型案例的探索性分析进行理论修正，或者在理论被证伪时尝试生成新的理论。表 4 - 7 总结了我们重点关注的案例选择策略、比较思路和相应理论作用。

表 4 - 7　　　　案例选择的策略与比较思路

<table>
<tr><th colspan="2">设计思路</th><th>案例比较或分析策略</th><th>主要作用</th></tr>
<tr><td rowspan="4">跨案例对比分析</td><td rowspan="2">不同结果比较</td><td>正面案例—负面案例</td><td>侧重理论生成：建构或检验有关因果关系的假说</td></tr>
<tr><td>正面案例—Ⅱ型反例</td><td>侧重理论生成：探究一个新的理论解释</td></tr>
<tr><td rowspan="2">相似结果比较</td><td>正面案例—正面案例</td><td>侧重理论生成：建构或检验有关因果机制的假说</td></tr>
<tr><td>正面案例—Ⅰ型反例</td><td>侧重理论生成：寻找解释项中的遗漏条件</td></tr>
<tr><td colspan="2" rowspan="2">单一案例类型的案例内分析</td><td>基于正面案例的理论验证型过程追踪</td><td>侧重理论验证：呈现并分析机制如何起作用</td></tr>
<tr><td>基于反面案例的理论建构型过程追踪</td><td>侧重理论生成：识别新的解释条件或探究遗漏的解释条件</td></tr>
<tr><td rowspan="4">案例内历时性受控比较分析</td><td rowspan="2">案例内两阶段受控比较分析</td><td>负面案例→正面案例</td><td rowspan="2">理论生成与验证并重：通过案例内的历时受控比较，呈现机制从部分缺失到全部出现的过程，进而呈现结果由未发生到发生的转变（或与此相反），据此进一步讨论因素与机制如何互相作用</td></tr>
<tr><td>正面案例→负面案例</td></tr>
<tr><td rowspan="2">案例内三阶段受控比较分析</td><td>无关案例→负面案例→正面案例</td><td rowspan="2">理论生成与验证并重：通过案例内的三阶段历时受控比较，呈现机制从完全缺失、部分出现到完整出现的过程，从而呈现结果由未发生到发生的过程（或与此相反），据此进一步讨论因素与机制如何互相作用</td></tr>
<tr><td>正面案例→负面案例→无关案例</td></tr>
</table>

注："箭头"表示案例内的转换过程。从理论上来说，案例内两阶段分析也可能由无关案例转换为负面案例或正面案例（或与之相反），但由于其对于增强理论解释力的作用有限，我们对此不作讨论。

资料来源：笔者自制。

在既有研究中，选择正面案例与负面案例进行比较分析是一种常见的研究设计思路。例如，何文凯在其关于现代财政国家形成的研究中，构建了一个包含信贷危机和有利的社会经济条件两个前因条件的理论框架，并选择了两个正面案例（1642—1752 年的英国和 1868—1895 年的日本）和一个负面案例（1851—1911 年的中国）进行了跨案例对比分析和案例内分析。[①] 又如，包刚升在其关于新兴民主国家是否会崩溃的研究中设定了是否存在高度的选民政治分裂（导致政治冲突是否严重）和错误的政治制度设计（导致国家能力是否充足）作为前因条件组合，并选择了德国、尼日利亚、智利和印度 4 个国家进行跨案例的比较分析，并就单个国家进行了历时性比较。[②]

此外，在侧重理论生成的比较分析中，正面案例之间的对比有助于进一步建构或检验理论假设，而正面案例与Ⅰ型反例的对比有利于寻找前因条件组合中的遗漏项，与Ⅱ型反例的比较分析则有利于探究是否存在新的理论解释。[③]

这些跨案例比较分析的主要问题在于，研究者是否界定了研究的因果域，即是否在问题导向下明确了时空约束以确定全案例范围、是否通过呈现全样本以强化理论解释的内部有效性并确定理论解释的边界。何文凯和包刚升的研究都存在这个问题：他们并未界定理论的因果域，也没有明确规定在特定时空范围内哪些国家需要被纳入案例选择范围。他们的研究很大程度上是通过求异法或求同法选择案例，而非在界定因果域的前提下通过构建前因条件和结果的类型学选择支持理论的案例。[④] 与这种情况形成鲜明对比的是，乔瓦尼·卡波齐（Giovanni Capoccia）在研究两次世界大战期间不同国家如何应对极端主义挑战时，明确界定了其理论的因果域。他将研究问题限定在两次世界大战期间的欧洲，通过构建前因条件与结果组合的类型学区分正面案例、负面案例和无关案例，同时确认不存在反例。[⑤]

---

① Wenkai He, *Paths toward the Modern Fiscal State*: *England*, *Japan*, *and China*, Cambridge: Harvard University Press, 2013.

② 包刚升：《民主崩溃的政治学》，商务印书馆 2014 年版。

③ Carsten Q. Schneider and Ingo Rohlfing, "Combining QCA and Process Tracing in Set - Theoretic Multi - Method Research", *Sociological Methods and Research* Vol. 42, No. 4, 2013, pp. 559 - 597.

④ 比如，何文凯选择案例的主要考量是某个时期的英国、日本与中国在前因条件外存在诸多类似之处，这包括它们在现代国家形成和市场发展方面的相似性：这些国家的传统财政制度都难以适应迅速变化的社会经济结构，因此经历了结构性的财政危机；这些国家都实施了短期借贷、对国内消费征税并发行纸钞等国家信贷工具；消费税和关税都成为这三个国家财政收入的重要支柱。参见 Wenkai He, *Paths toward the Modern Fiscal State*: *England*, *Japan*, *and China*, Cambridge: Harvard University Press, 2013。

⑤ Giovanni Capoccia, *Defending Democracy*: *Reactions to Extremism in Interwar Europe*, Baltimore and London: The Johns Hopkins University Press, 2005.

在一个具有较强解释力的理论框架中，因果域中的案例通常被归类为正面案例和负面案例，这表明研究者的理论框架能够很好地解释观察到的现象。然而在实际研究中，可能会出现与理论预期不符的反例。这些反例可能源自多种原因，包括理论框架的局限性、数据收集和测量上的问题，或者研究者对案例的理解存在偏误等。当出现反例时，研究者需要仔细检查产生反例的根源，并分析这些反例为何会对既有理论解释构成挑战。如有必要，研究者应考虑通过增加、删除或调整前因条件修订理论框架，从而提升理论的解释力和适用范围。

在完成跨案例比较之后，接下来的一个重要问题是我们如何运用案例内分析更好地进行理论验证或进一步完善理论。对此，学术界目前主要提倡使用过程追踪法。[①] 这种方法主要是通过聚焦正面案例（即完整呈现因果条件的典型案例）识别和检验因果机制，进而完成因果推断。[②] 过程追踪法同样适用于理论构建：如果原因条件和（或）结果尚不明确，研究者可以利用理论构建型过程追踪设计来识别它们（见表4-8）。[③]

除了通过过程追踪探究初始原因和结果之间的整个过程外，研究者有时还需要在机制分析层面上讨论假设的反事实。在这种情况下，研究者有必要在保持其他条件不变的情况下，讨论前因条件组合或由原因启动的机制链条的部分缺失对结果的影响。[④]

基于此，我们结合受控比较与案例内分析思路，提出了一种以案例内历时性受控比较为核心的机制分析思路。根据理查德·尼尔森（Richard A. Nielsen）对量化中的匹配与案例选择策略的讨论可知，从“自然配对（natural pairs）”的逻辑出发，对于某一时间节点的分析单位 i_t，其最佳的配对则是 i_{t-1}，因为基于 i_t 与 i_{t-1} 的受控比较设计可以控制那些不随时间变化的因素。[⑤] 换言之，基于历时性受控比较的案例内分析的主要优势在于条件控制：研究者可以在较大程度上确保除关键前因条件之外的其他因素保持不变，而即便一些因素随时间发生变化，研究者也可以分析这些变

① 汪卫华：《拆解过程追踪》，《国际政治科学》2022 年第 2 期。

② 对于这一方法的可行性操作步骤的讨论，可参见本书第五章的讨论。

③ Derek Beach and Rasmus Brun Pedersen, *Process - Tracing Methods: Foundations and Guidelines*, Ann Arbor: University of Michigan Press, 2019, p. 257.

④ Derek Beach and Rasmus Brun Pedersen, *Process - Tracing Methods: Foundations and Guidelines*, Ann Arbor: University of Michigan Press, 2019, pp. 257 - 259.

⑤ 这与在定量研究中利用追踪数据进行因果分析类似，即可以最大限度地控制住个体不随时间变化的固定效应。参见 Richard A. Nielsen, “Case Selection via Matching”, *Sociological Methods & Research*, Vol. 45, No. 3, 2016, p. 580。

化能否重要到会威胁我们的理论解释。

例如，在分析军事革命观念与近代早期欧洲国家政治发展时，布赖恩·唐宁（Brian M. Downning）便采用了跨案例比较与案例内历时性受控比较分析相结合的研究设计思路（见表4－8）。[①] 在近代早期欧洲的因果域中，唐宁基于已建立宪制制度的国家提出了自己的理论框架。他分析了军队现代化和军事观念变革对早期欧洲宪制主义的影响，重点在于战争强度和国内动员程度这两个条件组合上：当高强度的战争与高度的国内动员同时出现时，它将动摇国家现有的宪制制度，并推动这些国家（如勃兰登堡/普鲁士和法国）走向专制的军事—官僚绝对主义；而在其他条件组合下，国家要么会继续保持宪制主义体制，要么在高强度战争与低程度国内动员影响下走向崩溃（如波兰）。如果将国家是否走向专制的军事—官僚绝对主义视为结果变量，那么对英国的案例内比较就揭示了从无关案例（0－0－0型案例）向负面案例（1－0－0型案例）的转变，这也在经验层面上支持了唐宁的观点。

表4－8　研究示例：战争、动员与变革

国家	战争烈度	国内动员程度	政治结果
勃兰登堡/普鲁士	高	高	军事—官僚绝对主义
法国	高	高	军事—官僚绝对主义 （1789年崩溃）
波兰	高	低（国家瘫痪）	丧失主权
1648年前的英国	低	低	维持宪制主义
1688—1713年的英国	高	中（财富、联盟、地缘）	维持宪制主义
瑞典	高	中（外部资源）	维持宪制主义
荷兰	高	中（财富、联盟、地缘）	维持宪制主义

资料来源：参见 Brian M. Downning, *The Military Revolution and Political Change: Origins of Democracy and Autocracy in Early Modern Europe*, Princeton: Princeton University Press, 1992, p. 242。

从唐宁的研究中可以进一步看出，案例内的历时性受控比较研究设计实际上蕴含着一种三阶段比较的思路：它通过分析案例中前因条件组合的不同状态——从完全缺失、部分出现到全部出现，同时呈现结果由不发生

① Brian M. Downning, *The Military Revolution and Political Change: Origins of Democracy and Autocracy in Early Modern Europe*, Princeton: Princeton University Press, 1992.

到发生的完整过程，可以揭示因果机制链条从缺失到触发的全过程。反过来，从正面案例向负面案例转变，最终演变成无关案例的过程，同样可以从反面验证这一观点，即随着前因条件组合的部分缺失或完全消失，预期结果也难以产生。①

需要注意的是，上述有关案例内的历时性受控比较分析设计，主要是将案例视为格林所称的历时性案例内分析单位。其关键在于案例内分析，而非把一个案例的不同阶段当作不同案例来处理。② 这一分析的重点主要包括两方面：一是聚焦于案例内的正面案例阶段，分析初始原因如何导致结果的具体过程；二是将案例内的其他阶段看作正面案例阶段的潜在反事实，通过受控比较进一步探讨因素与机制如何互相作用的复杂路径。

第五节　小结

在社会科学研究中，案例研究一直是孕育理论的重要方法。如何选择案例才能够更好地为理论服务也因而成为学者始终关心的问题。基于理论化的两个关键环节——生成理论与验证理论，以及受控比较的基本思维，我们主要探讨了三种案例选择策略：第一，基于理论预期与现实案例的受控比较，可以选择“反理论”的关键个案，即最不可能案例和最可能案例；第二，通过求异或求同的受控比较设计，可以分别选择结果不同的最大相似案例或结果相同的最大差异案例；第三，基于建构因果条件组合的类型学这一策略则基本涵盖了前两种策略的案例类型和比较思路，用于选择兼具理论生成与验证的理论多样性案例。

在总结上述三种策略的差异与共性基础上，我们探讨了如何将多元的案例选择策略整合成一个统一的分析框架。除了通过跨案例对比分析、条件验证型案例内分析等设计来建构理论外，这一框架还强调一种案例内多

---

① 这一研究设计属于一种理想型思路。由于相关方法论文献并未给无关案例留下分析与理论验证的空间，经验研究也基本没有关注无关案例，因此我们并未呈现与这一研究设计思路完全契合的研究示例。这些方法论文献可参见 Gary Goertz, *Social Science Concepts: A User's Guide*, Princeton: Princeton University Press, 2005; James Mahoney and Gary Goertz, "The Possibility Principle: Choosing Negative Cases in Comparative Research", *American Political Science Review*, Vol. 98, No. 4, 2004, pp. 653 –699。

② John Gerring, "What Is a Case Study and What is it Good for?", *American Political Science Review*, Vol. 98, No. 2, 2004, pp. 341 –354.

阶段受控比较的机制分析思路，通过细致地分析因素和机制之间的相互作用，更有效地联结理论生成与理论验证。本章节的分析旨在向研究者强调：案例选择已远远超越了单纯的技术层面，它与理论生成与理论验证紧密相连，成为理论化的关键一环；在多元方法研究中，研究者可以通过精细的研究设计，通过案例选择融合跨案例比较与案例内推断。这也进一步说明，研究者需要将不同的案例选择策略融入整体研究设计，并应用于不同阶段的理论化，通过精细且严谨的研究设计更高效地发现新知识、贡献新理论。

第五章　案例内分析的路径与设计

立足于我国改革开放与社会主义现代化建设实践经验的个案研究，已经受到学界的高度重视，相关成果层出不穷。然而，纵观近年来在政治学与公共管理学等社会科学核心期刊发表的个案研究，虽然其中不乏真知灼见，但是却常常呈现出“重叙述、轻因果”的典型特征，其主要原因很可能来自以下两个层面。

其一，在案例研究的认识论层面，对案例研究究竟要做什么，中国学界尚缺少系统的标准——这也导致案例研究的水准参差不齐，成果很难相互联系，无法形成新知识的理论积累。① 无论是对于经济学等长于计量分析的学科，还是对于定性研究者本身而言，案例研究“在何种意义下是一项专业性的社会科学研究，而不是一种个人理解”；换言之，案例分析应当摆脱“重复碎片式的孤立故事”，使得相关成果“建立相互的系统关联”。②

其二，在案例研究方法论层面，当前学术界案例研究的一个重要特征就是自我循环式案例研究的大行其道，即研究者往往基于特定个案提炼出一套理论框架，然后将这个框架置于文章开头，再用同一个案例来验证这个框架。③ 类似的案例研究也最终会陷入一种循环论证、同义反复的困境，而读者也难以看到其逻辑严谨的推断过程，也无从判断文章观点与既有文献在解释力上的差异。④

因此，在我国当前的个案研究⑤中，一方面既要明确案例研究进行理

---

① 耿曙、陈玮：《社会科学的定性研究：反思几项方法论上的迷思》，《公共治理评论》2014 年第 1 期；耿曙、陈玮：《比较政治的案例研究：反思几项方法论上的迷思》，《社会科学》2013 年第 3 期。

② 张静：《案例分析的目标：从故事到知识》，《中国社会科学》2018 年第 8 期。

③ 蒙克、李朔严：《公共管理研究中的案例方法：一个误区和两种传承》，《中国行政管理》2019 年第 9 期。

④ 耿曙、王颖颖：《发展研究中的“国家能力解释”——论证逻辑的陷阱及其超越》，《社会学评论》2022 年第 2 期。

⑤ 如前文所述，科学主义与人文主义是社会研究的两大哲学传统。从科学主义传统出发，社会研究旨在探索因果关系与开展因果推断，而从人文主义传统出发，学者研究的目的在于阐释人类行为与社会现象背后的意义系统。本书特指在科学主义传统下关于“个案研究”的探讨，并不涉及人文主义传统下“个案研究”的相关内容。

论建构与因果推断的核心目标；另一方面也亟待引入科学的研究方法，从而既能提高逻辑推断的严谨性，又能辨析不同观点之间的解释力，最终真正实现理论上的创新与积累。正是出于这样的目的，我们在本章中首先介绍两种适用于个案研究的方法——过程追踪与一致性分析，并在此基础上提出一种将两种研究方法相结合的个案研究设计。过程追踪能够帮助研究者有效地识别机制过程，而一致性分析则便于区分不同观点之间的优劣。因此，二者结合使用将大大增强文章论证的内部效度，从而提高理论增量的可能性。

尽管现有研究对过程追踪法与一致性分析的设计思路与变体进行了较多的讨论，但是，正如汪卫华在《过程追踪法：基本原理与指导方针》一书的译者后记中所言，该书以及现有相关研究的介绍均长于研究设计，而短于具体应用。[①] 因此，本章节的主要意义在于，不仅要梳理过程追踪法与一致性分析的设计与整合思路，还要介绍如何有效地将其应用到具体研究中。通过一项具体的研究，我们尝试为读者未来使用两种方法结合的研究设计提供一份清晰的操作清单。此外，我们还通过与其他方法在多维度上的对比，充分展示了过程追踪法与一致性分析的特征，从而使大家不仅能够了解两种方法的具体使用方案，更能理解不同方法之间各自的优劣与根本性差异。

第一节　个案中的理论建构：过程追踪法

过程追踪是一种通过识别因果机制从而检验因果关系的研究方法。[②] 在

---

① ［丹麦］德里克·比奇、拉斯穆斯·布伦·佩德森：《过程追踪法：基本原理与指导方针》，汪卫华译，格致出版社、上海人民出版社 2020 年版；汪卫华：《拆解过程追踪》，《国际政治科学》2022 年第 2 期。

② 这一研究路径的发展及其在政治学领域的普及，某种程度上是出于现实的需要。在一些研究领域或特定的研究问题中（例如国际关系领域中特定的外交政策制定，或某国的内战问题等），研究者可用于观察和分析的案例非常有限，因此，这些领域的学者往往首先考虑如何通过案例内分析来进行因果推断。例如，案例研究方法论的重要学者亚历山大·L. 乔治（Alexander L. George）主要研究外交政策分析，他与合作者安德鲁·贝内特（Andrew Bennett）在经典方法论著作《案例研究与社会科学中的理论发展》中，系统性地介绍了过程追踪法作为个案研究的一种特定方法（参见 Alexander L. George and Andrew Bennett, *Case Studies and Theory Development in the Social Sciences*, Cambridge: MIT Press, 2005, pp. 205 – 232）。此外，过程追踪的后续重要研究者德里克·比奇（Derek Beach），也是一位外交政策分析学者，他与佩德森（Rasmus Brun Pedersen）合著的《过程追踪法：基本原理与指导方针》同样是目前关于该方法最优秀的教科书级别的介绍（参见［丹麦］德里克·比奇、拉斯穆斯·布伦·佩德森：《过程追踪法：基本原理与指导方针》，汪卫华译，格致出版社、上海人民出版社 2020 年版）。

个案研究中，研究者可以使用该方法检验新提出的理论框架，因此它是一种具有理论建构功能的研究方法。[①] 为什么过程追踪法可以利用个案检验因果关系？我们又该如何使用这一方法展开因果推断？

一 过程追踪法在“追踪”什么？

在社会科学研究方法中，一个值得思考的问题是，通过个案研究是否能够开展因果推断与检验？从常见的几种方法来看，例如实验法、比较案例分析、计量分析等，回答是否定的。然而，过程追踪的方法却让这一看似不可能的情况变成了可能。这主要是因为，过程追踪是一种旨在识别因果机制的方法，这种方法通过识别因果机制的存在与否，进而确认因果关系得以建立的可能性。进一步来说，传统方法通过变量控制的方式得以检验因果关系建立的可能性，注重的是因果效应的大小，而过程追踪法则是通过考察因果的中间过程反观因果关系的可能性，反映的是一种“机制世界观”（mechanism worldview）。[②]

换言之，当研究者想用深入的质性个案研究探寻因果机制时，就可以选择过程追踪；如果研究者更想对特定个案中机制出现与否作强有力的案例内推断，那么也可以使用过程追踪。[③] 这主要是因为，过程追踪的全部目标都在于因果机制（it's all about mechanisms）：作为一种独特的案例研究方法，过程追踪旨在“追踪”原因（X）或一组因素与其影响（即结果 Y）联系起来的因果机制。[④] 经过如此的“追踪”，研究便可以产生两大结果：（1）对因果关系做出更有力的基于证据的推断，因为分析产生了原因与结果之间的因果过程存在（或不存在）的每个步骤的案例内证据；（2）因为追踪机制让我们更好地了解原因如何产

① 孙婧婧、和经纬：《作为溯因推理研究方法的因果过程追踪及其在公共政策研究中的应用》，《公共管理评论》2020 年第 4 期。

② John Gerring, “The Mechanismic Worldview: Thinking Inside the Box Review”, *British Journal of Political Science*, Vol. 38, No. 1, 2008, pp. 161 – 179; Derek Beach, “Taking Mechanisms Seriously?”, *European Political Science*, Vol. 12, No. 1, 2013, pp. 13 – 15；张长东：《社会科学中的因果机制：微观基础和过程追踪》，《公共管理评论》2018 年第 1 期。

③ Derek Beach and Rasmus Brun Pedersen, *Process – Tracing Methods: Foundations and Guidelines*, Ann Arbor: University of Michigan Press, 2019.

④ Derek Beach, “It's all about Mechanisms – What Process – tracing Case Studies Should Be Tracing”, *New Political Economy*, Vol. 21, No. 5, 2016, pp. 463 – 472.

生结果。①

那么，究竟什么是因果机制？对于这一定义，学术界从不同的角度给出了五花八门的定义。②我们尝试结合一个有关新兴民主国家为何选举舞弊丛生的研究③，以及德里克·比奇对该研究因果机制部分的简要评述④，来说明我们应该怎么将因果机制的理论化和经验证据结合在一起。

丹尼尔·齐布拉特（Daniel Ziblatt）的研究核心问题在于探究为何新民主国家存在众多选举舞弊现象。为此，他采用了结合“大样本统计分析”和“案例内机制分析”的混合方法研究设计。在第一阶段的分析中，齐布拉特使用的一手数据源自德国议会在1871年引入男性普选权后，德意志帝国时期（1871—1912）的大量议会选举争议记录。通过分析超过5000个议会席位的选举数据，他试图确定“选举不当行为”在哪里发生以及为什么会引发争议。实证分析显示，选举舞弊与社会成员之间土地持有的不平等程度显著相关，而土地在当时是财富、权力和声望的主要来源。

在回归分析之后，齐布拉特通过一个简要案例研究分析了背后的机制。他把这个案例称为“东埃尔比安‘容克天堂’的政治学”，分析了该地区地主精英如何通过选举将其传统社会权力转变为民主化后的政治权力。显然，他的目的是通过这个案例探究土地持有不平等如何加剧当地的

① Benedict Wauters and Derek Beach, “Process Tracing and Congruence Analysis to Support Theory - Based Impact Evaluation”, *Evaluation*, Vol. 24, No. 3, 2018, pp. 284 - 305; Derek Beach, “It’s all about Mechanisms - What Process - tracing Case Studies Should Be Tracing”, *New Political Economy*, Vol. 21, No. 5, 2016, pp. 463 - 472; Johannes Schmitt and Derek Beach, “The Contribution of Process Tracing to Theory - Based Evaluations of Complex Aid Instruments”, *Evaluation*, Vol. 21, No. 4, 2015, pp. 429 - 447.

② 比如：Derek Beach, “It’s all about Mechanisms - What Process - tracing Case Studies Should Be Tracing”, *New Political Economy*, Vol. 21, No. 5, 2016, pp. 463 - 472; Derek Beach and Rasmus Brun Pedersen, *Process - Tracing Methods: Foundations and Guidelines*, Ann Arbor: University of Michigan Press, 2019; Mario Bunge, “Mechanism and Explanation”, *Philosophy of the Social Sciences*, Vol. 27, No. 4, 1997, pp. 410 - 465; Mario Bunge, “How Does It Work?: The Search for Explanatory Mechanisms”, *Philosophy of the Social Sciences*, Vol. 34, No. 2, 2004, pp. 182 - 210; Ryan Saylor, “Why Causal Mechanisms and Process Tracing Should Alter Case Selection Guidance”, *Sociological Methods and Research*, Vol. 49, No. 4, pp. 982 - 1017.

③ Daniel Ziblatt, “Shaping Democratic Practice and the Causes of Electoral Fraud: The Case of Nineteenth - Century Germany”, *American Political Science Review*, Vol. 103, No. 1, 2009, pp. 1 - 21.

④ Derek Beach, “It’s all about Mechanisms - What Process - Tracing Case Studies Should Be Tracing”, *New Political Economy*, Vol. 21, No. 5, 2016, pp. 463 - 472.

选举舞弊。然而，遗憾的是，他在案例研究中主要依赖于当时地主的回忆录等文献材料，因此未能深入揭示背后的“捕获”机制。例如，他引用了一位来自波兹南（Posen）的议员在1894年的回忆录材料：“我不得不加入农业联盟的当地分支机构，因为与我社交的每个人都是会员，而且与我一起‘狩猎’① 的每个人也都是会员！”②

尽管这些逸事性质的证据在一定程度上表明，在传统社会权力被削弱的背景下，土地精英通过与地方官员的“合谋”来寻求选举优势，这似乎说明了地主精英对地方官员施压的具体过程。然而，由于没有详细阐释潜在的因果机制，我们无法确定施加社会压力是不是影响地方官员的唯一手段等基本问题。

更关键的是，作者并未告诉读者，案例中的每个机制部分预期会留下什么样的经验预测证据，这是由于对各个部分的理论化不够明确所致。这使得经验材料的呈现似乎缺乏系统化和结构化。③因此，比奇批评称，由于缺乏对机制的详细解析，齐布拉特的后续案例研究难以让我们检验将X与Y联系起来的潜在因果逻辑，也无法系统评估假设的“捕获”机制是否在特定情况下真正起作用。④

齐布拉特的案例实际上探讨了地主精英如何通过“俘获”来制造选举舞弊。为了将该理论转化为具体的机制，比奇建议，应将因果过程细分为一系列连贯部分构成的分析框架。图5－1展示了一种更明确的机制建议：它基于案例研究中的经验见解，并对其进行理论化，从而连接X与Y的两个组成部分。

显然，与原文相比，图5－1更为明确地阐释了因果机制每个部分之间的逻辑——尤其是哪些实体的哪些行为构成了连接各部分的因果逻辑。因此，在后续的个案研究中，作者应该系统地追踪是否存在支持这两个部分简单机制的可观察证据，而非依赖逸事性质的证据。基于过程追踪的案例研究，经验部分将侧重于追踪“官员捕获”这一因果机制，询问给定

---

① 官场黑话，可能指的是当地地方官员通过某种形式向地主精英索贿。

② Daniel Ziblatt, “Shaping Democratic Practice and the Causes of Electoral Fraud: The Case of Nineteenth－Century Germany”, *American Political Science Review*, Vol. 103, No. 1, 2009, p. 16.

③ 这也是量化研究者经常评判质性研究的地方，即这些观察可能是“走马观花”式的，而不是系统分析，也不能确定是否有经验证据证实或否定案例中存在的理论机制。

④ Derek Beach, “It's all about Mechanisms－What Process－Tracing Case Studies Should Be Tracing”, *New Political Economy*, Vol. 21, No. 5, 2016, pp. 463－472.

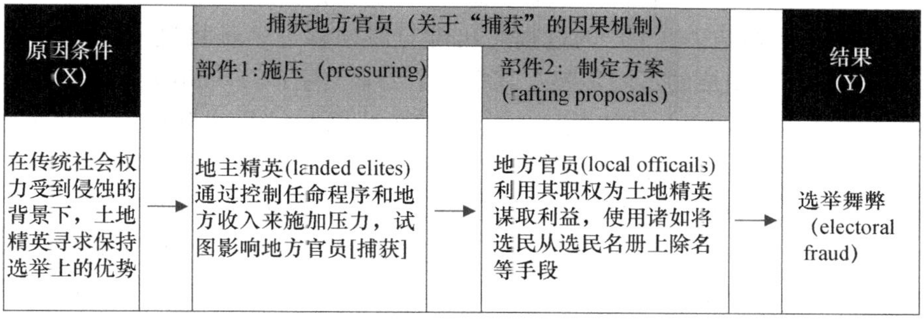

图5－1　连接地主精英与选举舞弊的"捕获"因果机制

资料来源：Derek Beach，"It's all about Mechanisms – What Process – Tracing Case Studies Should Be Tracing"，*New Political Economy*，Vol. 21，No. 5，2016，p. 468。

案例中是否存在支持每个部分的经验证据，例如：是否有证据显示地主精英实际上通过任命程序对地方官员施加压力？是否发现地方官员系统性地从选民名册中删除选民的证据，或者使用了其他手段？

实际上，通过这样一种将因果机制可视化的方式，我们可以进一步描述引发因果机制和结果的因果条件，谈论因果机制的每个部件如何概念化，并思考产生结果的 X 与 Y 之间的理论机制。因此，如何拆解因果机制的各个组成部分成为呈现机制的关键问题。换言之，通过过程追踪描绘因果机制，也就意味着需要将"充分非必要条件的必要非充分成分"（即 INUS）①以机制链条的形式展现并验证。②

通过上述示例，我们可以初步理解过程追踪中因果机制的内涵。如果

① INUS 是"an insufficient，but necessary part of an unnecessary but sufficient condition"的缩写，这个概念用于解释复杂的因果关系，特别是在多个因素共同作用下产生某个结果的情况。在 INUS 中，"不充分"意味着单独一个因素不足以导致效果的发生，需要其他因素的共同作用。而"必要"则是指这个因素必须存在才能产生该效果，如果缺失这个因素，效果就不会发生。然而，这个因素并不是"必要且充分"的，因为它自己不足以引起效果，还需要其他条件的配合。此外，INUS 条件也被视为"不必要但充分条件的一部分"。这意味着这个因素虽然不是产生效果的唯一可能途径，但它是构成足够产生该效果的条件组合中的一部分。换句话说，可能有多种不同的因素组合能够导致同一效果，而 INUS 条件是其中一种可能的组合。具体可参见 John Leslie Mackie，"Causes and Conditions"，*American Philosophical Quarterly*，Vol. 2，No. 4，1965，pp. 245 – 264。

② 汪卫华：《拆解过程追踪》，《国际政治科学》2022 年第 2 期；James Mahoney，"The Logic of Process Tracing Tests in the Social Sciences"，*Sociological Methods and Research*，Vol. 41，No. 4，2012，pp. 570 – 597。

仅从方法论的角度来看，一个能够被广泛接受的定义是：因果机制是原因（X）如何影响结果（Y）的过程。比奇与佩德森进一步将这一过程拆解为由两个要素组成的不同步骤：其中一个要素是主体（entity），另一个要素是行动（activities）。[①]如此一来，嫁接在原因与结果之间的因果机制，就变成由不同主体通过发生具体行动所产生的一连串的步骤集合。

结合上述讨论，我们再结合一项有关中国政策改革的研究来理解如何呈现机制。在一项关于某省新版医疗服务价格目录修订为何“难产”的研究中，作者以F省基本医疗服务价格目录修订过程为案例，发现政府部门间的政策协调深受“碎片”的制度化过程影响。[②] 图5－2展现了这一具体的因果机制——它基于从案例研究中得出的经验见解并将其进行理论化，从而连接原因条件和结果的两部分组成。[③]

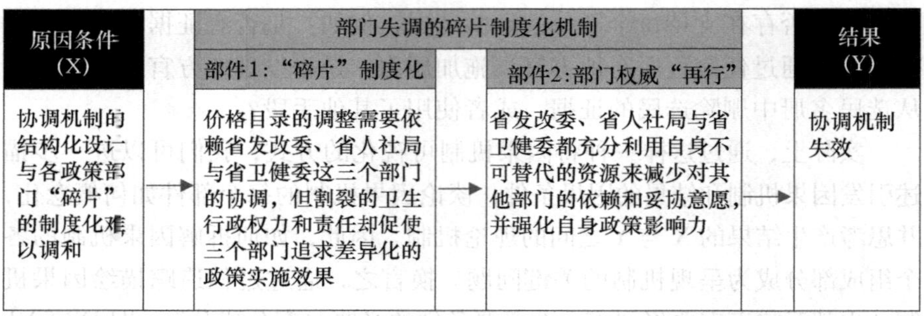

图5－2　医疗服务价格目录“难产”的因果机制

实际上，如此理解因果机制可以在两个方面帮助我们进行理论建构：第一，因果机制是由各个部件组成的逻辑严谨的链条，并包含了客观实体的具体行动；第二，为研究者后续的个案研究指明了方向，即研究者应该系统地追踪是否有证据表明这一机制存在的可供观察的证据。

同时，值得注意的是，尽管大卫·科利尔强调了所谓反事实框架在过

① Derek Beach and Rasmus Brun Pedersen, *Process－Tracing Methods: Foundations and Guidelines*, Ann Arbor: University of Michigan Press, 2019.

② 吴文强：《政策协调机制何以失效？对F省新版医疗服务价格目录“难产”的过程追踪》，《公共管理学报》2021年第4期。

③ 注意，以该文为实例，并不意味着它是使用该研究方法的一个范本，而仅仅是因为其研究的问题和基本内容可以帮助我们对因果机制和过程追踪进行展示。

程追踪分析的重要性,[①] 但案例内因果机制的系统性分析与反事实的分析仍然存在较大的差异。图 5－3 则展示了用以研究反事实的差异化证据（difference－making evidence）和用以探究因果机制的机制性证据（mechanistic evidence）之间的区别：其中顶部的例子是反事实中使用的差异化证据，底部的例子是使用的机械证据在系统理解上，而关键的区别在于证据的对象。

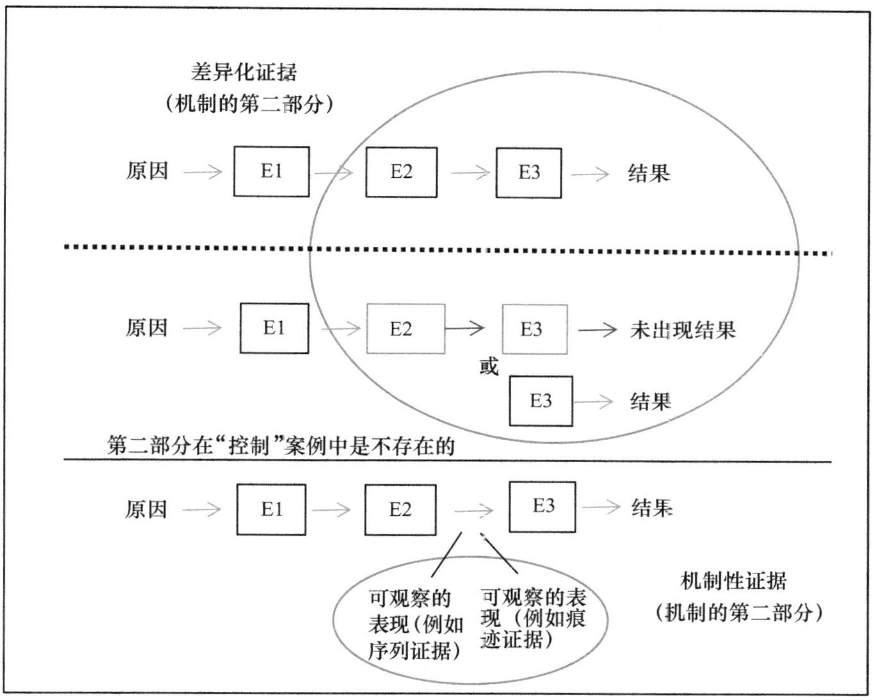

图 5－3　差异化证据与机制性证据的比较

资料来源：Derek Beach, "What Are We Actually Tracing? Process Tracing and the Benefits of Conceptualizing Causal Mechanisms as Systems", *Qualitative & Multi－Method Research*, Vol. 14, No. 1/2, 2016, p. 19。

① 比如，对于特定事件，反事实分析要求研究者对给定变量的观察值与一个或多个假设值（即反事实）进行比较，而这些假设值被视为合理的替代方案，但在所研究的案例中并不会发生。比较取决于上面提到的对比空间，它建立在研究人员的背景知识之上。参见 David Collier, "Understanding Process Tracing", *PS: Political Science and Politics*, Vol. 44, No. 4, 2011, pp. 823－830。

在系统理解中，机制性证据用于追踪实体活动（activities）“隐藏”在机制内的每个部件中的可观察表现，其目标在于因果解释，即如何更好地理解因果过程的实际运作方式。相比之下，在基于反事实的理解中，由于这些活动部分地被理论化为可操纵的反事实，故而被掩盖了，即它们也仅仅被描绘成因果箭头，而没有告诉我们因果关系究竟是什么——基于反事实的解释实际上将因果过程的案例内研究转变成了某种对低级别聚合的跨案例分析。[①] 而这似乎在一定程度上削弱了案例内因果推断的效力，因为如此比较所获得的关于案例因果过程的信息要少得多。

不过，值得注意的是，根据汪卫华的批评，比奇和佩德森对于机制的理解实际上是进行不相容的归类，即只应是“能动者”层面的一连串活动的抽象概括，并不是“结构”层面的现象，也不是“结构性解释”；而将从微观到宏观的“转型机制”理解为“涌现机制”[②]（emergent mechanisms）更为准确，即微观层面的活动加总呈现为宏观层面的特性。[③]

因此，全面来看，机制化证据的另一大作用是将宏观变化与微观行为连接起来，或对宏观因果现象进行微观层次的解释。在对詹姆斯·S. 科尔曼[④]的框架图进行改进后，佩特里·伊利科斯基对机制的这一功能进行了很好的阐述（如图 5－4）[⑤]。根据直观的理解，宏观层面的变化引发了某种结果，但研究者往往需要寻找这一潜在因果关系的“微观基础”[⑥]，即宏观变化如何影响了微观行为主体（agents）并引发其行为，这些行为是否又对其他行为主体产生了影响（或改变了行为），最后，这些行为的改变又如何导致结果的发生。这一分析框架其实与上述讨论的机制部件的

① Derek Beach, “What Are We Actually Tracing? Process Tracing and the Benefits of Conceptualizing Causal Mechanisms as Systems”, *Qualitative & Multi－Method Research*, Vol. 14, No. 1/2, 2016, pp. 15－22.

② 关于“涌现机制”的讨论，可参见 Ramiro Glauer, *Emergent Mechanisms: Reductive Explanation for Limited Beings*, Münster: Brill Mentis, 2012。

③ 汪卫华：《拆解过程追踪》，《国防政治科学》2022 年第 2 期。

④ James S. Coleman, “Microfoundations and Macrosocial Behavior”, in Jeffrey C. Alexander et al. eds., *The Micro－Macro Link*, Berkeley: University of California Press, 1987, pp. 153－173.

⑤ Petri Ylikoski, “Mechanism－Based Theorizing and Generalization from Case Studies”, *Studies in History and Philosophy of Science*, Vol. 78, 2019, pp. 14－22.

⑥ 关于为何以及如何寻找“微观基础”，可参见刘骥、张玲、陈子恪《社会科学为什么要找因果机制——一种打开黑箱、强调能动的方法论尝试》，《公共行政评论》2011 年第 4 期；刘骥《找到微观基础——公共选择理论的中国困境》，《开放时代》2009 年第 1 期。

组合链条是基本类似的，即都是试图通过细致考察变动轨迹，把原因与结果、宏观与微观连接起来，从而用说清“怎么样”的方式，来回答“为什么”的问题。

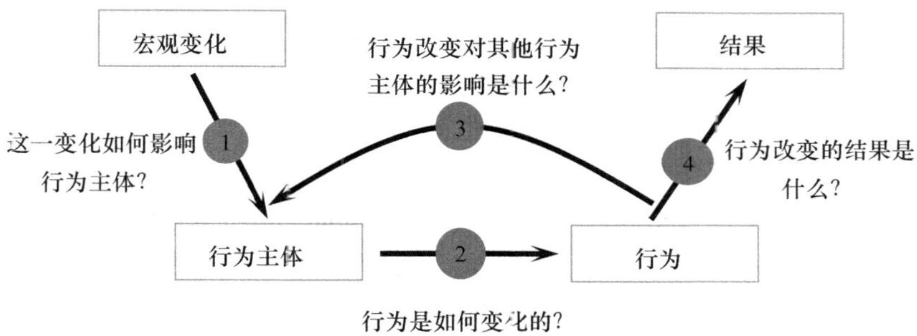

图5－4　宏观条件与微观行为

资料来源：参照相关研究绘制。①

总之，上述关于因果机制的理解和讨论实则在提醒我们，通过将因果解释力（causal forces）从原因（或原因组合）传递到结果部分，我们可以更加系统地呈现理论化的因果机制。如此操作的重要意义便在于，可以使得研究者将注意力集中阐述因果机制有机组成部分的合理和逻辑问题，以及在随后的过程追踪案例研究中，明确在何处去寻找经验证据。基于此，我们将进入因果追踪个案分析的具体研究设计。

二　过程追踪法如何在个案中检验因果机制?

时至今日，多数研究者都同意过程追踪法旨在解开因果以及时间链条上的机制（causal and temporal mechanisms），但对于如何设计过程追踪研究却几乎没有共识。基于过程追踪的研究设计往往会因为研究者的研究目标不同而呈现出不小的差异，并呈现出不同的“变体”（variants）。②不少学者虽然认为过程追踪法可以主要应用在历史事件的解释上，但也会因为分析方法而表现不同。

比如，霍尔认为：“一种解释模式可能被描述为基于历史特定的（解

① Petri Ylikoski，“Mechanism－Based Theorizing and Generalization from Case Studies”，p. 18.

② 根据相关研究的统计，学者开发的过程追踪的种类不下近二十种，参见 Christine Trampusch and Bruno Palier，“Between X and Y：How Process Tracing Contributes to Opening the Black Box of Causality”，*New Political Economy*，Vol. 21，No. 5，2016，pp. 437－454。

释)，而历史解释（historical explanation）与详细叙述（detailed narrative）是历史学家通常寻求的过程追踪类型，他们的目标通常是在有限的一组案例中解释一组特定事件的发生，例如1640年英国革命的爆发或1914年的第一次世界大战。"①但是，如何来分析或解释呢？

范·埃弗拉认为研究者应该进行回溯性过程追踪（backward process trace）：'调查人员应该追溯产生案件结果的因果过程，即在每个阶段从上下文推断导致每个结果的原因。如果这种向后的过程追踪成功，它会将调查人员带回到主要原因。"②

而乔治和本莱特则倾向于分析性解释（analytical explanation）和更加一般化的解释（more general explanation）："研究者需要对明显因果机制的归纳观察，以及这些机制的启发式呈现（heuristic rendering），作为未来检验的潜在假设"，以及更为主要的是，"将历史叙述转化为以明确的理论形式表达的分析性因果解释"③。

在这些讨论中，前后主要有4本影响颇大的有关过程追踪案例研究的方法论著作：其中两本是在探讨多元化的个案研究时，重点考察了过程追踪的内涵与设计要点，另外两本则是以过程追踪为主题的方法论专著。④

将过程追踪作为个案研究的类型之一进行讨论的著作是本书多次提及的乔治和本莱特合著的《案例研究与社会科学中的理论发展》，他们将过程追踪法作为个案研究的一种特定方法加以系统化介绍。⑤ 另外一本则是约阿希姆·布拉特和马库斯·哈弗兰合著的有关探索性案例研究的方法论《设计案例研究：小样本中的探索性研究》(*Designing Case Studies: Exploratory Studies in Small – N Research*)，他们则将过程追踪法与另外两种案例分析路径（包括下面要介绍的一致性分析）并重，着重探讨了每一种设计的方法论基础与设计要点。⑥

---

① 见 Peter A. Hall, "Systematic Process Analysis: When and How to Use It", *European Management Review*, Vol. 3, No. 1, 2006, p. 24。

② Stephen Van Evera, *Guide to Methods for Students of Political Science*, New York: Cornell University Press, 1997, p. 70.

③ Alexander L. George and Andrew Bennett, *Case Studies and Theory Development in the Social Sciences*, Cambridge: MIT Press, 2005, p. 211.

④ 在论述的系统性上，我们认为后面两本专著显然要更加成熟和全面。

⑤ Alexander L. George and Andrew Bennett, *Case Studies and Theory Development in the Social Sciences*, Cambridge: MIT Press, 2005, pp. 205 – 232.

⑥ Joachim Blatter and Markus Haverland, *Designing Case Studies: Exploratory Studies in Small – N Research*, Houndmills: Palgrave Macmillan, 2012.

而后面两本专注过程追踪的系统性专著则值得“配套”阅读，其中之一便是比奇和佩德森对于过程追踪的方法论指南，并重点讨论了该方法的哲学基础（比如因果性本体论、对于因果机制的理解）以及三种重要的研究设计类型。① 而由安德鲁·本莱特与杰弗里·T. 查克尔主编的《过程追踪：从隐喻到分析工具》（*Process Tracing: From Metaphor to Analytic Tool*），则更多以该方法的运用为主，多位学者在其中介绍了过程追踪在不同领域（比如国际制度、冷战、内战以及欧盟一体化等）的应用。②

结合上述方法论文献，我们在本章节中重点讨论过程追踪的研究设计部分。从过程追踪法识别因果机制这一核心要义出发，可以推知，研究者在搜集证据的过程中，应当紧紧围绕“主体”与“行动”这两大要素展开。这恰恰是布雷迪等人所提出的“因果过程观察”（causal - process observations，CPOs）。③

那么，基于因果过程的观察在过程追踪中又有怎样的用处呢？范·埃弗拉从两个维度将基于因果过程的观察所获得的证据划分为四种类型，从而为过程追踪检验因果机制奠定了基础。④ 第一个维度涉及预测的独特性，即如果我们以高度独特的方式提出假设，并且找到了预测的证据，那么我们在机制存在的可能概率上就会增强信心。与之对应的另一个维度称作“必要预测”，即预测是明确且必须遵守的，否则该理论就无法通过实证检验。由此可见，在检验因果机制时，独特性证据的获得具有高度确证效力，而必要性证据的丧失具有高度的否定效力。表 5 - 1 则是关于上述两种维度的四种区分与举例。

---

① ［丹麦］德里克·比奇、拉斯穆斯·布伦·佩德森：《过程追踪法：基本原理与指导方针》，汪卫华译，格致出版社、上海人民出版社 2020 年版。

② Andrew Bennett and Jeffrey T. Checkel, *Process Tracing: From Metaphor to Analytic Tool*, Cambridge: Cambridge University Press, 2015.

③ 我们将在下文展开对 CPOs 的讨论，具体可参见 Henry E Brady, David Collier and Jason Seawright, “Sources of Leverage in Causal Inference: Toward an Alternative View of Methodology”, in Henry E. Brady and David Collier eds., *Rethinking Social Inquiry: Diverse Tools, Shared Standards*, Plymouth: Rowman & Littlefield Publishers, Inc., 2010, pp. 161 - 199。

④ Stephen Van Evera, *Guide to Methods for Students of Political Science*, Ithaca: Cornell University Press, 1997.

表 5－1　关于证据类型的四种区分

必要性特征（否定效力）	独特性特征（确证效力）	例子
必要性高：如果找不到该证据，假说很有可能是错的	独特性高：假说成立的前提下，出现该证据的概率远远高于假说不成立的情况	高分辨率监控录像在犯罪现场捕捉到犯罪嫌疑人的画面
必要性高：如果找不到该证据，假说很有可能是错的	独特性低：假说成立或不成立，都有可能出现该证据	犯罪嫌疑人出现在案发城市
必要性低：即便找不到该证据，假说也不一定是错的	独特性高：假说成立的前提下，出现该证据的概率，远远高于假说不成立的情况	犯罪嫌疑人手上的枪正冒着青烟
必要性低：即便找不到该证据，假说也不一定是错的	独特性低：假说成立或不成立，都有可能出现该证据	犯罪嫌疑人与死者生前发生过激烈争吵

资料来源：参见范·埃弗拉的总结①。

结合以上 4 种证据，范·埃弗拉提出了 4 种检验的类型：风吹稻草型（straw－in－the－wind）检验、环箍型（hoop）检验、枪口冒烟型（smoking gun）检验，以及双重决定型（doubly decisive）检验。证据类型与检验类型的对应关系参见表 5－2。

表 5－2　假设检验类型与因果推断

		必要性（确定性）：通过检验则满足推断性因果的必要性	
		高（是）	低（否）
独特性：通过检验则满足推断性因果的充分性	高（是）	双重决定型检验	枪口冒烟型检验
	低（否）	环箍型检验	风吹稻草型检验

资料来源：参见罗尔夫的总结。②

具体而言，通过环箍型检验相当于找到了对于给定假设的必要但却非充分的条件，通过枪口冒烟型检验则意味着找到了充分但却非必

① Stephen Van Evera, *Guide to Methods for Students of Political Science*, Ithaca: Cornell University Press, 1997, pp. 31－34.

② Ingo Rohlfing, "Comparative Hypothesis Testing via Process Tracing", *Sociological Methods & Research*, Vol. 43, No. 4, 2014, pp. 606－642.

要的条件。[①]这两种检验类型也是研究者最常使用的。启于这两种检验有效性光谱两端的则是风吹稻草型和双重决定型检验。前者属于具有低水平独特性和低水平必要性的经验预测，通过与否对我们更新特定假说的信息几乎没有太大影响。而后者则与之完全相反，是一种理想型的检验，通过便意味着找到了充分且必要的条件证明假设，反之则排除假设。但正因为其过于理想，在现实之中研究者也很难找到这类证据，因而往往停留在理论层面。这 4 种检验及其对验证假设的影响可以通过表 5－3 概括总结。

表 5－3　　对因果推断的过程追踪检验

<table>
<tr><th colspan="2" rowspan="2"></th><th colspan="2">验证因果推断的充分性</th></tr>
<tr><th>否</th><th>是</th></tr>
<tr><td rowspan="8">验证因果推断的必要性</td><td rowspan="4">否</td><td>1 风吹稻草型</td><td>2. 枪口冒烟型</td></tr>
<tr><td>a. 通过：肯定假设的相关性（relevance），但却不证实它</td><td>a. 通过：验证假设</td></tr>
<tr><td>b. 失败：假设并没有被排除，但略有削弱</td><td>b. 失败：假设并没有被排除，但在一定程度上被削弱</td></tr>
<tr><td>c. 对替代性假说的影响：通过会稍微削弱它们；失败则会稍微加强它们</td><td>c. 对替代性假说的影响：通过会大大削弱它们；失败则在一定程度上强化它们</td></tr>
<tr><td rowspan="4">是</td><td>3. 环箍型</td><td>4. 双重决定型</td></tr>
<tr><td>a. 通过：肯定假设的相关性，但却不证实它</td><td>a. 通过：确认假设并排除其他假设</td></tr>
<tr><td>b. 失败：排除假设</td><td>b. 失败：排除假设</td></tr>
<tr><td>c. 对替代性假说的影响：通过在一定程度上削弱了它们；失败则在一定程度上强化了它们</td><td>c. 对替代性假说的影响：通过则排除它们；失败则大大强化它们</td></tr>
</table>

资料来源：参见本内特的总结。[②]

由此可见，使用过程追踪法所需要的证据是建立在因果过程观察（CPOs）基础上的。证据根据独特性与必要性可以分为 4 种不同的类型，

---

① James Mahoney, "The Logic of Process Tracing Tests in the Social Sciences", *Sociological Methods and Research*, Vol. 41, No. 4, 2012, pp. 570－597.

② Andrew Bennett, "Process Tracing and Causal Inference", in Henry E. Brady and David Collier eds., *Rethinking Social Inquiry: Diverse Tools, Shared Standards*, Lanham, MD: Rowman and Littlefield, 2010, p. 210.

基于这 4 种不同类型的证据，产生了 4 种对应的检验方式。对于这 4 种检验，我们可以通俗地理解为：环箍型检验是寻找必要但不充分的证据，枪口冒烟型检验是寻找充分但不必要的证据，而双重决定型检验则是寻找充分且必要的证据（双保险），而风吹稻草型检验则类似于寻找一些蛛丝马迹式的证据，其重要性相对最低。

结合上述证据与验证类型，在一份关于过程追踪教学和探究的指南中，两位作者①尝试通过开发过程追踪研究设计的分步清单，以协助研究者将过程跟踪作为假设检验的有效工具。如图 5－5 所示，他们一共提出大致“七步走”的战术来使得整个研究设计成为一个逻辑严谨的“闭环”。其大致的战略是，研究者首先定义他们的理论期望（即识别假说），其次是为他们的研究指明方向（即呈现结构化的因果分析框架），再次是确定检验理论需要哪些证据，最后是如何处理竞争性假说的潜在“威胁”。其中，较为关键的是对于反事实的处理。比如在第五步，作者认为研究者需要识别，如果做出其他选择或其他事件发生，反事实结果会如何出现②。然后再对应是否找到上述 4 种类型的证据，从而判断是否验证（证伪）原假设，以及是否需要进一步验证竞争性假说。

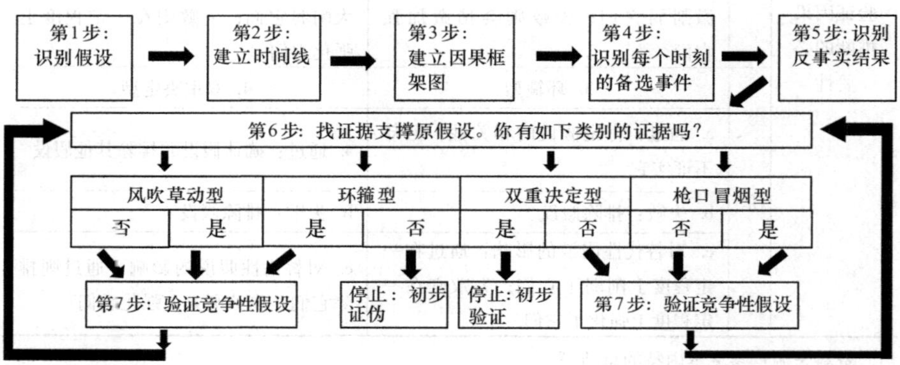

图 5－5　过程追踪设计清单

资料来源：参见相关研究的总结。③

① Jacob I. Ricks and Amy H. Liu, “Process－Tracing Research Designs: A Practical Guide”, *PS: Political Science & Politics*, Vol. 41, No. 4, 2018, pp. 842－846.

② Jacob I. Ricks and Amy H. Liu, “Process－Tracing Research Designs: A Practical Guide”, *PS: Political Science & Politics*, Vol. 41, No. 4, 2018, p. 844.

③ Jacob I. Ricks and Amy H. Liu, “Process－Tracing Research Designs: A Practical Guide”, *PS: Political Science & Politics*, Vol. 41, No. 4, 2018, p. 843.

第二节　个案中的理论检验：一致性分析法

一　在与过程追踪的比较中理解一致性分析

为了更好地理解一致性分析方法，我们通过将该方法与过程追踪法进行比较，来展示这一方法的关键特征与作用。在介绍过程追踪的方法时，比奇与佩德森特别提出了过程追踪方法在应用时的一个变体："理论验证型"的过程追踪。①这一变体看似与一致性分析有某些相似之处，但是二者在推断过程与基本功能上都存在显著的差异。

从推断过程来看，如图5-6所示，同样是基于个案内分析，使用一致性方法在理论之间的比较，往往着力于对关键部分的对比，而无须将因果机制的每个部分展开。相比之下，过程追踪则要求研究者通过打开X和Y之间行为与互动的完整链条反复追问"这一机制的确存在吗"，并在对这一问题的持续肯定与否定的回答中完成对理论的检验过程。

从基本功能来说，过程追踪通过对机制的每一步检验，最终得到能否建立某种因果关系的结论；而在一致性分析中，研究者无法对不同理论（因果关系）本身的对错得出结论，而是要确定不同理论对于同一特定事件的相对解释强度。② 换言之，过程追踪着力于具体理论的内部效度，而一致性分析则更像是从外部效度的意义上考察不同理论对具体个案的相对解释力。因此，在混合研究中使用一致性分析进行变量的"剔除"，并非证伪了被剔除理论的因果假说，而仅仅是表明被剔除的理论对研究案例而言并不具有较高的解释力。

---

① 比奇与佩德森总结了三种不同目标的过程追踪设计路径：A. 如果研究目标是检验因果机制是否存在以及是否如理论预期那样起作用，那就应该设计理论检验型（theory-testing）过程追踪；B. 如果是探究X与Y之间的因果机制是什么，那么理论建构型（theory-building）过程追踪则是合适的设计类型；C. 如果研究目标为寻找何种机制解释可以说明结果，那就可以选择解释结果型（explaining outcome）过程追踪。其中前面两种则是以理论为中心的设计思路，而最后一种则是以个案为中心的研究路径。总体来看，这三种设计路径均遵循了作者重视因果机制概念化与部件分解的要点，并将关键的理论概念定义为集合论的系统化表达。参见［丹麦］德里克·比奇、拉斯穆斯·布伦·佩德森《过程追踪法：基本原理与指导方针》，汪卫华译，格致出版社、上海人民出版社2020年版。

② Benedict Wauters and Derek Beach, "Process Tracing and Congruence Analysis to Support Theory-based Impact Evaluation", *Evaluation*, Vol. 24, No. 3, 2018, pp. 284-305.

对于一致性分析在基本功能上的这一特征，我们可以从反事实框架来理解。通常，在没有证据表明 X 和 Y 之间存在连贯因果链条的情况下，研究者难以对二者的关联程度做出强有力的因果推断。而且，无论观察到多强的规律性联系，我们也很难完全排除 X 和 Y 的关联不是因为其他因素（Z）的影响，而这也是因果推断的基本难题。① 一致性分析的作用在于，在没有可以测试的反事实的情况下，研究者仍然可以比较对结果 Y 的不同解释在证据与分析有效性上的强度。然而，由于毕竟没有进行系统性的因果过程分析，因此，一致性分析通常不能明确地“排除”或“实证”竞争性理论，而仅仅是为一个或多个理论证据的相对强度做出判断。②

综上，一致性分析的本质在于，研究者要在不同理论与具体案例中寻找理论与案例之间的映射关系。虽然同样是案例内推断的研究方法，但过程追踪是以检验某个理论的因果内在效度为主，而一致性分析则是在对具体案例进行分析的基础上，以不同理论的相对解释力作为比较对象。

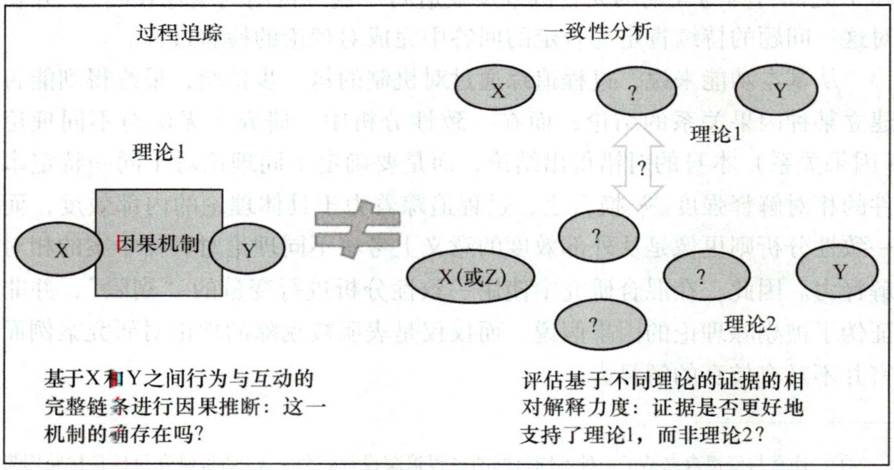

图 5－6　过程追踪与一致性分析的关键区别

资料来源：参见相关研究的总结。③

---

① Paul W. Holland, “Statistics and Causal Inference”, *Journal of the American Statistical Association*, Vol. 81, No. 396, 1986, pp. 945－970.

② Joachim Blatter and Markus Haverland, *Designing Case Studies: Exploratory Studies in Small－N Research*, Houndmills: Palgrave Macmillan, 2012, p. 163.

③ Benedict Wauters and Derek Beach, “Process Tracing and Congruence Analysis to Support Theory－based Impact Evaluation”, *Evaluation*, Vol. 24, No. 3, 2018, p. 297.

二 一致性分析如何在个案中检验理论？

关于一致性分析法的主要功能，研究者们给出了基本相似的观点。例如，布拉特与哈弗兰认为，一致性分析的主要目标在于探讨“哪种解释方法提供了更多或（和）更新的见解”，以及“比较不同理论的描述性和解释性的优点”。①乔治和本莱特同样认为，一致性分析的基本特征是研究者从一个理论开始，然后尝试评估它在特定案例中解释或预测结果的能力。② 他们甚至还给出了一种操作化较强的观点：在一致性研究中，研究者使用演绎理论或经验概括生成对因变量结果的预测或解释——如果实际结果与预测一致，那么就可以初步判断理论的解释力度。③

由此可见，使用一致性分析方法的基本思路是：通过观察抽象的理论预测与具体案例中实际发生情况的一致性程度辨析何种理论具备更强的解释力度。换言之，当我们用整体论的视角（a holistic understanding）来理解两个理论在一组假设中的特定假设的相对权重时，如果理论 A 在核心假设上并没有比理论 B 通过更多的环箍或（枪口）冒烟模式的检验，则理论 A 可以被视为比理论 B 具有更弱的证据支持。

因此，一致性分析在理论发展方面的要求通常不高，并且在实际中更容易实施，并不像过程追踪那样可能需要多次迭代来进行结果解释（如图 5－4）。在具体操作上，布拉特和哈弗兰④则为研究者提供了一个详细的主要步骤清单：

> 第一步，明确研究目标，即我们究竟找出两种理论中哪一种在诸多案例中得到更多证据（竞争理论）的支持；
>
> 第二步，根据选择感兴趣的广泛理论，然后选择相关案例。
>
> 第三步，对于每一个宽泛的关于原因（组合）与结果如何相关的理论解释，研究者都需要详细阐述这背后的假设。需要注意的是，

---

① Joachim Blatter and Markus Haverland, *Designing Case Studies: Exploratory Studies in Small－N Research*, Houndmills: Palgrave Macmillan, 2012.

② Alexander L. George and Andrew Bennett, *Case Studies and Theory Development in the Social Sciences*, Cambridge: MIT Press, 2005, pp. 205－232.

③ Jason Lyall, "Process Tracing, Causal Inference, and Civil War", in Andrew Bennett and Jeffrey T. Checkel eds., *Process Tracing: From Metaphor to Analytic Tool*, Cambridge: Cambridge University Press, 2015, pp. 186－207.

④ Joachim Blatter and Markus Haverland, *Designing Case Studies: Exploratory Studies in Small－N Research*, Houndmills: Palgrave Macmillan, 2012, pp. 167－202.

我们不是在对因果机制进行理论化；相反，如果给定的理论是有效的，我们所构想的理论因素就可以按照某种时间序列的方式发生。

第四步，考虑假设之间的关系：如果假设都具体化了，是否存在与另一个理论中的假设相矛盾的假设？假设是否存在重叠，即它们存在于几个宽泛的理论中？假设是否相互补充，即它们对于一个理论来说是独一无二的，而不与另一个理论中的假设相矛盾？

第五步，与过程追踪类似，在理论假设的层次与在可收集数据下的可观察影响之间，进行区分。

最后一步，确定与手头案例相关的各种理论证据的相对强度。

沿着这一思路，布莱特和布鲁姆概括出一致性分析的四个特征。① 第一，一致性分析的推断方式并非仅限于原因（组合）与结果之间的预期共变，还包括从理论框架中推导出广泛的预测或期望范围。第二，一致性分析通过考察文献中关于案例发展与概念形成的见解，分析客观或外部世界与抽象的有意义的概念之间是否有点对点的关系。第三，研究者需要在抽象概念和具体观察之间进行演绎和迭代，这使得研究者可以充分利用与经验案例相关的丰富信息来推断理论解释的效力。第四，当研究人员从预测和经验观察的非一致性或一致性中得出推论时，需要考虑如何针对特定预测进行权重赋值的问题。②

事实上，除了利用一致性分析法在不同理论之间进行检验与辨析以外，有些学者还试图利用这一思路呈现不同理论视角在同一个案例不同时间线或不同历史切面上解释的互补性。在这一点上，最具代表性的示例便是阿利森和泽利科对于古巴导弹危机的研究。③ 这也是一部在公共管理与公共政策领域被奉为经典的著作。

---

① Joachim Blatter and Till Blume, "In Search of Co - Variance, Causal Mechanisms or Congruence? Towards A Plural Understanding of Case Studies", *Swiss Political Science Review*, Vol. 14, No. 2, 2008, pp. 315 - 356.

② 对于如何赋权，布拉特和哈弗兰大致区分了三种不同的赋权重方法：第一种是对预测和观察之间的每个匹配和每个不匹配进行计数和平均加权；第二种是考虑给予某些（关键）预测更大的权重；第三种是将因变量和自变量之间的可预测的共变（predicted co - variation）协变作为一致性分析的关键观察结果。具体参见 Joachim Blatter and Markus Haverland, *Designing Case Studies: Exploratory Studies in Small - N Research*, Houndmills: Palgrave Macmillan, 2012, p. 27。

③ Graham Allison and Philip Zelikow, *Essence of Decision: Explaining the Cuban Missile Crisis*, New York: Addison - Wesley Longman, 1999.

在这部研究中，两位作者区分了决策制定的三种理论路径：理性行为体模型、组织行为模式以及政府政治模式。在不同的理论视角下，作者分别关注了不同的三个问题：在理性行为体模式下，作者试图回答“为什么苏联决定在古巴部署进攻性导弹”的问题；在组织行为模式下，作者则关注“为什么美国实施封锁”这一问题；在政府政治模式下，作者又将焦点转向“苏联为什么撤出导弹”这一结局。通过不同视角的切换，作者展示了在古巴导弹危机中对这些关键问题的不同理解：理性行为模式主要从两个超级大国的关键利益来回答，为何苏联会铤而走险；组织行为下的解释则呈现了美苏两国中那些影响和延迟决策（比如进行毁灭性打击）的例行程序和组织流程；政府政治解释则表明，不同派别的决策者之间的权力斗争也影响了事件的最终走向。在整部研究中，作者并未通过可供观察的证据比较哪一种理论对于古巴导弹危机更具解释力，而是从不同的问题“截面”来呈现不同理论解释下可能存在的矛盾，并以具体的理论模式来相互修补这些矛盾。①

通过以上对一致性分析法基本思路与功能的概述，可以看出，在个案研究中，提升理论内部效度的最好方式就是将一致性分析与过程追踪相结合，充分发挥两者的优势。就一致性分析法来说，正如上文所言，虽然它能够帮助研究者在不同解释之间进行甄别，但是由于在个案中缺乏变量的控制，因此它并不能进行从因到果的严谨推断。换言之，在个案研究中，如果研究者仅仅使用一致性分析，那么只能得到从“因”到“果”在观察层面的相关性。就过程追踪法来说，其最大优势在于通过对机制的探索揭示因果关系的存在，然而却无法高效地在不同解释之间进行比较与甄别。因此，在个案研究中，将过程追踪法与一致性分析法结合使用，是提升个案研究内部效度的一种理想的研究设计。

第三节　理论导向的个案研究：结合两种方法的设计思路

如上所述，过程追踪与一致性分析在关注点和设计优势方面均呈现不同的关键特征。虽然均为案例内推断的研究路径，但过程追踪法与一致性分析在研究目标和关注点等多方面存在本质差异：过程追踪主要是以理论

---

① Graham Allison and Philip Zelikow, *Essence of Decision: Explaining the Cuban Missile Crisis*, New York: Addison - Wesley Longman, 1999.

解释或结果解释为主，个案及其经验材料是其关键部分；而一致性分析则在案例解析的基础上，以比较不同理论对个案的解释力为主。这一核心差异导致了它们在案例与理论选择、数据生成与分析，以及最终推论方面截然不同的分析模式。①

虽然我们着力讨论了过程追踪与一致性分析之间的差异，但是，无论是在研究路径的类型学上，还是在经验研究中，均有学者将一致性分析当作过程追踪的特例。②我们也认为，基于案例导向的混合研究是可以将二者结合起来，基于过程追踪来展现各种竞争性解释的相对解释强度。因此，我们也尝试将二者结合起来，以探讨一种基于二者的混合方法研究设计。

这种混合的研究设计又该如何展开？我们认为，从理论建构的过程来看③，研究者需要首先对新理论的内部效度进行检验，继而对新理论的解释力进行判断。因此，一个合理的研究设计应当从过程追踪法开始，以一致性分析法结束。沿着这样的思路，研究者可以通过五个步骤展开个案研究。下文将通过一个具体的示例，简要介绍这一混合研究设计的操作过程。

在《全球化的时机与次国家福利供给》一文中，作者回答的核心问题是：为什么全球化在一个国家内部的不同地区产生了截然不同的福利体系。④该文将少案例比较与个案内分析相结合，出于本文内容的需要，在此仅着重探讨其中有关昆山的个案研究部分。在这一案例中，笔者的核心关注点是：政治经济学的研究认为，后发国家融入全球化的过程中，常常形成效率型供给模式，而为什么在我国昆山地区却形成了保护型的福利供给体系？为回答这一问题，作者通过五个步骤展开论证。

---

① Joachim Blatter and Markus Haverland, *Designing Case Studies: Exploratory Studies in Small – N Research*, Houndmills: Palgrave Macmillan, 2012, pp. 27 – 29.

② Christine Trampusch and Bruno Palier, "Between X and Y: How Process Tracing Contributes to Opening the Black Box of Causality", *New Political Economy*, Vol. 21, No. 5, 2016, pp. 437 – 454.

③ 从一项研究的进程来看，我们可以将其大致分为理论形成与理论论证两个阶段。理论形成阶段指的是研究者在获得研究问题之后，初步找到回答问题的原因的阶段。理论论证阶段指的是研究者将问题、论点与证据通过结构化的方式进行写作与呈现的阶段。任何一项研究的理论形成阶段都是研究者进行不断试错性探索的阶段，而在这一阶段，研究者往往会对归纳与演绎两种思维进行并用。在这里，"理论建构过程"并非指的是理论形成阶段，而特指理论论证阶段。

④ 陈超、蒙克：《全球化的时机与次国家福利供给：基于中国东莞与昆山的比较分析》，《开放时代》2022 年第 6 期。

操作步骤1：将原因与结果进行概念化界定。根据作者的理论分析与文献回顾，作者将机制“发生端”的原因界定为“融入全球化时机背后的政治机遇空间”，即地方开始大规模主动进行招商引资所嵌入的政治机遇结构特征；而机制“结果端”则是“保护型的福利供给模式”，这一模式突出表现在无论是在经济衰退还是向好时期，地方的社会保障和就业支出都实现持续增长。

操作步骤2：将因果机制各个部件进行概念化界定。这一步实际是要将因果关系内部的因果机制打开，即将因果过程分解为由一系列部件连贯而成的分析框架（具体可见图5－7）。在研究中，作者将“开放共识”界定为地方政府（县市一级政府）政治精英在对外开放、招商引资方面的一致性态度，“合作主义政商关系”则指在政府与商业集团之间建立起制度化的沟通渠道，“面向产业的福利政策”指的是地方政府在制定社会保障支出等政策时主要考量的是产业发展而非个别企业的优惠。

自变量	部件1	部件2	部件3	因变量
20世纪90年代，友好型机遇空间	**地方政府**形成开放共识	**地方政府与外资协会**形成合作主义政商关系	**外资协会**向政府进行面向产业而非个别企业的政策游说	保护型福利供给

图5－7　全球化时机与福利供给的机制概念化界定

操作步骤3与步骤4：检验因果关系与机制。作者在这一部分的关键是寻找特定案例层面的证据，而其中枪口冒烟型和环箍型检验则是最为重要的类型。其中，通过环箍型检验意味着我们找到了对于给定假设的必要但却非充分的条件，而通过枪口冒烟型检验则表示找到了充分但却非必要的条件。表5－4总结了作者对因果机制各部件进行的假设验证。

表5－4　因果机制以及各部件假设检验

要件	概念化	证据	证据重要程度	检验类型
原因	政治机遇结构	南巡讲话	—	枪口冒烟型检验
部件1	地方政府形成开放共识	昆山领导全员招商	—	枪口冒烟型检验

续表

要件	概念化	证据	证据重要程度	检验类型
部件2	地方政府与外资协会形成合作主义政商关系	丰富的制度化协商与沟通渠道	基本证据	环箍型检验
部件3	外资协会向政府进行面向产业而非个别企业的政策游说	公共政策以区域性、制度性为特征	基本证据	环箍型检验
结果	保护型福利供给	社会保障和就业支出稳定增长	—	枪口冒烟型检验

操作步骤5：使用一致性分析尝试剔除替代性假说。这一步是要应对部分替代性假说的挑战。如表5－5所示，作者列举了“工人力量”与“工业化程度”两大替代性假说，并通过一致性分析检验的基本证据予以排除。

表5－5　　　　替代性假说及其检验

替代性假说	理论预测	案例证据	是否一致	是否通过
H1：工人力量	工人集体游说	工人游说缺失	否	否
H2：工业化程度	中产游说	中产游说缺失	否	否

最后，作者基于上述过程追踪与一致性分析的结合得出结论：昆山市台协（产业协会）正是依托与昆山市政府建立起的合作主义的关系，得以与政府进行实质性的沟通，促使昆山政府在推动经济转型与产业升级的过程中出台了一系列鼓励性与帮助性的政策，包括提高福利待遇、增加教育支出、改善当地医疗环境等公共福利政策，最终形成了昆山保护型的福利供给模式。

通过上述研究示例，我们可以充分看到过程追踪法与一致性分析法结合使用的三大优势。通过两种方法的结合，个案研究不仅能够提供深描式的叙述，而且可以展开逻辑严谨的论证，从而为理论的积累与发展提供可能。

第四节　因果推断路径的比较：案例研究有何优势？

我们已经向读者充分展示，过程追踪与一致性分析是个案研究中进行理论建构与检验的两种重要方法。值得进一步讨论的是，在琳琅满目的方法工具箱中，它们二者与当前常见的其他研究方法之间有什么样的差异？我们又该如何从方法论的角度区分这些差异？下文将从因果本体、数学逻辑基础、观察类型与推断目标四个角度对计量量化研究法、少案例比较法、定性比较分析法（QCA）、一致性分析法以及过程追踪法五种方法进行简要的比较。

在因果本体方面，以统计计量为代表的量化研究方法在很长一段时间以来都是以追求“相关”代替“因果”。近年来，随着双重差分、断点回归等方法的引入，量化研究越来越接近形式上的因果推断，尽最大可能满足有关因果三要素的要求。在这一点上，一致性分析与量化研究具有高度的相似性。正如前文所述，一致性分析聚焦于理论预测与实际发生值之间的差异性，并不进行从因到果中间过程的分析论证，因此其结果只能展示条件与结果之间的相关性程度。与这两种方法截然不同的是，过程追踪是一种基于机制的因果推断法，强调原因对结果产生影响的全过程；而少案例比较与定性比较分析则是着重挖掘因果关系，而忽视对于机制过程的系统检验。[①]

上述五种方法在数学逻辑基础方面也存在显著的差异。量化研究建立于线性代数与概率统计的数学思想之上，定性比较分析是以布尔代数为基础，执行逻辑运算与集合运算，而非线性计算。[②]过程追踪法则是建立在贝叶斯定理基础之上，服从条件概率的基本逻辑。由此出发，五种方法在最终推断目标上也就产生了相应的差异。对于统计量化研究者而言，他们最终关注的是自变量之于因变量的平均因果效应大小；定性比较分析法与少案例比较法挖掘的是导致结果 Y 的必要或充分的条件或条件组合；过程追踪法的目标是检验机制各个部件存在的可能性；一致性分析关注的是预测与证据之间的匹配情况。

---

① 游宇、陈超：《比较的“技艺”：多元方法研究中的案例选择》，《经济社会体制比较》2020 年第 2 期。

② 陈超、李响：《逻辑因果与量化相关：少案例比较方法的两种路径》，《公共管理评论》2019 年第 2 期。

我们也可以这样认为，这些方法属于完全不同的观察方式，即分属于差异巨大的认识论。对此，在一本与 KKV 影响同样巨大且针锋相对的方法论著作之中，亨利·E. 布莱迪等人在“因果推断影响力的来源”这一章中便强调：与定量研究传统的观察方式相比，质性研究中的因果推断具有基础性和独特性的作用；在进行增加因果推断影响力这一抉择时，学者们应该认识到至少两种不同类型的“观察值”（observations）的贡献，其中一种来自定量传统，另一种来自质性传统。①

他们所指的定量传统是数据集观察（data - set observations，DSOs）模式，而质性传统则是因果过程观察（causal - process observations，CPOs）模式。在 DSOs 模式中，研究者按照指定样本的特定变量数值进行数据收集，这一模式在定量研究乃至基于跨案例分析的定性研究中均占有核心地位。而 CPOs 模式则侧重于对背景、过程或机制的深入分析，这种分析提供了从另一个角度洞察解释变量及其与被解释变量间关系的视角。也就是说，CPOs 的优势不在于广度，而在于深度。显然，CPOs 不仅是质性案例分析的基石，同时也能够成为定量分析的有力工具。两种观察模式的比较可以参见表 5 - 6。

表 5 - 6　　数据集观察与因果过程观察的比较

	数据集观察	因果过程观察
各自对应的“观察”的根本意义	标准的定量/统计意义。因此，观察方式是对更定案例赋值打分，呈现在矩形数据集（a rectangular data set）中的一行②	观察的本义。因此，指的是数据或信息的某个片段或某个基准面（datum）
对因果推断的贡献	基于相关的因果推断的基础，并为检验变量间的总体关系提供基准	基于过程导向的因果推断的基础，并提供有关机制与背景的信息

资料来源：Henry E. Brady, David Collier, and Jason Seawright, “Sources of Leverage in Causal Inference: Toward an Alternative View of Methodology”, in Henry E. Brady and David Collier eds., *Rethinking Social Inquiry: Diverse Tools, Shared Standards*, Plymouth: Rowman & Littlefield Publishers, Inc., 2010, pp. 161 - 199。

---

① Henry E. Brady, David Collier, and Jason Seawright, “Sources of Leverage in Causal Inference: Toward an Alternative View of Methodology”, in Henry E. Brady and David Collier eds., *Rethinking Social Inquiry: Diverse Tools, Shared Standards*, Plymouth: Rowman & Littlefield Publishers, Inc., 2010, pp. 161 - 199.

② 通常在定量研究的数据集中，每一列通常表示某个特定变量的取值，而每一行则代表某个样本（sample）或案例。

从布莱迪等人对于观察类型划分的角度来看，除过程追踪法所使用的证据属于因果过程观察（CPOs）以外，其他四种方法所使用的证据均属于数据集观察类型（DSOs）。在这一点上，或许有人会产生疑惑，为什么少案例比较、一致性分析、定性比较分析法的证据类型会与量化研究法的完全相同呢？事实上，如果我们对这三种方法的使用过程稍加回顾，就不难理解这一问题。无论是在少案例的控制性比较中，还是在定性比较分析，抑或是在一致性分析研究中，研究者在深挖资料之后，几乎都要完成的一个基本工作便是将这些翔实的资料按照变量（或条件）的不同变化进行转译赋值。在这一过程中，一切深描的资料都会被研究者编码成介于0至1之间的数字。因此，从最终的结果上来看，这三种定性研究方法在资料的处理与使用上与统计量化方法并没有太大区别。表5－7对五种方法在四个维度上的异同进行了概要的总结。

表5－7　　因果推断路径的比较

	统计量化	少案例比较	定性比较分析	一致性分析	过程追踪
因果本体	相关	关系因果	关系因果	相关	机制因果
逻辑基础	线性代数 概率统计	密尔求异求同	布尔代数	—	贝叶斯定理
证据类型	数据集观察	数据集观察	数据集观察	数据集观察	因果过程观察
推断目标	X对Y的平均因果效应	Y的必要/充分条件	Y的充分/必要条件（组合）	预测与证据的匹配情况	因果机制部件是否存在

注：1. DSOs表示数据集观察模式；CPOs表示因果过程观察模式；2. 案例内推断也可以通过模式匹配（pattern matching）的分析逻辑对现有理论提供关键的支持性证据或进行证伪。①

资料来源：Joachim Blatter and Till Blume, "In Search of Co－Variance, Causal Mechanisms or Congruence? Towards A Plural Understanding of Case Studies", *Swiss Political Science Review*, Vol. 14, No. 2, 2008, pp. 315－356；David Collier, Henry E. Brady, and Jason Seawright, "Outdated Views of Qualitative Methods: Time to Move On", *Political Analysis*, Vol. 18, No. 4, 2010, pp. 506－513；James Mahoney and Rodrigo Barrenechea, "The Logic of Counterfactual Analysis in Case－Study Explanation", *British Journal of Sociology*, Vol. 70, No. 1, 2017, pp. 306－338；Derek Beach, "Multi－Method Research in the Social Sciences: A Review of Recent Frameworks and a Way Forward", *Government and Opposition*, Vol. 55, No. 1, 2020, pp. 163－182。

① 具体而言，对于难以观察的理论假设，我们可以从理论上的因果关系（并不是核心因果链）中观察其中的潜在的现象或结果（案例），从而提供关键性的实证或证伪性证据。这些现象或结果（implication）通常是伴随因果关系而来的现象，比如彗星撞地球导致恐龙灭绝，那这一方法就是去寻找那个年代的彗星化石等。

第五节 小结

案例研究尤其是个案研究越来越受到学术界的广泛重视。然而，如果将“讲好中国故事”仅仅简化为“讲中国故事”，这无疑是歪曲了学术工作者的职能与本分。鉴于当前国内政治学与公共管理学领域案例研究中出现的“重叙述、轻因果”的问题，我们指出，未来应当深化一种理论导向的个案研究。在开展这一类型的研究时，过程追踪法与一致性分析法尤其值得借鉴并加以应用。

过程追踪法是一种以识别因果机制为基础在案例内进行因果推断的方法，而一致性分析法是一种通过在预测与证据之间进行匹配从而判断因果解释力的方法。前者有助于研究者进行新理论的建构，而后者则能够有效帮助研究者在不同理论间进行比较。因此，在理论导向的个案研究中，研究者应当对两种方法进行结合使用，从而充分发挥各自的比较优势。当然，这样一种研究设计并非适用于所有种类的个案研究。具体来说，其主要的适用范围可以通过两个方面来加以界定。首先，从社会研究的两大传统出发，这种研究主要针对的是在科学主义传统下，以探索与发现具有一定适用性的因果律为主要目标的个案研究，而并不涉及那些延续人文主义传统旨在追求意义阐释的个案研究。其次，在科学主义传统下，案例研究又可以分为假说生成型、理论确认型、理论削弱型以及异常案例研究。[①] 根据这一分类，本文所提出的研究设计尤其适用于后三者，因为这三类案例研究都需要在案例内部完成有效的因果推断，而这正是过程追踪与一致性分析可以大显身手之所在。相反，对于假说生成型案例研究而言，研究的主要形式是透过对一个案例经验与事实的描绘与基本论证，提出一种有待后续研究进行推断与检验的假说，而这就大大偏离了过程追踪与一致性分析的目的。

本章的核心观点与主要内容是对当下关于案例研究方法的一个有益补充。近年来，中国改革的巨大成就逐渐催生了研究者的学术使命感。在这一使命感的激励之下，学者开始深入思考作为案例的“中国”对普适性理论的价值与贡献，并由此发表了一系列反思案例研究的学术成果。在这

① Arend Lijphart, “Comparative Politics and the Comparative Method”, *American Political Science Review*, Vol. 65, No. 3, 1971, pp. 682 – 693.

些成果中，学者们总结了过去案例研究存在的一些共性问题[①]，并通过在本体论与认识论层面的反思[②]，为未来中国公共管理的案例研究提供了多种不同的思路。然而遗憾的是，虽然读者能够从这些研究中获得思维上的启发，但是在读罢之后却依然无从知晓应该如何开展一项案例研究。本文在一定程度上弥补了这一遗憾。如果说既有文献回答了“为什么要反思中国的案例研究”这一问题，那么我们则从过程追踪与一致性分析两种方法的角度着重回答了“应该如何开展中国的案例研究”这一问题。对这两个问题进行同步思考与发展，才能为中文世界案例研究的发展铺开一条平坦大道。

多数的社会行动与结果均是由一系列因素（组合）辅以特定的机制而导致的，这要求社会科学研究者从识别因果关系与厘清因果机制两方面来进行探索。[③] 而观点鲜明、结构严谨与逻辑自洽的研究，其关键还在方法的选择与运用。作为一种方法论体系，案例研究在概念挖掘、理论建构与机制明晰等方面具有独特的优势，并不局限于在某个学科中使用，或仅仅为某种目标而使用。[④]然而，尽管当下有着向经验研究转向的趋势，但无论是在部分学科的发表趋势，还是在本科生与研究生教学中，都不同程度地存在方法论层面的“重定量轻质性”、案例研究较不规范的情况。[⑤]因此，国内社会科学领域在个案分析与跨案例比较研究方面亟须“补课”。基于上述背景，我们尝试通过介绍并讨论过程追踪与一致性分析等案例导向研究路径，希望研究者可以深入理解案例导向研究的价值、规范与设计原理，从而科学、严谨地开展相关的案例导向研究。

---

① 蒙克、李朔严：《公共管理研究中的案例方法：一个误区和两种传承》，《中国行政管理》2019 年第 9 期；于文轩：《中国公共行政学案例研究：问题与挑战》，《中国行政管理》2020 年第 6 期。

② 陈超、李响：《逻辑因果与量化相关：少案例比较方法的两种路径》，《公共管理评论》2019 年第 1 期；侯志阳、张翔：《作为方法的“中国”：构建中国情境的公共管理案例研究》，《公共管理学报》2021 年第 4 期。

③ 唐世平：《观念、行动和结果：社会科学的客体和任务》，《世界经济与政治》2018 年第 5 期。

④ 张静：《案例分析的目标：从故事到知识》，《中国社会科学》2018 年第 8 期。

⑤ 耿曙、陈玮：《比较政治的案例研究：反思几项方法论上的迷思》，《社会科学》2013 年第 3 期。

第六章　少案例比较分析的路径与设计

第一节　从次国家比较案例研究理解少案例比较分析

本章主要基于比较政治学中的次国家比较案例研究（subnational comparative case studies）领域，对少案例比较分析的设计原理与思路进行探讨。虽然比较政治学起始于对各国的政治制度分析与国别区域研究（area studies），然而，正是在这些研究方法的助力基础之上，比较政治学逐渐发展成为一门对具有普遍意义的政治问题进行经验研究或因果分析的社会科学①。

在政治学的若干领域或分支中，比较政治学是唯一的基于方法而非实际内容的分科。按照李普哈特的总结，比较方法（the comparative method）是比较政治学的主要方法之一，适用于少案例研究，故而也称之为少案例比较方法（small – N comparative methods），其核心的特征在于进行结构性与重点性的比较。②在研究内容上，比较政治学主要关注不同国家的政治过程与治理绩效差异，比如：民族国家因何而形成或转型，为什么有的国家在不同阶段实现了工业化而另一些国家至今仍举步维艰，革命或内战为何在一些国家难以避免，以及各国的核心政治制度与政治参与方式是如何影响国家间差异巨大的治理水平等等。然而，比较政治学最为特别之处并非在其研究主题，而在于其奠基于研究方法的学科内涵。

在比较政治研究中，“A（类）国家与 B（类）国家在某方面有何不同”，并非研究的终点，而可能仅是研究的缘起：它们为何存在差异，这

---

① Robert H. Bates, “From Case Studies to Social Science: A Strategy for Political Research”, in Carles Boix and Susan C. Stokes eds., *The Oxford Handbook of Comparative Politics*, Oxford University Press, 2007, pp. 172 – 185.

② Arend Lijphart, “Comparative Politics and the Comparative Method”, *American Political Science Review*, Vol. 65, No. 3, 1971, pp. 682 – 693.

些差异又会带来哪些重要的政治影响。因此，比较政治研究本质上是受控的比较分析。

尽管当下的比较政治学领域的跨国定量研究与基于特定国家情境的实验研究方兴未艾[①]，但基于案例导向的比较政治分析依然值得重视。本章尝试通过讨论比较政治学中一个重要但又容易被忽略的主题——次国家层面的比较（政治学）研究，来呈现少案例比较分析的设计原理与相关问题。

比较政治学的“次国家转向”或向“单一国家研究”（the single - country study）的回归是比较政治分析中的一个值得重视的趋势。[②]这一趋势将比较政治学中一个重要但又容易被忽略的主题——次国家比较案例研究（subnational comparative case studies）重新带回了大家的视野。这一研究路径通常借助少案例比较分析，在单一国家内部或国家间的次国家层面进行控制性的少案例比较研究。在我们看来，重视次国家比较研究在分析层次、分析方法与分析主题上均具有重要意义。

首先，分析层次的下沉使得研究者可以从更加微观的层面关注国家内部的差异及其影响。虽然比较政治学传统上被视为跨国家的政治研究（即主要依靠国家层面的变量来解释国家层面的差异与结果），但是，随着研究者逐渐揭示主要政治体（比如中国、俄罗斯、印度以及东欧国家等等）内部在现代化水平、公共物品供给甚至政治体制等方面的巨大差异，这使得次国家层面比较案例分析的重要性日益凸显。[③]

其次，在分析方法上，关注次国家单位往往使得分析者在研究设计上具有“天然”的优势，比如：通过增加观测值的数量，从而减轻少案例

---

① 我们注意到，随着大样本的定量研究与（准）实验方法在比较政治学研究中的推广，少案例比较分析理应受到的重视似乎正在下降。比如在最近由王正绪、耿曙与唐世平主编、国内一批具有丰富比较政治学理论与实证经验的中青年研究者共同撰写的《比较政治学》中，方法论部分重点介绍了统计分析、实验方法与定性比较分析，但忽视了对传统的少案例比较方法的介绍。参见王正绪、耿曙、唐世平主编《比较政治学》，复旦大学出版社 2020 年版。

② 根据比宾斯基对 1965—2017 年发表在主要政治学和比较政治学期刊的统计，除美国研究外，单一国家研究几乎都集中于比较政治学领域，且其中近三分之二发表于比较政治学期刊。参见 Thomas B. Pepinsky, “The Return of the Single - Country Study”, *Annual Review of Political Science*, Vol. 22 (2019), pp. 187 - 203。

③ 比如 Meg Rithmire, “China's ‘New Regionalism’: Subnational Analysis in Chinese Political Economy”, *World Politics*, Vol. 66, No. 1, 2014, pp. 165 - 194 Sam Wilkins, “Subnational Turnover, Accountability Politics, and Electoral Authoritarian Survival: Evidence from Museveni's Uganda”, *Comparative Politics*, Vol. 54, No. 1, 2021, pp. 149 - 173。

研究设计的分析局限；通过加强分析者对案例编码与深描的能力，从而强化因果推断的效度；通过更好地处理政治与经济转型中的空间不均衡（spatially uneven nature）等问题，从而帮助研究者更为理想地进行受控制的比较分析①。

最后，在分析主题上，次国家比较案例研究可以在一定程度上助推学者们更好地讲好基于中国情境（context）的理论故事。中国的发展经验或以中国为背景与参照的研究对于次国家比较研究的发展起到了重要推动作用。中国在次国家机构、制度设置与行动者上呈现出的巨大差异，与其长久以来的中央集权等体系性特征所形成的张力，不仅可以为检验比较政治学理论提供足够丰富的“故事素材”，更可以通过实证研究建构一些具有强大外部有效性的理论②。因此，作为一本主要面向国内读者的方法论著作，本章还尝试立足中国丰富的次国家治理经验，探讨次国家比较分析的具体过程与方法论问题。

事实上，在研究议题、理论构建以及方法多样性等方面，中国都是进行次国家比较案例研究的理想案例。左才在一篇关于次国家比较案例研究与中国政治学的综述性文章中对此进行了总结：由于中国经济高度分权、国土辽阔且地域复杂，非常适合应用次国家比较案例研究的方法论来进行分析。③ 此外，左才还梳理了代表性的中国研究以及在比较政治学期刊和有影响力的专著中出现的中国政治学次国家研究主题（见表6－1），这些研究主题也是比较政治学或少案例比较分析关注的焦点。

表6－1　中国政治研究中次国家分析的重要研究领域

主题	研究占比（%）	概括性主题	研究占比（%）
民族主义	1.6	政治秩序	3.2
种族政治	1.6		
政权支持	1.6	政体	1.6

① Richard Snyder, “Scaling Down: The Subnational Comparative Method”, *Studies in Comparative International Development*, Vol. 36, No. 1, 2001, pp. 93－110.

② Lily L. Tsai, “Bringing in China: Insights for Building Comparative Political Theory”, *Comparative Political Studies*, Vol. 50, No. 3, 2017, pp. 295－328.

③ Cai Zuo, “Scaling Down: Subnational Comparative Case Studies in Comparative Politics and Chinese Politics”, *European Political Science*, Vol. 14, No. 3, 2015, pp. 318－339.

续表

主题	研究占比（%）	概括性主题	研究占比（%）
社会运动和公民社会（包括社会资本、罢工和抗议）	8.9	社会行动者（social actors）	29.9
性别政治	3.7		
媒体	2.1		
劳工政治	8.9		
宗教	2.1		
抗争政治	2.6		
政治文化与身份认同	1.6		
村委会选举	3.1	政治机构	7.8
法院与法治	1.0		
精英政治	1.6		
非正式政治	0.5		
央地互动	1.6		
经济政策、改革与发展	18.8	经济过程和结果	55.9
不平等	3.1		
土地政治	4.2		
地方治理	8.9		
教育	4.2		
环境	2.6		
农业发展	2.6		
社会福利与卫生	4.2		
家庭管理	5.7		
行政改革	1.6		
总计	98.4		

注：N = 192。样本来源包括：（1）*China Quarterly*（1991—2010）和 *China Journal*（1995—2011）中的次国家分析；（2）*Comparative Politics*（1991—2010）和 *Comparative Political Studies*（1991—2010）中对中国政治的次国家比较案例分析（subnational comparative case studies）；（3）运用次国家比较案例分析的有影响力的中国政治专著，内容相似但在多个来源发表的作品不重复计数。

资料来源：参见左才的研究。[①]

① Cai Zuo, "Scaling Down: Subnational Comparative Case Studies in Comparative Politics and Chinese Politics", *European Political Science*, Vol. 14, No. 3, 2015, p. 331.

中国的次国家比较分析之所以如此丰富，我们认为以下三个方面的制度性事实尤其关键。首先，中国的多层级政府体系囊括了等级分明的分析单位：包括 31 个省级行政区、近 300 个地级市以及近 3000 个县级行政单位，此外还有数以万计的乡镇和数以十万计的村庄。[①]其次，在后分税制时代，中国的许多经济发展和公共服务事务主要由次国家层级的地方政府执行：在 21 世纪初期，超过 70% 的公共支出在地方发生，其中 55% 以上的支出发生在市县以下。到了 2010 年前后，地方层面的公共支出甚至高达 85%；[②] 同时，由于许多再分配事务尚未实现中央统筹，中国的次中央政府（特别是省级政府）不仅是地区经济发展的主导者，还是再分配支出项目的主要承担者。最后，从政策过程来看，中国长期实行的从地方试点到国家政策的制度创新机制，不仅包括复杂且丰富的政府间互动和政府内部博弈，还为社会政策实施和公共物品供应等多个议题提供了丰富的研究素材。[③]

然而，正如任美格所指出的，与比较的和历史的区域政治经济学相比，当代中国政治经济学的次国家比较分析在某种程度上仍然缺乏方法论的严谨性和概念创新。[④] 例如，如何选择比较案例、不同层级地方政府如何互动，以及在相关制度尚未成型的背景下如何进行理论构建等问题。[⑤]本章在接下来的研究实例和方法论讨论中也将不同程度地涉及这些问题。

本章将在第二部分介绍比较政治学视野下的次国家研究，并说明次国家比较案例研究设计的要点与主要挑战；然后在第三和第四部分用研究实例展示单一国家内部和跨国的次国家比较分析如何设计；第五部分则依然以次国家治理比较分析为例，集中讨论这一研究路径的诸多方法论问题。

---

① 关于对中国次国家政府的等级与角色的分析，可参见 Jae Ho Chung and Tao - Chiu Lam, *China's Local Administration: Traditions and Changes in the Sub - National Hierarchy*, London & New York: Routledge, 2009。

② ［美］黄佩华：《中国：国家发展与地方财政》，王桂娟、吴素萍译，中信出版社 2003 年版；游宇、张光、庄玉乙：《次国家财政结构与地方治理：一项实证研究》，《公共行政评论》2016 年第 5 期。

③ Sebastian Heilmann, *Red Swan: How Unorthodox Policy Making Facilitated China's Rise*, Hong Kong: The Chinese University Press, 2018; Jiwei Qian and Ka Ho Mok, "Dual Decentralization and Fragmented Authoritarianism in Governance: Crowding Out among Social Programmes in China", *Public Administration and Development* (2016), pp. 1 - 10.

④ Meg Rithmire, "China's 'New Regionalism': Subnational Analysis in Chinese Political Economy', *World Politics*, Vol. 66, No. 1, 2014, pp. 165 - 194.

⑤ Cai Zuo, "Scaling Down: Subnational Comparative Case Studies in Comparative Politics and Chinese Politics", *European Political Science*, Vol. 14, No. 3, 2015, p. 331.

第二节　次国家比较案例研究设计的要点与主要挑战

比较政治学除了上述提及的向“次国家转向”的趋势外，还逐渐从关注宏观政治现象转向关注微观政治过程，这些转变说明比较政治学者越来越重视剖析现象的因果机制。我们认为，这些转向的推动因素主要有三个方面。首先，社会科学中关于量化与因果推断的方法论革命，使得研究者更倾向于内在效度而非外在效度。[①] 其次，相较于探讨不同政体的优劣，许多研究者已转向非西方国家内部的公共物品供给水平等治理问题。[②] 最后，即使是传统的以国家为主要分析单位的比较政治学问题（如政治转型与民主化等），研究者也开始认为，从次国家层面的动态变化来探索这些问题是关键的一步。[③]

因此，尽管跨国分析在比较政治学中仍占有重要地位，但许多学者已经通过次国家层面的比较分析来检验国家层面的假设，例如次国家层面的民主与转型实践、区域政治制度与经济发展的关联、收入不平等的根源与影响——研究者们越来越意识到，单凭“民主”或“非民主”的标签已

---

① Thomas B. Pepinsky, "The Return of the Single - Country Study", *Annual Review of Political Science*, Vol. 22, 2019, pp. 187 - 203.

② Lily L. Tsai, *Accountability without Democracy: Solidary Groups and Public Goods Provision in Rural China*, Cambridge: Cambridge University Press, 2007; Ekaterina V. Zhuravskaya, "Incentives to Provide Local Public Goods: Fiscal Federalism, Russian Style", *Journal of Public Economics*, Vol. 76, No. 3, 2000, pp. 337 - 368; Xueguang Zhou, "The Road to Collective Debt in Rural China: Bureaucracies, Social Institutions, and Public Goods Provision", *Modern China*, Vol. 38, No. 3, 2012, pp. 271 - 307.

③ 比如 Edward L. Gibson, "Boundary Control: Subnational Authoritarianism Democratic Countries", *World Politics*, Vol. 58, No. 1, 2005, pp. 101 - 132; Sam Wilkins, "Subnational Turnover, Accountability Politics, and Electoral Authoritarian Survival: Evidence from Museveni's Uganda", *Comparative Politics*, Vol. 54, No. 1, 2021, pp. 149 - 173; Jefferey M. Sellers, "From Within to Between Nations: Subnational Comparison across Borders", *Perspectives on Politics*, Vol. 17, No. 1, 2019, pp. 85 - 105; Agustina Giraudy, *Democrats and Autocrats: Pathways of Subnational Undemocratic Regime Continuity within Democratic Countries*, Oxford: Oxford University Press, 2015; Agustina Giraudy, "Varieties of Subnational Undemocratic Regimes: Evidence from Argentina and Mexico", *Studies in Comparative International Development*, Vol. 48, No. 1, 2013, pp. 51 - 80。

难以充分解释这些复杂问题。[①]

奥古斯丁·吉洛迪等人新近主编的著作专门讨论了次国家研究在比较政治学中的重要性和少案例比较分析的作用。[②]在该书的导论部分，编者对比较政治学中的次国家研究的重要性、理论贡献与方法论问题进行了系统的总结（见表6－2）。他们认为，次国家研究——无论是针对发达国家还是发展中国家——在比较政治学领域取得了丰硕的研究成果，并列举了三大主题进行展示。

表6－2　次国家研究对比较政治学的主旨、理论与方法的重要意义

主旨	理论	方法
• 帮助研究者最大可能地认识到国家内部的重要差异	• 缓解“理论错配”（theory stretching）问题，即误用次国家层面的理论来解释国家层面的现象	• 扩展分析单元，从而使得比较研究的新策略成为可能
• 将那些容易被忽视的次国家行动者、制度与分析单元带入分析者的视野	• 鼓励研究者进行新的理论建构以解释次国家层面现象	• 为创造性地使用传统与新兴的社会科学研究工具提供机会，包括案例研究、小 *N*、大 *N*、混合和实验方法等
• 激发研究者提出新的研究问题（尤其是当次国家的观察难以被国家层面的理论所解释时）	• 使得建构多层次的理论——解释那些由不同层次变量所引发的结果——更加容易	

资料来源：参见吉洛迪等人的研究。[③]

首先是次国家政体与代表性问题，主要关注新兴民主国家中的次国家

① 比如，帕特南的经典研究便是通过分析意大利北部和南部地区地方政府绩效的巨大差异来源，以强调社会资本的长远影响，参见罗伯特·D. 帕特南《使民主运转起来：现代意大利的公民传统》，王列、赖海榕译，江西人民出版社2001年版。

② Agustina Giraudy, Eduardo Moncada and Richard Snyder, eds., *Inside Countries: Subnational Research in Comparative Politics*, Cambridge: Cambridge University Press, 2019.

③ Agustina Giraudy, Eduardo Moncada and Richard Snyder, “Subnational Research in Comparative Politics: Substantive, Theoretical, and Methodological Contributions”, in Agustina Giraudy, Eduardo Moncada and Richard Snyder eds., *Inside Countries: Subnational Research in Comparative Politics*, New York: Cambridge University Press, 2019, p. 5.

威权政体与国家领导人之间的政治关联。① 其次是国家制度的不均衡设置与公共物品供给，探讨国家制度与国家能力在不同时空下的失衡如何造成公民在享受正当权利（如公共安全、卫生政策、不受毒品犯罪侵害等）上的巨大差异。② 最后是国家与次国家发展的政治经济学问题，该类研究摒弃了“国家（发展）模式”的宏大理论路径，转而关注不同工业化路径对不同区域经济的影响，以及国家政策在次国家层面的不同结果——其中，中国的增长经验与发展历程为该类研究提供了丰富的案例与素材。③

然而，对于如何进行少案例比较分析并没有一个具有共识性的步骤，即没有形成高度的方法论制度化。尽管如此，多数相关研究大致遵循了社会科学研究设计的一般步骤，即从提出问题、文献评述与建立预期假设、选择案例、因果分析，到最后得出结论。我们认为，对于次国家比较案例分析而言，其中每一步均可能存在研究设计与经验分析上的难点与挑战（如表 6 – 3 所示）。

我们认为，分析单位的下沉在方法论层面带来了三大特有问题。第一是有关研究问题和文献评述，即如何提出发生在次国家层面但却难以由国家层面理论来解释的问题，并尝试进行新的理论建构以解释次国家层面现象、缓解“理论错配”等问题——这些问题的解决主要依赖于研究丰富的实地调研经验、深厚的文献积累以及精巧的理论提炼。第二是在理论框架与分析过程中如何呈现国家与次国家层面之间的互动，这对于国家间的

---

① 在某些国家中，往往同时存在由全民选举产生的全国性政府（民主政府）和一个或多个次国家级别的威权政府。爱德华·吉布森（Edward Gibson）将这种现象称为“政体并置”。参见 Edward L. Gibson, *Boundary Control: Subnational Authoritarianism in Federal Democracies*, Cambridge: Cambridge University Press, 2012。

② 比如，有研究讨论了墨西哥复杂的党派斗争与有组织的毒品犯罪在次国家层面的不同体现，参见 Guillermo Trejo and Sandra Ley, “Multilevel Partisan Conflict and Drug Violence in Mexico: When Do Criminal Organizations Attack Subnational Elected Officials?”, in Agustina Giraudy, Eduardo Moncada and Richard Snyder eds., *Inside Countries: Subnational Research in Comparative Politics*, Cambridge: Cambridge University Press, 2019, pp. 181 – 213。萨拉·涅季维茨基的研究则更具代表性，她通过比较阿根廷和巴西的两个省与四个市在有条件的现金转移支付与医疗政策的执行情况，讨论了社会政策在次国家层面成功运行的政治与制度条件。参见 Sara Niedzwiecki, *Uneven Social Policies: The Politics of Subnational Variation in Latin America*, Cambridge: Cambridge University Press, 2018。

③ Meg Rithmire, “China's ‘New Regionalism’: Subnational Analysis in Chinese Political Economy”, *World Politics*, Vol. 66, No. 1, 2014, pp. 165 – 194; Meg Rithmire, “Local States of Play: Land and Urban Politics in Reform – Era China”, in Agustina Giraudy, Eduardo Moncada, and Richard Snyder eds., *Inside Countries: Subnational Research in Comparative Politics*, Cambridge: Cambridge University Press, 2019, pp. 318 – 350.

次国家比较案例研究尤其重要。对此，本书认为研究者可以尝试从国家政策、中央干预以及文化历史等次国家单位共同因素来进行理论建构。① 第三也是最为关键的一点，即选择哪些案例进行因果分析。这不仅仅是因为案例选择往往在研究中承担着“承上启下”的关键作用，还主要因为其与少案例比较分析所采用的因果推断方法紧密相关，即基于经典的求异法或求同法的分析路径。而且，我们认为，运用适当的选择方法与权衡不同层次分析单位的重要性是此类研究选择案例的关键②。接下来，我们将着重讨论如何进行案例选择。

表 6-3　次国家比较案例研究设计的难点

要点	案例比较研究的焦点	次国家比较案例研究的对应难点
研究问题与研究目标	提出一个“为什么”的问题：什么因素使得结果 Y 可能发生？	理论上：当次国家的观察难以被国家层面的理论所解释时，提出适合进行次国家比较的研究问题。 经验分析上：将研究问题概念化，并具化为原因变量与结果变量间的关系；揭示次国家时间序列上导致特定结果的条件或机制之间的相互作用。
文献评述	在研究问题的指导下考察现有研究，根据现有研究的解释提炼出潜在的前因条件，并从理论不足之处来尝试提出研究假设，或修正研究问题。	理论上：（1）尝试缓解“理论错配”（theory stretching）问题，即误用次国家层面的理论来解释国家层面的现象；（2）从现有研究中提炼出不同层次的解释变量（比如国家层面与次国家层面的），扩展分析单元，从而使得比较研究的新策略成为可能。 研究设计上：评估哪种理论解释提供了更多或更严谨的见解，并比较不同理论在描述上和解释上的优劣。
案例选择	通过时空或理论等立意方式来选择案例；或基于回归的案例选择方法来选择案例；或对一定时空范围内的案例总体进行研究。	理论上：（1）如何在理论上建构次国家案例总体；（2）如何将案例选择融入理论分析框架的建构中；（3）如何将那些容易被忽视的次国家行动者、制度与分析单元纳入分析。 经验分析上：通过何种方法来选择最大相似案例或最大差异案例。

① 我们也将在案例展示部分对此进行详细讨论。

② 关于案例选择，可以重点参照本书第四章的讨论。

续表

要点	案例比较研究的焦点	次国家比较案例研究的对应难点
数据收集	收集每个个案的相关信息，以及进行跨案例比较的必要信息，比如，访谈、档案材料、回忆录、报纸与其他新闻来源等等。	理论上：收集有关次国家重要行为体的认知和动机的信息。 经验分析上：（1）收集有关因果之间的时空距离和相关度（proximity）信息；（2）次国家层面案例在因果链条的时间序列上展开的信息。
因果推断	使用求同法或求异法等受控比较方法识别产生结果的必要或充分条件。	理论上：如何通过分析呈现因果框架及其逻辑链接。 经验分析上：（1）由证据到因果的必要陈述；（2）呈现国家层次与次国家层面之间互动；（3）剔除竞争性假设。
推论	基于经验证据将合理的因果机制理论化，从而提炼出超出调查案例之外的结论。	理论上：思考如何建构多层次的理论，即解释那些由不同层次变量所引发的结果。 研究设计上：为将来进一步的次国家比较案例研究打下基础。

资料来源：笔者自制。

在求同法中，分析者则尝试依靠最大差异原则来选择案例，以探寻潜在的必要原因，即通过排除没有在全部结果相同个案中都出现的潜在因素，从而保留"幸存"的与结果紧密相关的必要条件。然而，基于求同法的发现可能是不可靠的，因为难以排除将来会发现结果出现但确定的必要条件没有出现的个案。①

因此，研究者更为常用的是求异法，以"最大相似系统设计"来选取与分析案例，即通过在这两种结果中都出现的因素作为潜在充分条件被排除，确定导致结果不同的差异即为原因。② 这一比较思路尤其适合单一国家的次国家比较分析，因为一国内部的次国家单位往往在核心政治制度、主流传统文化等重要因素上大致相似，从而保证相关分析单位在这些

① Alexander L. George and Andrew Bennett, *Case Studies and Theory Development in the Social Sciences*, Cambridge: MIT Press, 2005, pp. 155 – 156.

② Adam Przeworski and Henry Teune, *The Logic of Comparative Social Inquiry*, New York: Wiley – Interscience, 1970；游宇、陈超：《一切为了理论——理论化与整合性的案例选择策略》，《世界经济与政治》2023 年第 12 期。

方面的相似性。这也进一步说明，次国家案例比较研究的主要理论贡献在于利用空间（space）——观察单位之间的地理连通性——的作用。[①] 观察对象的“地理连通性”使得被解释案例在某些方面呈现相似性从而可控，或在另外一方面表现出反直觉的差异从而值得深入研究。例如，正如我们在第四章主题中所讨论的，蔡晓莉在研究中国农村社会资本与公共物品供给问题时，基于次国家比较研究的原则选取了案例。她探讨了为何在经济、地理和政治条件相似的邻近村庄，提供公共物品的能力却存在显著差异。[②]

针对次国家比较案例研究中的案例选择这一方法论难题，我们认为，研究者可以通过重视以下四个方面的工作来应对案例选择所带来的潜在挑战。

首先，正如我们在第三章所讨论的那样，研究者需要确定因果域，即使某种因果关系得以精确建立的范围。一方面，研究者几乎无法通过个别案例的归纳性分析挖掘出具有普遍适用性的因果关系[③]；另一方面，由于我们难以发现具有普适性的因果关系，故而强调因果关系适用的有限性与条件性就特别重要。因此，安德森还强调，原因与结果之间明确与稳定的关系更可能在某种“限制”（limits）或某个“域”（field）中存在。[④] 换言之，确定因果域的本质便是界定案例选择范围，或从理论上建构研究总体。

其次，详细说明案例选择的主要考量与方法。次国家比较分析在一定程度上使得研究者在选择案例时可以突破“空间”的限制，从而扩大了可供分析案例的数量。对此，我们尤其建议研究者通过基于回归的统计方式或基于集合论的逻辑方式来选择特定的案例，比如典型案例或异常案

① Kent Eaton et al.，“Measuring and Theorizing Regional Governance”，*Territory*，*Politics*，*Governance*，Vol. 7，No. 2，2019，pp. 265 – 283；Matthew C. Ingram and Imke Harbers，“Spatial Tools for Case Selection：Using LISA Statistics to Design Mixed – Methods Research”，*Political Science Research and Methods*，Vol. 8，No. 4，2020，pp. 747 – 763.

② Lily L. Tsai，“Solidary Groups，Informal Accountability，and Local Public Goods Provision in Rural China”，*American Political Science Review*，Vol. 101，No. 2，2007，pp. 355 – 372.

③ John Anderson，*Studies in Empirical Philosophy*，Sydney：Sydney University Press，2004，p. 128.

④ John Anderson，*Studies in Empirical Philosophy*，Sydney：Sydney University Press，2004，p. 131.

例。[①] 当然，在单一国家的次国家比较案例研究中，研究者还会利用系统的次国家比较路径（systematic sub - national comparison）与变异导向的比较路径（variation - oriented comparison）来选择案例。[②] 前者指的是研究者根据某一特征（群）将样本分类，从而保证在该特征上的组内最大相似，然后再从各组选取相关案例进行分析。比如，在讨论 1978 年后的去农业集体化运动中，郑在浩将中国的省份分为三个组，即"先行者"（pioneers）、"随大流"（bandwagoners）和"抵抗者"（resisters），再从每个组中选择最符合改组定义和特征的典型省份，最后来进行下一步的案例分析。[③] 此外，研究者还可以根据研究问题与理论建构等来选取合适案例：比如，在探讨省级领导在改革战略中的作用时，张赞贤等人的研究并没有选取那些具有代表性的省份样本，而是根据案例在揭示经济改革战略和模式中的重要性来选取的。对于跨国的次国家比较案例研究，我们则建议研究者尽可能地运用多元化的案例选择策略，并进行详细讨论。[④]

再次，在因果推断中，无论是一般案例比较还是次国家的案例比较分析，我们均建议尝试从两方面来应对"一果多因"的挑战：一方面，强化由证据到因果的必要陈述，并注意排除潜在的竞争性假设；另一方面，尝试检验结果产生的前因条件组合，而非单一的必要条件。

最后，通过跨方法的研究设计使得案例选择成为跨案例分析与案例内推断的桥梁。在政治学者面临"变量多、案例少"的窘境时，将比较方法与不同类型的案例研究结合，将成为政治学研究中最有益的方法论工具之一。因此，我们也强烈建议研究者尝试将跨案例分析与案例内推断（比如过程追踪）结合起来，用多元方法研究来进行从因果关系到因果机制的分析。

需要注意的是，相对于研究设计步骤更为固定的定量研究而言，少案例比较分析的难度更大。尽管本书提供了一些可参考的标准或操作程序，但具体研究在很大程度上依赖于研究者自身的知识积累和研究技艺。而增

---

① 游宇、陈超：《比较的"技艺"：多元方法研究中的案例选择》，《经济社会体制比较》2020 年第 2 期。

② Cai Zuo, "Scaling Down: Subnational Comparative Case Studies in Comparative Politics and Chinese Politics", *European Political Science*, Vol. 14, No. 3, 2015, pp. 318 - 339.

③ Jae Hong Chung, *Central Control and Local Discretion in China: Leadership and Implementation During Post - Mao Decollectivization*, Oxford: Oxford University Press, 2000.

④ Peter T. Y. Cheung, Jae Ho Chung and Zhimin Lin, *Provincial Strategies of Economic Reform in Post - Mao China: Leadership, Politics, and Implementation*, Armonk: M. E. Sharpe, 1998.

进知识积累、磨炼研究技艺的有效途径之一，便是从现有的优秀研究中学习和吸收。接下来，我们将通过研究示例来对上述研究设计进行详细讨论。

第三节　单一国家的次国家比较案例分析

如上所述，作为最大的发展中转型国家，中国特有的制度特征与快速广泛的现代化进程，使其成为次国家比较分析的重要案例，在本节中也将聚焦以中国为观察单位的次国家比较案例研究。根据左才的梳理与总结，在有关中国政治学的次国家比较案例研究中，至少有三种典型的比较分析路径。①

第一种是控制性比较路径（controlled comparison approach），其核心关注是为何具有诸多相似性的分析单位在某些结果上呈现较大的差异。第二种是系统的次国家比较路径（systematic sub - national comparison），这一研究路径试图以全面和系统的方式来解释局部变化：研究者首先将国家层面的观察单位划分为较小的次国家分析单位（划分依据则由研究者的研究问题与先前积累共同驱动），从而最大化地呈现感兴趣的变化；然后再从每个次国家单位中选择具有代表性的案例来得出因果推论。第三种是变异导向的比较路径（variation - oriented comparison），其着眼于从有限的案例研究中发展类型学和生成理论。不过，与系统的次国家比较路径不同的是，这一比较策略并不追求代表性。

总体来看，这三类分析路径均涉及一个核心议题：如何选择适配的案例或建构类型学以进行因果分析。第一种比较分析策略即为“控制性比较”（controlled comparison）。该比较方法与实验设计的逻辑基本相同，也与前文提及的密尔“求异法”② 以及普热沃斯基和休恩提出的“最大相似系统设计’类似③。这一比较路径的核心思想是：研究者需要有意识地选择那些除了自变量外、其他变量都相似的案例（组）来进行比较分析。

严格而言，相较于第一种比较路径，“系统的次国家比较路径”与“变异导向的比较路径”更多地涉及案例选择，而不是研究设计本身。所

① Cai Zuo, “Scaling Down: Subnational Comparative Case Studies in Comparative Politics and Chinese Politics”, *European Political Science*, Vol. 14, No. 3, 2015, pp. 318 - 339.

② John S. Mill, *A System of Logic, Ratiocinative and Inductive*, New York: Harper & Brothers, 1953.

③ Adam Przeworski and Henry Teune, *The Logic of Comparative Social Inquiry*, New York: Wiley - Interscience, 1970.

谓系统的比较分析，类似于分层抽样法，即研究者依据某一特征将样本分类（确保该特征上的组内最大相似性），然后再从各个分类中选取相关案例进行分析。另外，变异导向的比较更类似于立意抽样，即研究者根据研究问题和自身考量来选择合适的案例。

控制性比较也是少案例比较研究的主要路径之一。这种比较方法特别适用于单一国家的次国家比较分析，因为同一国家内部的次国家单位在核心政治制度、主流传统文化等关键因素上通常相似，从而确保分析单位在这些方面的相似性。下面，我们将通过研究示例的形式展示如何进行次国家比较研究。

一　研究示例：中国西南地区增长与脱贫的比较案例分析

经济增长是否助益于穷人脱贫？这一问题在比较政治学与政治经济学领域备受关注。中国多年来的大规模脱贫实践为此问题提供了丰富的经验研究素材。以中国西南地区为焦点，约翰·A. 唐纳森（John A. Donaldson）的研究①提出了一个引人入胜的问题：尽管贵州的经济增长速度低于邻近的云南省，但为何贵州在减少贫困方面做得更好？具体来说，即使在同一时期内云南的经济增速超过了贵州，云南贫困县的农村净收入却远落后于贵州。换句话说，云南在利用发展优势帮助贫困人口方面远不如贵州，这引发了对相似地域采用不同发展策略、从而导致不同减贫效果的深入探讨。

从研究设计的角度来看，该研究的首要问题是：为什么选择云南和贵州作为比较对象？首先，作者强调，在探讨经济增长与脱贫问题时，中国省际比较设计是相对合适的。这主要是因为：一方面，在核心自变量方面，中国的省级行政单位相对于其他级别的次国家政府拥有更多的区域发展与治理权力，可设计和执行自己的政策，这为比较分析提供了关键变量的显著差异；另一方面，在控制其他变量上，聚焦于单一国家内部的比较案例分析，有助于控制多国家设计中难以控制的变量，例如国家政策、宏观文化、历史和地理等。

因此，选择地理位置相近的云南和贵州两省作为比较案例，似乎符合控制性比较的分析逻辑，即研究者应选择在除自变量以外其他变量均相似的案例（组）进行比较（即运用求异法）。然而，作者并未以此为其案例

---

① John A. Donaldson, *Small Works: Poverty and Economic Development in Southwestern China*, New York: Cornell University Press, 2011.

选择辩护，而是采用了更为“科学化”的案例选择方法——基于回归的案例选择方法。简而言之，作者以农村贫困率变化为因变量，以 GDP 变化率、地理位置和初始贫困水平为自变量构建了回归模型（见表 6 -4），并选择残差值最大的异常值案例作进一步研究。作者发现，贵州和云南是回归线两侧最极端的“离群”省份。

表 6 -4　　案例选择回归分析中的变量运用

	变量	如何计算	预期发现
因变量	贫困率的变化	1996 年的贫困率—1991 年的贫困率	
自变量 1	初始的贫困率	1991 年的贫困率	正向或负向
自变量 2	人均经济增长	（1996 年的人均 GDP—1991 年的人均 GDP）/1991 年的人均 GDP	负相关（加快的经济增长意味着贫困减少）
自变量 3	地理位置	东部沿海 > 内陆 > 西部地区	负相关（沿海）；（内陆）；正相关（西部）

资料来源：参见唐纳森的研究。①

确定比较案例后，唐纳森则开始尝试解释上述差异，并列出了不同类别的影响减贫的候选解释因素（具体见表 6 -5）。

表 6 -5　　候选解释因素

地理及自然因素	人口因素	文化因素	治理和政策因素
• 山地地形 • 自然资源禀赋 • 人均耕地 • 自然灾害（洪涝/干旱） • 天气（降雨、气温）	• 人口数量 • 人口增长 • 移民	• 激励 • 少数民族 • 公民社会	• 中央政策 • 国际组织支持 • 腐败 • 总开支 • 政府具体项目开支 • 教育和健康 • 中央政府转移支付 • 交通和基础设施 • 地方税收

① John A. Donaldson, *Small Works: Poverty and Economic Development in Southwestern China*, New York: Cornell University Press, 2011, p. 178.

续表

产业结构	农业生产	工业生产	服务和其他经济因素
• 经济产业结构 • 劳动力构成的产业结构	• 农业总产出 • 粮食、肉类、烟草等农业产品 • 农业工具 • 化肥使用	• 乡镇企业 • 非农工业产出（钢铁、化工、纺织品等） • 发电量 • 农业附加值工业 • 煤和其他矿产	• 通货膨胀 • 对外贸易 • 外资利用 • 旅游业

资料来源：参见唐纳森的研究。①

随后作者进一步论述，尽管这些因素会影响经济增长和贫困率，但由于云贵两省非常类似，实则共享了诸多经济、地理、人口和政治因素（见表6－6）。而且，作者进一步认为，尤其是在改革开放初期，诸多重要的变量完全或几乎相同。因而，作者挖掘了两省经济发展战略与加快居民收入增长的政策之后，认为两省在减贫方面的差异很可能是“细微之处见真章”，即该书标题（small works）所强调的那样。

表6－6　　　　　　　　　　云贵两省的相似因素

	云南	贵州
地理		
总土地面积	394000km^2	176000km^2
平原面积占比（%）	6	7.5
2000年耕地面积（公顷/人）	0.15	0.13
2000年灌溉面积占比（%）	22	13
2000年森林面积占比（%）	32.8	30.8
平均降雨量（毫米）	600—2300	900—1500
自然资源禀赋		
煤炭生产排名（中国）	第九（占中国总量的2.3%）	第五（占中国总量的5%）
该省主要矿产的数量	74	59
该省在全国产量排名前五的矿产	锑、磷酸盐、银、青铜、铅（第一）、锌（第一）、镍、锡、黄铁矿	锑、磷酸盐、铝（第二）、锰（第三）
烟草生产排名（中国）	第一	第二

① John A. Donaldson, *Small Works: Poverty and Economic Development in Southwestern China*, New York: Cornell University Press, 2011, p. 22.

续表

	云南	贵州
人口		
2008 年人口数量	4540 万人	4040 万人
2007 年人口密度（人/平方公里）	115	226
2007 年农村人口占比（%）	83	86
2007 年农业 GDP（%）	18	16
1991 年、1992 年少数民族人口数	33	35
政治结构		
政府结构	相同	相同
中央政策（补贴、优惠政策）	类似	类似

资料来源：笔者根据国家统计局数据计算；参见唐纳森的研究①。

在排除了诸多因素和竞争性解释后，作者认为，云贵两省脱贫绩效的差异主要源于不同的地方发展战略，并主要表现在四个看似不太相关的因素上：道路类型和密度、居民外迁模式、旅游发展策略以及煤矿开采。比如，贵州在该时期并没有优先修建连接大城市的公路，而是修建了价格低廉的乡村公路，改善了贫困农民通往集镇的途径——而这一策略很难说是经济增长导向的。再如，贵州的旅游发展策略是“多点开花”，并为更多贫困人口提供就业机会，而云南则倾向于将资金投向少数几个主要景点，省内其他地区的民众则很难获益。

在作者看来，这些不同侧面的因素最终汇聚成一个更为宏大的理论解释：云南在 2010 年之前采取的是类似于地方发展型政府的策略，致力于大规模的公共投资；而贵州则类似于作者所言的“微观导向”的政府，并将贫困视作是一个技术问题，需要由微观干预来解决，贫困居民也直接参与其中并获取收益。这也解释了贵州在相对低增长的情况下，如何更为出色地实施了脱贫政策。总体来看，唐纳森的研究为次国家的比较案例分析提供了良好的范例：依托于重要的理论视角，从一个看似反直觉的问题入手，运用相对科学的方法来挑选案例，再通过详细展示因果机制，最后将结论上升为更为宏大的理论解释以彰显研究的外部有效性。作者也认为，自己的这项研究“展现了比较方法与过程追踪的强大解释力”②。

① John A. Donaldson, *Small Works: Poverty and Economic Development in Southwestern China*, New York: Cornell University Press, 2011, p. 24.

② John A. Donaldson, *Small Works: Poverty and Economic Development in Southwestern China*, New York: Cornell University Press, 2011, p. 23.

该研究在应对次国家比较案例研究难点上有两个方面值得参考。其一，在案例选择上，研究者通常应当根据自变量来选择解释案例，而由于次国家比较研究的“案例”往往是次国家分析单元与被解释对象（比如前述示例中的福利支出或社会政策）的组合，因此，研究者更应该重视，如何根据解释变量的条件组合来选择案例——比如该研究基于回归来选择异常案例的方式。其二，利用了空间（space）在控制性比较中的作用，即将观察单位之间的地理连通性转换为因果分析上的可控比较，从而排除了诸多类似经济、地理等干扰因素的影响。

二　研究示例：全球化时机与福利供给的比较案例分析

接下来，我们将再次利用陈超和蒙克的研究[①]，来展示中国背景下的次国家比较案例研究如何设计。这一研究利用的是常见的受控比较的选择策略。这项研究要探讨的是全球化与福利供给之间的关系问题，而这也是社会学与政治经济学领域的一个重要研究问题。基于国家层面的理论探讨与实证研究表明，在不同制度的国家，全球化对福利支出可能存在相反的促进效应或抑制效应：一方面，在发达民主国家，随着全球化的深入，福利供给将遵循卡尔·波兰尼的逻辑，呈现出社会保护的倾向[②]；另一方面则有论者指出，在欠发达国家中，由于全球化将带来更加激烈的国际竞争，企业家将更倾向于压低劳动成本，紧缩福利供给，呈现出马克思主义的逻辑[③]。

既然国内政治与制度在探讨这一关系时如此重要，那研究者也应下沉到次国家层面来寻找答案。基于此，在陈超与蒙克对中国东莞与昆山的比较分析中，研究的问题便是在一个国家内部，当基本政治结构全部一致或相似时，为什么不同的地方在全球化与福利供给关系方面呈现出截然不同的情况[④]。

首先，作者通过数据显示，东莞与昆山在福利模式上存在显著差异。如图 6－1 所示，昆山与东莞的人均（户籍）社会保障与就业支出之间，

---

① 陈超、蒙克：《全球化的时机与次国家福利供给：基于中国东莞与昆山的比较分析》，《开放时代》2022 年第 6 期。

② Geoffredy Garrett and Deborah Mitchell, “Globalization, Government Spending and Taxation in the OECD”, *European Journal of Political Research*, Vol. 39, No. 2, 2001, pp. 145－177.

③ Nita Rudra, “Openness, Welfare Spending, and Inequality in the Developing World”, *International Studies Quarterly*, Vol. 48, No. 3, 2010, pp. 683－709.

④ 陈超、蒙克：《全球化的时机与次国家福利供给：基于中国东莞与昆山的比较分析》，《开放时代》2022 年第 6 期。

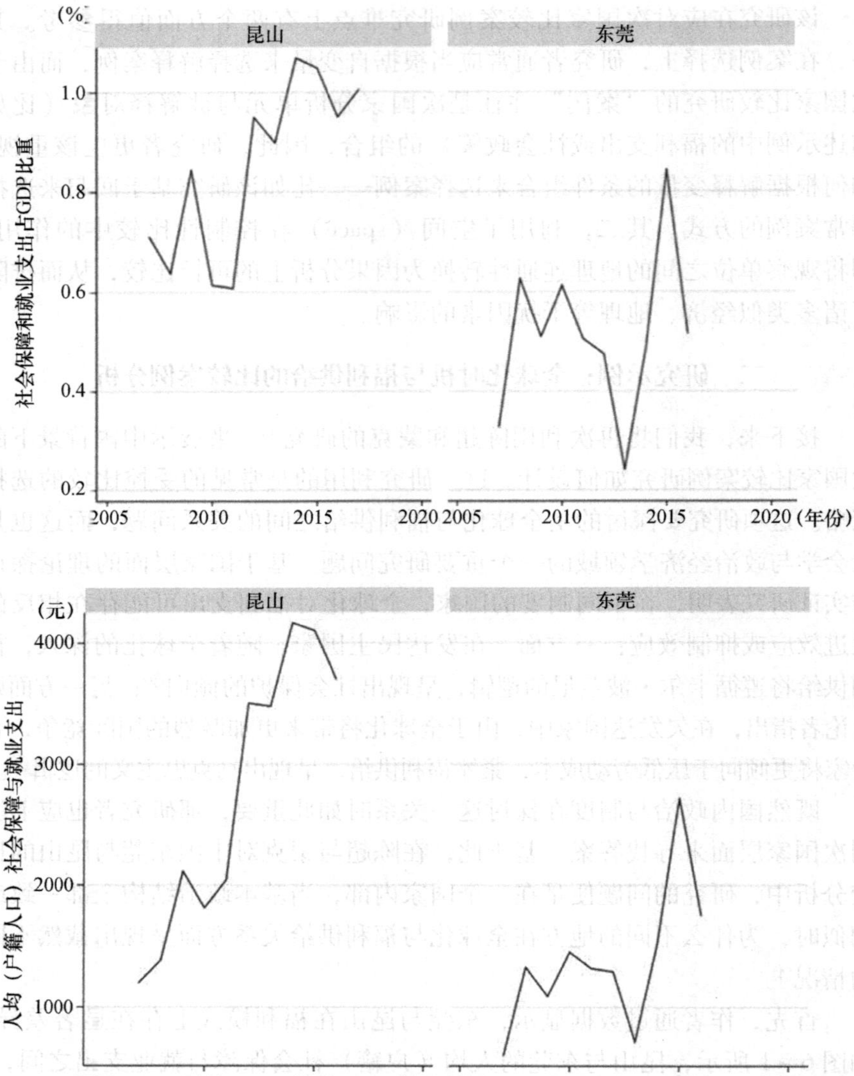

图 6-1 昆山与东莞：社会保障与就业支出对比（2007—2017）

资料来源：《昆山统计年鉴》（2008—2018）；《东莞统计年鉴》（2008—2018）。参见陈超和蒙克的研究。[①]

① 陈超、蒙克：《全球化的时机与次国家福利供给：基于中国东莞与昆山的比较分析》，《开放时代》2022 年第 6 期。

无论在绝对水平还是增长趋势上，昆山均高于东莞，这反映出两者分别代表了效率型和补偿型两种福利模式的差别。具体来说，东莞的社会保障支出变化呈现出一个明显的模式：在经济衰退、失业人数急剧增加的时期（如2008年和2013年），社会保障和就业支出会急剧增加，但在经济恢复后，如2010年和2015年之后，社保支出会迅速下降。这表明东莞的社会政策支出扩张主要是对恶化的就业形势的被动响应，而非主动的福利增长，体现出效率型福利模式的特点。而昆山则不同，尽管在经济困难时期结束后也有社会政策支出的回调，但在经济好转的时段（如2010年之后和2016年之后），昆山的社会政策支出总体上呈现增长趋势。这说明昆山的地方政府并不仅仅把社会保障看作是经济恶化时的被动稳定器，而是更积极主动地提升社会保障支出，属于明显的补偿型福利模式。

因此，昆山与东莞分别代表了效率型（被动应对恶化的就业形势，非主动福利增加）与补偿型（积极主动提升社会保障支出）的福利模式。基于此，作者提出了研究问题：昆山与东莞的这种差异应如何解释？

基于对现有理论解释的评述，作者认为解释福利供给模式需要聚焦于制度的历史维度——具体来说，地方融入全球化的时机是创造福利供给模式的一个重要影响因素。

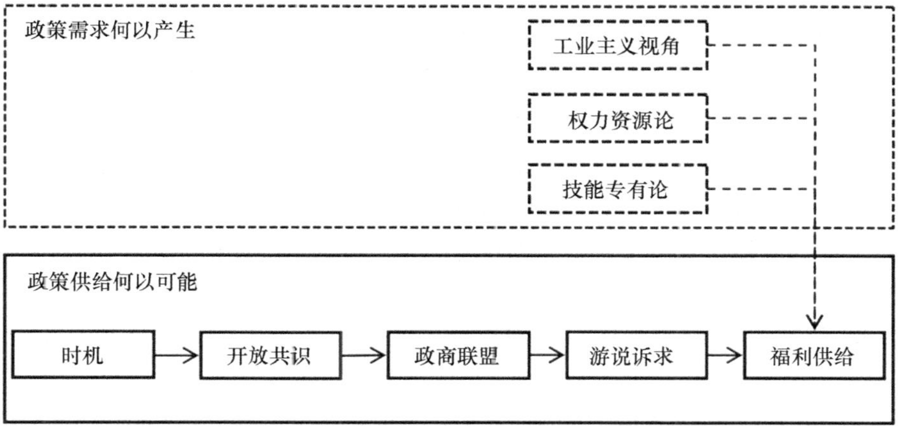

图6－2　全球化时机影响福利供给的因果机制

资料来源：参见陈超和蒙克的研究。①

① 陈超、蒙克：《全球化的时机与次国家福利供给：基于中国东莞与昆山的比较分析》，《开放时代》2022年第6期。

作者在图6－2中展示了一幅解释福利供给模式的完整图景。针对该问题的先行研究着力于"政策需求何以产生"的问题（虚线部分），并提出了工业主义、权力资源与技能专有论三种颇有洞见的观点。而作者则试图对"政策供给何以可能"这一问题提供一种可能的回答，从而与既有研究拼接成一个关于福利供给模式如何产生的完整故事。[①] 据此，作者给出了不同时机与不同福利供给模式之间的因果机制解释（见表6－7）。

表6－7　不同时机与不同福利供给模式形成的因果机制

时机	开放共识	政商联盟	游说诉求	福利供给
风险型机遇空间（70年代末—80年代）	地方政府较不易形成开放共识	基层庇护主义	面向企业的特殊主义便利	效率型福利供给
友好型机遇空间（90年代中—2017年）	地方政府更可能形成开放共识	区域合作主义	面向产业的公共政策	保护型福利供给

资料来源：参见陈超和蒙克的研究。[②]

那为什么是东莞与昆山？这一有关案例选择的问题仍然值得追问。作者表明，这源于他们对两地外商和外资的长期调研。因此，该研究的案例选择是综合了两种上述策略，即系统的次国家比较路径（根据重要特征建构类型学）和变异导向的比较路径（根据研究者的经验选择重要的案例）。同时，作者也认为，选择"城市"这一次国家主体作为基本分析单位，具有以"国家"为分析单位的传统研究所不可比拟的优势，即通过在昆山与东莞两个城市之间进行比较，有利于剔除国家层面的竞争性解释。因为先行研究在探讨福利政策时，提出了很多国家层次上的影响变量，例如政体形式、工会组织力量与国家制度等——在东莞与昆山这两个案例中，这些存在于国家之间的"变量"均成为一个国家内部两个地方上的"常量"，因而得以有效地控制。这一陈述与唐纳森的阐述基本一

① 作者也强调，在图6－2中不同的逻辑环节是用箭头串联起来的，但是在逻辑上却并不意味着前者是后者的充分条件，因为通常研究发现的"原因"，事实上多数发现的是INUS条件，即一个导致结果的充分性条件组合中的一个必要部分。因此，在时机、开放共识、政商联盟与福利供给之间的关系中，前者都是后者的一个"INUS条件"。也就是说，从时机到福利供给的整个因果链条中，除了本书所强调的这些INUS条件以外，还可能存在其他同样重要的必要条件。

② 陈超、蒙克：《全球化的时机与次国家福利供给：基于中国东莞与昆山的比较分析》，《开放时代》2022年第6期。

致，即国家内部的控制性比较，相比国家之间的比较来说，将会大大提高少案例研究因果推断内部效度的概率。①

随后，作者基于控制性比较的思路明确了因果机制框架。从表6－8可以看出，利用东莞与昆山作为一对控制性比较案例，能够有效排除产业构成特征、工业化程度、外来与本地工人构成以及外资利用形式等4个地区层面的潜在影响变量，从而有效检验作者提出的因果机制（具体分析参见该研究）。作者随后对昆山和东莞两个案例进行了深入的过程追踪研究。

表6－8　　案例选择与变量控制

变量	自变量	控制变量				因变量
案例	时机	产业构成特征	工业化程度	外来—本地工人构成	外资利用形式	福利供给模式
东莞	70年代末	劳动密集—劳动与资本技术密集相结合	平均约为53%	本地为主—外来为主—本地为主的变化	名义“三来一补”，实际外商直接投资	效率型福利供给模式
昆山	90年代初	劳动密集—劳动与资本技术密集相结合	平均约为61%	本地为主，外来逐渐上升与东莞相近	外商直接投资	保护型福利供给模式

资料来源：参见陈超和蒙克的研究。②

作者最后强调，要解答“东莞与昆山在产业转型升级过程中为什么形成了不同的福利供给模式”这一问题，关键在于两地融入全球化的不同时机。时机影响了开放共识的形成，塑造了地方政商联盟的形式，并在不同的政商联盟形式下，企业游说的目标导向不同。正是在这一因果逻辑下，分别形成了东莞效率型的福利供给模式以及昆山保护型的福利供给模式。

这项研究的重要意义在于，它为解释国家间福利支出差异提供了新视角，即聚焦国家内部差异。而从比较策略来看，国家内部的比较案例分析能够“自然地”控制许多重要因素，例如政治体制和核心经济制度等，从而回答“为什么在结构相似的地区，社保发展的差异仍然存在”这一核心问题。

---

① 参见 John A. Donaldson, *Small Works: Poverty and Economic Development in Southwestern China*, New York: Cornell University Press, 2011。

② 陈超、蒙克：《全球化的时机与次国家福利供给：基于中国东莞与昆山的比较分析》，《开放时代》2022年第6期。

第四节　跨国的次国家比较案例分析

各国在政治经济体制、历史传承和文化习俗等方面都存在不同程度的差异，因此，研究者在进行跨国的次国家比较分析时，需要控制的潜在因素更为多样和复杂。相较于单一国家的比较案例分析，跨国比较在研究设计上难度更大，对研究者的知识储备要求也更高。

单纯依赖控制性比较等单一研究设计思路可能难以达到预期效果。我们认为，针对不同的研究问题和研究情境，在研究设计中融合多种比较思路和研究方法是一个有效的选择。无论是观察性研究还是干预性实验研究，都有许多方法可以应用于次国家研究（参见表6－9）。然而，对于跨国的次国家比较研究而言，尽管我们的方法论工具箱变得更为丰富，研究设计的基本原则仍然是保持一致：将案例选择与因果分析框架结合，尽可能保持控制变量差异最小化，根据核心自变量（或变量组合）选择最合适的比较案例，并据此进行分析。接下来，我们将通过分析拉美地区社会政策在次国家层面执行差异的比较研究，来进一步阐述这一点。

表6－9　　次国家研究的方法论选择

观察研究			实验研究
小N/质性的	中等样本/案例导向的	大N/定量的	
案例研究		调查研究（survey research）	实验室实验
比较方法（comparative method，即少案例的系统分析）	定性比较分析（QCA）	定量的跨国研究	实地实验
次国家层面的比较方法（少量次国家案例的系统分析）	次国家层面的定性比较分析	定量的次国家研究	自然实验与准实验

注：我们认为，加粗的研究方法基本都可以运用于次国家研究之中。

资料来源：我们在吉洛迪等人的研究总结①上，加入了定性比较分析。

① Agustina Giraudy, Eduardo Moncada, and Richard Snyder, "Subnational Research in Comparative Politics: Substantive, Theoretical, and Methodological Contributions", in Agustina Giraucy, Eduardo Moncada, and Richard Snyder eds., *Inside Countries: Subnational Research in Comparative Politics*, New York: Cambridge University Press, 2019, pp. 1－54.

社会政策的执行通常发生在一个国家的次国家层面，那么哪些政治因素会以何种方式影响社会政策的执行呢？从寻求差异最大化的比较策略出发，这个研究问题适合应用于跨国的次国家比较分析。涅季维茨基的研究采用混合方法设计，试图回答这样一个问题：为什么拉丁美洲各国在社会政策的执行上存在显著差异？其中复杂的联邦制度又起到了什么样的作用？①

这项研究背景与拉丁美洲国家在过去几十年广泛扩张的社会政策紧密相关。特别是在卫生医疗和社会保护领域，有条件的现金转移支付（conditional cash transfers，CCTs）和预防性医疗保健项目这两大社会政策效果显著。这两项政策的特点：非自由裁量性、广泛的针对性和非缴费性，与该地区过去的社会救助模式有所不同，因此引起了广泛关注。

在国家层面，作者选择了阿根廷和巴西作为进一步比较的对象。选择的理由包括两个方面：其一，这两个国家是拉丁美洲区域中最为分权化的国家，地方政府在财政、政策和政治方面拥有重要的自治权。在社会政策的推行上，国家（联邦）政府需要依赖次国家层面的合作。因此，地方政府在这些政策实施中的合作程度及其原因，成为研究的核心。其二，自20世纪40年代以来，阿根廷和巴西在福利国家的发展方向上呈现出相似的趋势，这为两国在福利政策制定上提供了类似的起点。

在解决了相对容易的国家层面的选择后，接下来仍面临选择两国哪些次国家单元进行比较分析的问题。在多国比较设计中，这一问题更加复杂，但基本原则是明确的：案例选择应与因果分析框架的构建相辅相成。在进行实证分析之前，作者详细讨论了理论要点和案例选择的合理性。②作者首先强调，在研究中"案例"指的是一个州（省）或市与一项社会政策的联合体。③这种定义也为其他比较政治学者所常用，这样理解"案例"有助于为传统比较方法的应用——构建逻辑因果关系——提供基础。④

---

① Sara Niedzwiecki, *Uneven Social Policies: The Politics of Subnational Variation in Latin America*, Cambridge: Cambridge University Press, 2018.

② 在该研究中，作者展现了较为宏大的理论抱负：其分析单位既包括省级层面，还包括各省内的城市层面，并试图解释社会政策在不同省（州）与省（州）内城市的实施成效及其影响因素。

③ Sara Niedzwiecki, *Uneven Social Policies: The Politics of Subnational Variation in Latin America*, Cambridge: Cambridge University Press, 2018, p. 14.

④ 具体可参见本书第二章对逻辑因果的讨论。

在该研究中，作者的主要论点之一是政策责任归属和政策相关的政治结盟对政策实施有重要影响。为此，作者通过选择责任归属是否清晰的政策和政治结盟与否的次国家政府（参见表6－10），从而列出了所有可能的案例组合。[1] 作者进一步论证，政策责任归属的清晰与否是地方政治结盟影响政策实施的前提条件，因此可以排除掉那些不相关的案例组合。此外，作者还认为，辖区的基础性能力[2]对政策执行也会产生重要影响。

表6－10　　责任归属与政治结盟的条件组合

政治联盟对于政策实施的效应？		是不是政治结盟的？	
		是	否
责任归属是否清晰	是	积极的	消极的
	否	不相关的	不相关的

注：1. “积极的”、“消极的”与“不相关的”指的是政治联盟对于政策实施的效应；2. 政治结盟在此主要指地方政府是否与中央政府对立（具体编码见该书第三章附录），对立则指没有结盟，反之则为结盟；3. 在作者原始表格中，列出了相关政策效果对应的次国家单元，感兴趣的读者可参阅原文。

资料来源：根据涅季维茨基的研究[3]绘制而成。

通过大量的实地调研和访谈，作者将辖区基础性能力分为2×2的交互类型，即强或弱的次国家机构和国家与社会关系。大部分案例表明，拥有强大的次国家机构对于发展和公民社会的协同作用是必要的。同时，公民社会的角色还与以往实施的社会政策（政策遗产）紧密相关。

基于这一分析框架，并结合大量的量化分析与质性访谈，作者最终从阿根廷与巴西各自选择了两个省级单位，而省内再各自选择两个城市，以进行量化分析与质性案例研究（具体表6－11）。作者基本的思路是：在主要控制变量上保持大致不变，而在核心自变量上保持较大的差异，并根

① 除了政治联盟外，辖区基础设施与政策遗产则是另外两个影响因素。作者认为，政治联盟是影响政策执行的首要因素，而其余两个因素则在所有的政策中均至关重要，因此，在案例选择时主要依据第一个因素。

② 这一概念类似迈克尔·曼提出的基础性权力（infrastructural power），即在辖区内有效实施政治决定的能力。参见 Michael Mann，“The Autonomous Power of the State：Its Origins，Mechanisms and Results”，*European journal of sociology*，Vol. 25，No. 2，1984，pp. 185－213。

③ Sara Niedzwiecki，*Uneven Social Policies：The Politics of Subnational Variation in Latin America*，Cambridge：Cambridge University Press，2018，p. 15.

据自变量来选择案例。

表 6－11　　失衡的社会政策执行：次国家层面的案例选择

<table>
<tr><th colspan="2">省级层面选择依据</th><th colspan="2">城市层面选择依据</th></tr>
<tr><td rowspan="8">• 相似的人均 GDP 与人口密度：控制经济发展与工业化水平
• 次国家民主程度存在差异：检验政体类型对社会供给的影响
• 与联邦政府的政治联盟存在差异：检验政治联盟因素对政策执行的影响
• 政策遗产与公民社会的角色存在差异：解释社会政策执行的另外两大因素</td><td rowspan="2">阿根廷—门多萨省</td><td rowspan="4">• 阿根廷的市政因素并没有像巴西那样关键，但也会影响政策执行的方式
• 政治联盟存在差异：检验政治联盟因素对政策执行的影响</td><td>拉斯赫拉斯市</td></tr>
<tr><td>戈多伊·克鲁兹市</td></tr>
<tr><td rowspan="2">阿根廷—圣路易斯省</td><td>圣路易斯市</td></tr>
<tr><td>比利亚·梅赛德斯市</td></tr>
<tr><td rowspan="2">巴西—南里奥格兰德州</td><td rowspan="4">• 研究涉及的巴西的社会政策均设计在城市一级实施，故而市长是关键因素
• 城市化程度较高：便于分析市政当局对政策实施的影响
• 各州选定的两个城市在地理位置上相近
• 不同的政治联盟结构：检验政治联盟因素对政策执行的影响</td><td>阿雷格里港市</td></tr>
<tr><td>卡诺阿斯市</td></tr>
<tr><td rowspan="2">巴西—戈亚斯州</td><td>戈亚尼亚市</td></tr>
<tr><td>瓦尔帕莱索·德·戈亚斯市</td></tr>
</table>

资料来源：根据涅季维茨基的研究[①]总结而成。

最终，通过这种多层次的案例选择和混合方法的研究，作者得出的结论是逻辑性的，而非结构化的：政治结盟、辖区基础性能力和政策遗产以一种条件组合的方式影响国家政策的实施效果，并不存在任何单一的必要或充分条件变量；同时，独立变量对结果的相对重要性也随着政策和国家的不同而有所不同。作者认为，这一发现比单纯依靠国家层面的实证研究更为可靠，而建构的理论框架也具有更强的内部有效性。

① Sara Niedzwiecki, *Uneven Social Policies: The Politics of Subnational Variation in Latin America*, Cambridge: Cambridge University Press, 2018.

第五节　小结与进一步讨论

如上所述，次国家层面的治理问题，尤其适合从比较政治学入手加以分析。不过，正如利普哈特所言，“比较政治学”主要考量的并非分析对象，而是“如何”分析。[①] 对此，理查德·斯奈德较早阐述了次国家比较研究在方法论层面的三大重要意义。[②]

首先，在研究设计方面，斯奈德指出次国家比较案例分析具有两大优势：一是增加了可供选择的案例数量，从而增加了观察值；二是使得控制性比较变得更加易于实施。其次，在测量与案例编码上，次国家比较方法有助于解决“国家层面偏误”（whole – nation bias）问题。具体来说，当研究者在分析内部异质性很高的国家时，他们常常依赖于国家层面的均值或聚合数据，这可能导致错误的案例编码，进而误导因果推断和理论建构。因此，对国家内部的时空复杂性和多变性保持高度敏感和警惕，对于避免这些问题至关重要。最后，聚焦于比较次国家单位，有助于更准确地理解政治和经济转型过程中的空间不均衡问题。例如，民主化或经济转型等重大变革过程在一个国家的不同次国家单位中往往会产生不均衡的影响，而次国家比较研究则有助于更全面地理解这些复杂的变化过程，更好地探索不同区域和不同层级政府之间的动态关系。

不过，关键还在于如何分析。次国家比较案例研究的基本设计思路仍然是基于控制性比较的方法，但在具体的分析过程中，这种方法在样本规模、因果关系的多样性以及研究情境的复杂性等方面都面临着不小的挑战。基于此，结合前文的讨论和研究实例，我们认为在次国家比较分析的研究设计中，以下三个方面尤为重要，而这些建议同样适用于各类少案例比较研究。

第一，将选择案例融入理论分析框架的建构中。在案例研究或质性研究中，案例选择是因果解释的基础，有偏误的案例选择往往会削弱乃至摧

① Arend Lijphart, “Comparative Politics and the Comparative Method”, *American Political Science Review*, Vol. 65, No. 3, 1971, pp. 682 – 693.

② Richard Snyder, “Scaling Down: The Subnational Comparative Method”, *Studies in Comparative International Development*, Vol. 36, No. 1, 2001, pp. 93 – 110.

毁整个因果解释的可信度。[①]而在多元方法研究中，大样本分析后的案例选择具有承上启下的作用，是连接定量与质性研究的“桥梁”。[②] 在次国家比较研究中，案例选择并非简单地选择那些需要进行统计建模或深入分析的观察对象，其过程本身就是在因果层面建构相关的类型学或理论分析框架，我们在上述研究示例分析中也在着重讨论这一点。

基于此，本书认为，在少案例比较研究中，由于案例通常是分析单元与被解释对象（如前述示例中的福利支出或社会政策）的组合，因此研究者更应重视如何根据解释变量的条件组合来选择案例。例如，可以基于回归分析来选择异常案例（如唐纳森的研究所示），或者基于因果条件的类型学来选择正面或负面案例。此外，在次国家比较案例研究中，选择不同层次的次国家单元时，应综合考虑相关的政治制度、市场条件和社会环境等因素，并根据解释变量或其组合对不同次国家单元的影响权重来做出选择（如涅季维茨基的研究所示）。当然，无论采用哪种选择策略，研究者都需要尽可能地保持控制变量差异的最小化，这也是控制性比较的基本原则。

第二，要重视将跨案例分析与案例内推断相结合的研究设计。次国家层面的比较研究通常涉及不同程度上的纵向政府间互动，以及不同制度与政策在各级政府内的空间扩散问题。此外，在涉及多国的比较研究中，这还意味着更为复杂的案例选择和因果机制的分析。大多数社会行动与结果都是由一系列因素或条件组合在特定机制下导致的，这就要求社会科学研究者从识别因果关系和厘清因果机制两个方面进行探索。[③] 在一项研究设计中，如何有效地利用混合方法研究或多元方法研究来完成次国家比较的因果推断目标，是一个值得深入践行的课题。

第三，强化空间在次国家比较研究中的作用。空间主要指观察单位之间的地理连通性，而这种连通性则可以通过多种方式（比如邻近、距离等）进行测量与操作化。[④] 重视空间也意味着，观察对象并非相对独立的，而是存在结构上的空间关联性，而且这种关联性在不同层次之间或内

---

① 叶成城、黄振乾、唐世平：《社会科学中的时空与案例选择》，《经济社会体制比较》2018 年第 3 期。

② 游宇、陈超：《比较的“技艺”：多元方法研究中的案例选择》，《经济社会体制比较》2018 年第 2 期。

③ 唐世平：《观念、行动和结果：社会科学的客体和任务》，《世界经济与政治》2018 年第 5 期。

④ Imke Harbers and Matthew C. Ingram, “Incorporating Space in Multimethod Research: Combining Spatial Analysis with Case - Study Research”, *PS - Political Science and Politics*, Vol. 50, No. 4, 2017, pp. 1032 - 1037.

部的强度也存在差异。同时，研究者还应该思考的是，研究对象置于何种空间之中，而反过来空间又是如何结构化或影响结果或因果关系的。① 这些对于次国家研究设计的诸多方面具有重要意义：在概念操作化上，有助于研究者在建构观察单位的类型学上识别恰当的分析层次；在理论建构上，有助于厘清空间关联的结构与结果之间的关系；而在具体分析上，则可以识别次国家单位之间的空间连接程度（connectivity），以及研究对象的空间依赖程度等等。②

本章更多地是探讨对次国家比较研究的重要性与研究设计。严格来说，次国家比较研究并非比较政治学的子领域，而是比较政治学的重要议题与核心方法论在次国家层面上的投射。但是，次国家比较案例研究对于比较政治学的重要性却不容忽视。

一方面，除了提醒研究者重视不同分析层次的作用与局限外，次国家比较案例研究也在不断拓展比较政治学的理论边界，并重新"审视"那些在国家层面建构起来的理论命题。比如，部分研究从国家层面出发，认为中国的发展经验属于诸如发展型国家、市场维护型联邦主义等模式，③ 但从次国家层面入手，中国无论在市场生成路径、国家与社会关系、外资分布以及社会政策质性等多方面都具有巨大的区域异质性。因此，近十年来，诸多研究已经开始从次国家层面来比较或总结中国的区域发展经验。④

---

① Imke Harbers and Matthew C. Ingram, "Politics in Space: Methodological Considerations for Taking Space Seriously in Subnational Research", in Agustina Giraudy, Eduardo Moncada and Richard Snyder eds., *Inside Countries: Subnational Research in Comparative Politics*, Cambridge: Cambridge University Press, 2019, pp. 57 – 91.

② Kent Eaton et al., "Measuring and Theorizing Regional Governance"; Imke Harbers and Matthew C. Ingram, "Politics in Space: Methodological Considerations for Taking Space Seriously in Subnational Research", pp. 57 – 91.

③ Gabriella Montinola, Yingyi Qian and Barry R. Weingast, "Federalism, Chinese Style", *World Politics*, Vol. 48, No. 1, 1995, pp. 50 – 81; Gordon White, "State and Market in China's Socialist Industrialisation", in Gordon White ed., *Developmental States in East Asia*, London: Palgrave Macmillan, 1988, pp. 153 – 192; Shaun G. Breslin, "China: Developmental State or Dysfunctional Development?", *Third World Quarterly*, Vol. 17, No. 4, 1996, pp. 689 – 706; John B. Knight, "China as a Developmental State", *The World Economy*, Vol. 37, No. 10, 2014, pp. 1335 – 1347.

④ 比如：Changdong Zhang, "Reexamine Regional Models of China's Economic Growth: Toward an Integrated Analytical Framework", *Sociology Compass*, Vol. 14, No. 5, 2020, e12781; Meg Rithmire, "China's 'New Regionalism': Subnational Analysis in Chinese Political Economy", *World Politics*, Vol. 66, No. 1, 2014, pp. 165 – 194; Victor Nee and Sonja Opper, *Capitalism from Below: Markets and Institutional Change in China*, Cambridge: Harvard University Press, 2012。

另一方面，次国家比较案例研究在案例规模、时空多样性与研究情境复杂性等各方面均面临不小的挑战，因而也在不断丰富研究方法工具箱，并尝试与社会学、经济学以及政治学的其他子学科（如政治经济学、行政管理等）融合，在跨学科研究路径上不断深化。

虽然本书关注的是比较政治学在方法论方面的进步与社会科学化趋势，但其基本的研究设计思路依然是基于控制性比较。不过，随着各学科研究方法的融合和以问题为导向的跨学科研究的兴起，比较政治学的方法工具箱已经不再局限于所谓的“比较方法”或少案例比较分析，而是逐渐跨越案例型研究，并迈向社会科学的分析路径。因此，研究者的比较技艺不仅仅体现在其方法论工具箱的丰富程度，更在于如何将这些方法有机结合，以服务于逻辑严谨且因果链条清晰的理论建构与实证分析。

第七章　定性比较分析的路径与设计

按照查尔斯·拉金的研究，狭义层面上的“案例导向研究”通常指的是定性比较分析（QCA）。① 自 20 世纪 80 年代末期以来，拉金提倡开辟一条不同于传统定量和定性方法的中间路径，即 QCA，自此定性比较分析在方法论层面的讨论日益热烈，并逐渐形成了一种全新的研究路径。②

随着定性比较分析在经验研究中的兴起，国内学术界对这一方法的介绍也不断扩展，表现之一是越来越多的实证研究采用 QCA 作为主要研究方法。例如，在 2014 年的一篇讨论定性比较分析研究逻辑及其在经济管理领域应用的引介性文章中，作者指出“提及定性比较分析方法的学术论文仅有三篇”。③ 然而，在短短几年后，通过“中国知网”进行的有关“定性比较分析”的主题词或关键词搜索，可以发现数以百计的经验研究

---

① Charles C. Ragin, *The Comparative Method: Moving Beyond Qualitative and Quantitative Strategies*, Berkeley: University of California Press, 1987; Benoît Rihoux and Charles C. Ragin, *Configurational Comparative Methods: Qualitative Comparative Analysis (QCA) and Related Techniques*, Sage, 2009.

② 参见 Simon Hug, “Qualitative Comparative Analysis: How Inductive Use and Measurement Error Lead to Problematic Inference”, *Political Analysis*, Vol. 21, No. 2, 2013, pp. 252 – 265; Axel Marx, Benoît Rihoux, and Charles Ragin, “The Origins, Development, and Application of Qualitative Comparative Analysis: The First 25 Years”, *European Political Science Review*, Vol. 6, No. 1, 2014, pp. 115 – 142; Eva Thomann and Martino Maggetti, “Designing Research with Qualitative Comparative Analysis (QCA): Approaches, Challenges, and Tools”, *Sociological Methods and Research*, Vol. 49, No. 2, 2020, pp. 356 – 386; Gary Goertz and James Mahoney *A Tale of Two Cultures: Qualitative and Quantitative Research in the Social Sciences*, Princeton: Princeton University Press, 2012。

③ 夏鑫、何建民、刘嘉毅：《定性比较分析的研究逻辑——兼论其对经济管理学研究的启示》，《财经研究》2014 年第 10 期。

成果，研究主题广泛，涉及公共危机事件[①]、基层治理[②]、企业发展[③]、政策过程[④]、国家转型[⑤]等等。

然而，我们也注意到，随着定性比较分析方法在国内学术研究中的应用，部分研究者对该方法的认知不够全面或存在误解，这可能导致该方法的误用。其主要原因主要有两个方面：

一方面，虽然拉金认为传统的质性案例研究在可操作性、案例选择等方面缺乏“科学性”[⑥]，但他随后倡导的定性比较分析本质上是一种偏向于定性的案例导向研究方法。其核心特征是回归分析案例本身，并基于个案的整体性、复杂性以及案例间的逻辑因果联系，去探索多元路径的因果机制问题。

另一方面，随着模糊集（fuzzy set）等一系列分析技术在定性比较分析中的运用[⑦]，QCA 似乎也给研究者造成了一种误解，即它正向着其原本要区别于的定量方法靠拢。这一错误认知的直接后果是，使得研究者过分关注分析技术，而忽视了通过案例内分析与比较案例研究进一步挖掘案例解释的丰富性和特殊性这一关键“研究艺术”。因此，在实际运用中，许多研究实际上将这种案例导向的定性“技艺”当作另一种“定量模型”，

---

① 李晚莲、高光涵：《突发公共事件网络舆情热度生成机理研究——基于48 个案例的模糊集定性比较分析（fsQCA）》，《情报杂志》2020 年第 7 期。

② 樊攀、郎劲松：《媒介化视域下环境维权事件的传播机理研究——基于 2007 年—2016 年的环境维权事件的定性比较分析（QCA）》，《国际新闻界》2019 年第 11 期；王英伟：《权威应援、资源整合与外压中和：邻避抗争治理中政策工具的选择逻辑——基于（fsQCA）模糊集定性比较分析》，《公共管理学报》2020 年第 2 期；黄荣贵、郑雯、桂勇：《多渠道强干预框架与抗争结果——对 40 个拆迁抗争案例的模糊集定性比较分析》，《社会学研究》2015 年第 5 期。

③ 潘燕萍、何孟臻、乔灵灵：《何种能力组态能促进新企业成长——基于 fsQCA 方法的实证研究》，《管理学季刊》2020 年第 4 期。

④ 刘晓亮、侯凯悦、张硕：《从地方探索到中央推广：政府创新扩散的影响机制——基于 36 个案例的清晰集定性比较分析》，《公共管理学报》2019 年第 3 期；杨志、魏姝：《政策爆发生成机理：影响因素、组合路径及耦合机制——基于 25 个案例的定性比较分析》，《公共管理学报》2020 年第 2 期。

⑤ 唐睿、唐世平：《历史遗产与原苏东国家的民主转型——基于 26 个国家的模糊集与多值 QCA 的双重检测》，《世界经济与政治》2013 年第 2 期；马天航：《民主化转型后的政党生存——基于 19 国前执政党的后继党的定性比较分析》，《世界政治研究》2021 年第 1 期。

⑥ Charles C. Ragin, *The Comparative Method: Moving Beyond Qualitative and Quantitative Strategies*, Berkeley: University of California Press, 1987.

⑦ Benoît Rihoux and Charles C. Ragin, *Configurational Comparative Methods: Qualitative Comparative Analysis (QCA) and Related Techniques*, Sage, 2009.

从而使其在相关数量设定与变量操作上过分依赖主观判断，放大了其局限性，同时也忽视了其在分析深度与机制解释等方面的质性优势。

因此，尽管定性比较分析（QCA）的创始人查尔斯·拉金以及其他学者努力在定量与定性研究方法之间取长补短，但如果仅将QCA视为定量和定性研究方法的中间路径，则可能没有完全理解该方法的核心特性和关键优势。同时，考虑到介绍该方法及其操作程序的书籍已被翻译并引入国内[①]，因此本章将重点讨论定性比较分析的方法论基础和关键特性。这包括如何选择案例、如何理解真值表（truth table），以及如何理解因果性。

第一节 以“量化相关”为参照来理解定性比较研究

根据前文案例导向研究对其因果性本体论的讨论可知，定性比较分析遵循的是“规律性—决定论”，并使用布尔代数来逻辑化原因与结果之间的关系，并将研究案例系统化为一系列前因条件和结果的分布组合。在创立QCA时，拉金主要以传统的定量研究模式为参考，并努力结合定量研究和定性研究的优点。

QCA与定量研究最本质的区别在于对因果关系的理解。不同于定量研究假定的线性因果关系，QCA视因果关系为非线性和非对称的。此外，同一结果的发生可能由不同的多元因素组合（multiple conjectural cause）导致，即一个条件对结果的影响取决于其他条件的存在。基于这一基本认识论差异，QCA的整个分析过程与定量研究截然不同。表7-1总结了传统量化研究和定性比较分析的主要区别。

---

① 比如，拉金（Charles C. Ragin）于2008年出版的*Redesigning social inquiry*：*Fuzzy sets and beyond*旨在介绍如何操作定性比较分析，也有专门的软件应用，该书在国内由杜运周等译［《定性比较分析（QCA）方法：超越定性与定量社会科学研究的第三条道路》］，由机械工业出版社于2019年出版；伯努瓦·里豪克斯（Benot Rihoux）与拉金共同合作的*Configurational comparative methods*：*Qualitative comparative analysis*（*QCA*）*and related techniques*，则主要介绍QCA的核心特征与相关分析技术，也于2017年在国内由杜运周等译出版（《QCA设计原理与应用：超越定性与定量研究的新方法》）；而由阿德里安·杜萨（Adrian Duşa）新近出版的关于定性比较分析在R语言软件的操作流程（*QCA with R*：*A Comprehensive Resource*），也于2021由机械工业出版社出版（杜运周等译，《QCA方法从入门到精通》）。

表 7－1　　传统量化研究与定性比较分析的主要区别

	量化研究	定性比较分析
如何捕捉变异：变量 vs. 集合	变量：捕捉到案例间变异的一个维度，这种变异包括水平、程度或种类；而变量则根据案例间的相对比较进行分类，通常基于算数平均数来计算。	集合：对案例进行归类，需要隶属度标准并且有分类结果；隶属分数的范围可以从 0—1 不等（模糊集）。
如何赋值：测量 vs. 校准	测量：基于指标的使用，而指标必须满足最低要求，即它们必须以反映潜在构想的方式排列案例；基于归纳推导，通过特定样本的统计数据来评估案例相对于彼此的得分。	校准：常规变量是未“校准”的，模糊集的校准包含相对于外部标准的测量解释，而使用外部标准则可以校准测量。
解释什么：因变量 vs. 定性结果	因变量：传统的研究目标是解释所选因变量的跨案例或历时变异；不同的理论则对这一变异提供了不同的解释。	定性结果　研究人员首先将这种现象概念化为一种定性结果，即一种可察到的变化或不连续性；确定案例后，可以指定评估不用案例对这一结果的隶属度。
因果域：给定总体 vs. 构建总体	给定总体：传统方法使用的是给定的总体，或其中的样本。	构建总体：首先是确定有定性结果的好的案例，并在此基础上构建结果的候选总体，包括正向的相关的反向案例。
评估关系：相关分析 vs. 集合关系	相关分析：使用相关性来评估条件存在与结果存在之间的关系，此时就同样检测了条件缺失与结果缺失的关系。	集合关系　相关系数是对称的，无法评估集合关系，比如子集关系，而集合关系是不对称的。
分析载体：相关矩阵 vs. 真值表	相关矩阵：传统定量方法分析二元相关矩阵或其数学等价物，并利用分析结果来评估两组值在案例间并行的程度，获取“净效益”。	真值表：对给定的数据集中存在的案例类型的直接检验，其列出了相关的前因条件的不同组合，并将每种组合视为不同类型的案例。

续表

	量化研究	定性比较分析
因果效应：净效应 vs. 条件组合	净效应：自变量的净效应和因变量中解释变异的划分是定量方法的中心任务；每个前因变量的净效应和统计显著性是基于其对因变量中解释变异的独特（非重叠）贡献。	条件组合：关注焦点在于前因条件组合如何产生结果，而因果关系的焦点在于每个案例中的前因条件如何组合。

资料来源：参见拉金①在《重新设计社会科学研究》中的中文版前言。

具体而言，量化研究主要通过变量来捕捉案例间的变异，并基于指标的使用和测量来赋值，其目的是解释因变量的跨案例或历时变异，并利用相关性分析来评估条件与结果之间的关系。量化研究使用给定的总体或样本，并分析相关矩阵以获取变量间的“净效益”，关注的是自变量的净效应对因变量变异的贡献。

相比之下，定性比较分析则使用集合来归类案例，并需要设定隶属度标准，使用校准而不是测量来赋值，其解释定性结果，即可观察到的变化或不连续性。这种分析方法构建候选总体，并在此基础上通过真值表来直接检验数据集中存在的案例类型和前因条件的不同组合，每种组合被视为不同类型的案例。在因果效应方面，定性比较分析关注前因条件组合如何产生结果，而因果关系的焦点在于案例中前因条件的组合方式。

第二节　比较分析的布尔路径

在社会科学研究中，“案例”一词有多种诠释。对此，拉金在定性比较分析（QCA）中的核心观点是，案例应视为一个整体，而非简单的变量分值集合。② 这种整体论的观点强调案例内部各部分间的关系应在整体背景下理解，不应仅仅基于变量间的相关性理解。由此出发的因果关系在

① ［美］查尔斯·C. 拉金：《重新设计社会科学研究》，杜运周等译，机械工业出版社2019年版。

② Charles C. Ragin, *The Comparative Method: Moving Beyond Qualitative and Quantitative Strategies*, Berkeley: University of California Press, 1987.

QCA 中体现为结构化和多路径的特点（见图 7－1），这在 QCA 的分析载体（布尔代数）和数据载体（真值表）中尤为突出。接下来，我们可以从布尔代数的 10 个关键要点开始，探讨如何理解真值表和 QCA。

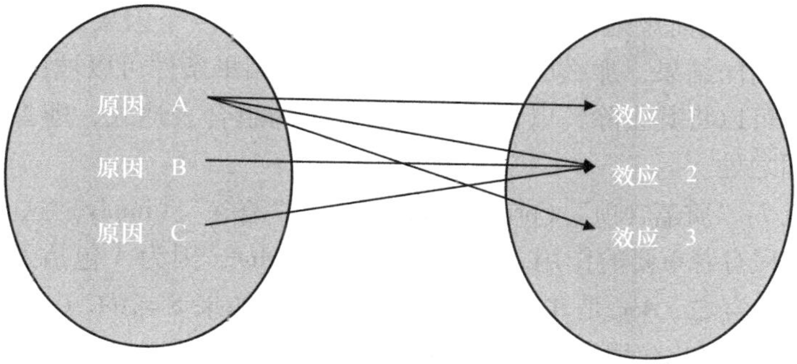

图 7－1　多元与结构性因果关系

资料来源：笔者自制。

要点 1：布尔代数中的二元数据指的是条件只有两种状态，“1” 表示该条件出现（present），而 “0” 表示该条件缺失（absent）。[①] 随着拉金将模糊集引入 QCA 中，前因条件和结果的测量不再仅限于定类测量，而是可以扩展到定距甚至定比测量。[②]

要点 2：真值表用于展现案例的数量特性。真值表是 QCA 中数据的主要载体，它列出了案例相关的前因条件的不同组合，将每种组合视作不同类型的案例。

要点 3：布尔加法。布尔加法是逻辑运算符 “OR”（或）的等价。换言之，如果有 $A+B=Z$，且 $A=1$、$B=1$，则 $Z=1$，即 $1+1=1$。[③] 这意味着条件 A 或 B 都是结果 Z 的必要不充分条件。

要点 4：布尔乘法。布尔代数中的乘法代表逻辑 “AND”（和），如果有 “$F=AB$”，则表示只有当条件 A 和 B 同时存在时，结果 Z 才会发

① 在定性比较分析（QCA）的最基本形态，即清晰集 QCA 中，通常涉及衡量条件或结果的出现与否，并依此来分析结果的条件组合与原因路径。通过这种方式，研究者可以确定哪些条件的组合是产生某个特定结果的充分或必要条件，进而揭示多样化的因果机制。

② Charles C. Ragin, *Fuzzy－Set Social Science*, Chicago: University of Chicago Press, 2000.

③ 在布尔代数中，大写字母通常表示条件或结果发生的情况，小写字母则表示未发生的情况。

生。加法与乘法可以同时使用来表示复杂的逻辑关系。

要点5：组合逻辑。如果用布尔代数表示结果与条件的关系为“$F = Abc$”，则表示在 B 和 C 未发生的条件下，A 导致了 F 的发生。这是在说明条件组合的逻辑关系如何导致某个结果的发生。

要点6：化简规则。如果两个布尔表达式仅在一个因果条件上有差异但产生相同的结果，那么区分这两个表达式的因果条件可以被认为是无关紧要的，可以将其去除，以创建一个更简化的组合表达式，即去除差异，保留共同之处。①

要点7：“质蕴含项”（prime implicants）。“蕴含”（imply）这一概念对于化简过程有着重要的作用。我们说，A 蕴含 Abc，因为 A 包括了所有 Abc 的元素。换言之，Abc 是 A 的一个子集。例如，如果 $S = AbC + aBc + ABc + ABC$，那么经过化简后的结果是：$S = AC + AB + Bc$。在此，$AC$、$AB$、$Bc$ 都是“质蕴含项”，简称“质项”。从蕴含的角度看，我们可以发现这样一个现象：AC 蕴含 ABC 和 AbC，AB 蕴含 ABC 和 ABc，Bc 蕴含 ABc 和 aBc。也就是说，根据化简法则，尽管 AC、AB 和 Bc 是最简化的结果，但从蕴含的角度来看，我们可以用更少的质项来覆盖所有原始的表达式。②

至此，当我们理解了布尔代数的这些特征后，我们就可以总结使用布尔代数揭示复杂因果关系的基本步骤了：第一步，建立真值表；第二步，寻找质项；第三步，通过化简法则或使用质项图来确定必要的质项。真值表显示的是原始表达式（primitive expression），含有质项的布尔等式是部分化简的表达式，最后，包含必要质项的等式是布尔表达在逻辑上的最简形式。接下来，我们将继续介绍布尔代数的其他特征。

要点8：德摩根定律（De Morgan's Law），即非（P 且 Q）＝（非 P）或（非 Q），非（P 或 Q）＝（非 P）且（非 Q）。德摩根定律的作用在于帮助我们找到导致结果不发生的条件组合。它的计算规则可以简单概括为：逻辑取反后，条件也取反（反演法，或求函数的反函数）。

要点9：基于充分与必要统计的逻辑因果。对此，我们也可以通过集合关系来理解充分与必要性。③

---

① Charles C. Ragin, *The Comparative Method: Moving Beyond Qualitative and Quantitative Strategies*, Berkeley: University of California Press, 1987, p. 93.

② 当然，我们还可以通过质项图（prime implicant chart）这一方式来化简，具体可参见 Charles C. Ragin, *The Comparative Method: Moving Beyond Qualitative and Quantitative Strategies*. Berkeley: University of California Press, 1987。

③ 具体可见本章第三节的论述。

要点10：布尔表达式的因式分解（Factoring）。因式分解的一个目的是更好地识别条件的充分性与必要性。例如，如果有 $S = AB + AC + AD$，可以因式分解为 $S = A\ (B + C + D)$，在这里 A 是必要条件。因式分解的另一个目的是满足理论重点的需要。例如，如果有 $S = abc + AbC + abd + E$，我们想了解在什么条件下，当 A（吸烟）出现会引起结果 S（肺癌）；以及在什么条件下，即使 A 不出现，也会引起结果 S。那么我们可以将原始表达式重新写为：$S = a\ (bc + bd + E) + A\ (bC + E)$，通过这种方式我们可以实现对理论重点的关注。

定性比较分析（QCA）的数据分析建立在布尔代数的特性和操作规则之上。尽管这看起来很简单，但在实际的研究实践中，它对研究者的多种能力和知识积累提出了挑战。例如：理论构建能力，这直接影响前因条件的选择和总体的构建；案例认知与定性挖掘能力，即研究者需要深入了解所研究的案例，并有能力从中提取相关信息；从因果路径中提炼逻辑一致理论命题的能力，即研究者需要能够从分析结果中识别和构建有意义的理论命题。定性比较分析在很大程度上是思维艺术与分析技术的融合，尽管如此，它对研究者在理论构建方面的技艺提出了更高的要求。

第三节　理解定性比较分析中的两大难题

在定性比较分析（QCA）方法中，建立真值表是进行布尔简化的基础步骤。理想情况下，我们希望得到的真值表是条件、结果和案例数量有明确对应关系的，如表7－2所示。但在实际研究中，我们经常会遇到两种不太理想的情况。

表7－2　　理想型真值表

A	B	C	Y	案例数
0	0	0	0	5
0	0	1	1	3
0	1	0	0	7
0	1	1	1	8
1	0	0	0	9

续表

A	B	C	Y	案例数
1	0	1	1	4
1	1	0	0	3
1	1	1	1	2

资料来源：笔者自制。

第一个困境是，在某些条件组合下，尽管逻辑上存在可能，但现实中没有满足这些条件组合的案例，因此研究者无法确定结果。例如，在表7-3的最后两行中，条件“A—B—C”在逻辑上有“1—1—0”和“1—1—1”两种可能的组合，但由于现实中没有这两种条件组合的案例，研究者无法对结果Y赋值。这种困境因实际案例在多样性上的限制而产生，因此可以称为“有限多样性难题”（the problem of limited diversity）。

表7-3　有限多样性真值表

A	B	C	Y	案例数
0	0	0	0	5
0	0	1	1	3
0	1	0	0	7
0	1	1	1	8
1	0	0	0	9
1	0	1	1	4
1	1	0	?	0
1	1	1	?	0

资料来源：笔者自制。

第二种困境是，对于某些条件组合，一些案例的结果为1，而另一些案例的结果为0。例如，在表7-4中，条件“A—B—C”的取值为“0—1—0”、“1—0—0”以及“1—0—1”的行，就存在这样的困境。以“0—1—0”这一行为例，有7个案例符合这一条件组合，其中一个案例的结果为1，而其他6个案例的结果为0。因为这类情况突出表现在相同条件组合下不同案例呈现出完全不同的结果，因此可以将这种问题称为“逻辑冲突难题”（the problem of contradictions）。

表 7－4　　存在逻辑冲突的真值表

A	B	C	Y	案例数	结果为 1 的案例数
0	0	0	0	5	0
0	0	1	1	3	3
0	1	0	0	7	1
0	1	1	1	8	8
1	0	0	0	9	1
1	0	1	1	4	3
1	1	0	1	1	1
1	1	1	1	1	1

资料来源：笔者自制。

无论是“有限多样性”难题还是“逻辑冲突”难题，都对研究带来了极大的挑战。那么，在使用 QCA 方法进行分析时，我们应该如何应对和解决这些问题呢？在这方面，方法论研究者们提出了各种不同的解决策略。

一　解决有限多样性难题

根据上述解释，我们可以将“有限多样性”难题简单理解为现实中没有对应案例的情况。由于缺乏对应案例，真值表中就没有相应案例的行，这些行在方法学上称为“逻辑余数”（logical remainders）。因此，解决有限多样性难题的关键在于如何处理逻辑余数。换言之，就是对于不存在的情况（余数），应该做出何种假设。学术界通常采用寻找“中间解”（the intermediate solution type，QCA－IS）的方式来解决这个问题。

以表 7－5 为例。在这个真值表中，有限多样性的问题主要体现为第 6—8 行当中。在这三行里，由于没有现实案例的对应，因此研究者无法确认结果的取值。换句话说，在这个例子中存在 3 个逻辑余数。如果仅从逻辑上来看，这三行在结果上（0/1）可能存在 8 种不同的组合情况，即第 6—8 行在结果 Y 上的取值分别可能的组合是：0—0—0；1—0—0；0—0—1；1—0—1；0—1—0；1—1—0；0—1—1；1—1—1。在进行布尔化简的过程中，这三行在结果上的不同取值组合，都会对化简结果产生不同的影响。因此，根据以上 8 种不同的取值组合，完整真值表经过布尔化简后也会有 8 种不同的结果。

表 7-5　　存在 3 个逻辑余数的真值表

	条件			结果
行数	*A*	*B*	*C*	*Y*
1	0	0	1	1
2	0	1	0	0
3	0	1	1	0
4	1	0	1	1
5	1	1	0	1
6	1	1	1	?
7	0	0	0	?
8	1	0	0	?

资料来源：笔者自制。

表 7-6 将这 8 种化解的结果与 3 个逻辑余数不同情况的组合进行了一一对应。从表 7-6 可以看出，当第 6—8 行的结果假设取值均为 1 时，完整真值表化解得到的解是最简单的，因此这个解"b + A"就叫作这个真值表的"最简解"（the parsimonious solution type，QCA - PS）。在表 7 - 6 的第一行，化简结果为"ABc + bC"。为获得这一结果，研究者需要对第 6—8 行的结果都做最为保守的假设，即不做任何假设。换句话说，研究者选择忽视"A—B—C"条件组合为 1—1—1、0—0—0 以及 1—0—0 三种情况。

表 7-6　　逻辑余数结果不同取值组合与真值表化简结果对应

	$Y_{6,7,8}$		化简结果
—	—	—	ABc + bC
1	0	0	AB + bC
0	0	1	Ac + bC
1	0	1	A + bC
0	1	0	ab + bC + ABc
1	1	0	ab + bC + AB
0	1	1	b + Ac
1	1	1	b + A

资料来源：笔者自制。

因此，基于这种最保守的假设得到的解“ABc + bC”被称为这个真值表的“保守解”（the conservative solution type，QCA - CS）。从保守解和最简解的基本定义可以看出，这两种结果要么是化简的极端简化结果，要么是对逻辑余数的极端假设。因此，作为最终结果的这两种解决方案都存在一定的偏颇。所以，方法学研究者通常提倡一种折中的方法，即寻找“中间解”来作为因果推断的结果。保守解和最简解是找到中间解的关键和依据。那么，我们应该如何通过保守解和最简解来寻找中间解呢？

在这里，我们介绍一种寻找中间解的方法——标准分析（standard analysis）①。使用这一方法的基本步骤可以简单地概括为以下两步：

首先，以最简解与保守解为依据，最简解中存在的条件，在中间解中要保留，不能剔除，保守解中独特的条件备选剔除；其次，在备选剔除的条件中，满足定向期望的 x（即 ~ X）条件，可以被剔除。其中，定向期望指的是，从先行理论得知，条件 X 而不是 x，是结果发生的条件。这种由理论得知的，关于 X、x 与 Y 的关系，就是定向期望。

例如，在表 7 - 5 的真值表中，我们已知 A、B、C 分别是有利于产生结果 Y 的条件。那么，我们就掌握了这三个条件与结果之间的定向期望。同时，我们又知，表 7 - 5 的真值表存在最简解“A + b”，以及保守解“ABc + bC”，那么我们就可以得到中间解“AB + bC”。

回顾上述寻找中间解的两步方法，我们可以得到这样一个求解的过程：首先，由于最简解只有 A，因此在保守解“ABc”中，我们必须保留“A”，而“Bc”待定；同理，由于最简解中存在 b，因此在保守解“bC”中必须保留“b”，而“C”待定。根据前述情况，我们已知 A、B、C 与 Y 存在定向期望，因此待定的“Bc”中的 B 不能被剔除，而 c 可以被剔除，故保守解第一项 ABc 剩下“AB”作为中间解的一部分；同理，待定的“C”不可以被剔除，故保守解的第二项“bC”全部保留作为中间解的一部分。因此，根据保守解与最简解得到的中间解为 AB + bC。

在以上化简步骤中，可能引起疑惑的一点是：为什么在保守解第一项中的“c”可以剔除？而在第二项中的“C”不能被剔除？我们首先来回答第一个问题。当我们获得保守解“ABc + bC”时，就意味着“ABc”是

① 参见 Charles C. Ragin and John Sonnett，“Between Complexity and Parsimony：Limited Diversity，Counterfactual Cases，and Comparative Analysis”，in Sabine Kropp and Michael Minkenberg eds.，*Vergleichen in der Politikwissenschaft*，Wiesbaden：VS Verlag für Sozialwissenschaften，2005，pp. 180 - 197；Charles C. Ragin，*Redesigning Social Inquiry：Fuzzy Sets and Beyond*，Chicago and London：University of Chicago Press，2008。

导致结果发生（即Y取值为1）的一个条件组合。同时，我们又知C与Y之间存在定向期望，即C是有利于产生结果Y的条件。那么，我们则有很大的信心相信条件组合“ABC”也会导致结果发生。如果“ABc”与“ABC”都能够导致结果发生，则意味着无论第三个条件取值为1还是0，结果均会发生，因此条件c就可以被剔除。在这里，由于C存在与结果Y发生的定向期望，因此ABC被称为ABc的“简单反事实”。

根据以上这一逻辑，我们就不难回答第二个问题。当我们获得保守解“ABc + bC”时，就意味着“bC”是导致结果发生的一个条件组合。我们虽然知道C与结果Y的发生存在定向期望，但是我们并不知道c与结果Y之间的关系，即不知道c是否有利于导致结果Y的发生。因此，我们没有足够的信心认为“bc”也是导致结果发生的一种组合。既然只知道“bC”会导致Y的发生，而“bc”对Y的影响不确定，那么我们也就不能随意剔除保守解当中原有的“C”。在这里，“bc”被称为“bC”的“困难反事实”。

综上所述，在解决QCA当中有限多样性难题时，关键步骤是寻找真值表的保守解与最简解。保守解是在不对逻辑余数做任何假设的条件下得到的解，而最简解则包含了所有有利于布尔化简的假设。在这两种解的基础上，研究者可以获得中间解，这是一种建立在简单反事实假设基础上的解决方案。

以上内容详细介绍了如何通过“标准分析”方法来解决有限多样性问题。这种方法兼顾了“简洁性”（parsimony）与“合理性”，在处理复杂数据时尤为有效。然而，标准分析法也有其局限性，例如，从简洁性原则出发，该方法强调以最简解作为中间解的重要依据，但这可能会使求解过程依赖于一些与常识相悖的不可能的条件组合。因此，一些方法论研究者提出了改进方案，如“升级标准分析”（Enhanced Standard Analysis）和“理论导向升级标准分析”（Theory - oriented Enhanced Standard Analysis）。①

重要的是，解决有限多样性问题的核心是建立在“反事实”分析框架下。尽管“保守解”和“中间解”通过匹配后的“人造”数据对经验数据进行了补充，但这些“人造”数据经常导致不同程度的因果谬误。

① Carsten Q. Schneider Q. Carsten Schneider and Claudius Wagemann, *Set - Theoretic Methods for the Social Sciences: A Guide to Qualitative Comparative Analysis*, New York: Cambridge University Press, 2012.

因此，在运用“反事实”时，必须尊重“现实”，谨慎处理数据以避免导致错误的因果推断。①

二　解决逻辑冲突难题：三种方案与两大参数

前文已经讨论了逻辑冲突难题，即在真值表中，相同的条件组合却导致了现实案例中不同的结果。换句话说，就是同样的条件带来了截然不同的结果。为了解决这一难题，我们可以从原因条件、研究对象以及赋值依据这三个方面进行反思和调整。

1. 调整原因条件：当出现逻辑冲突难题时，研究者首先应考虑的是，真值表是否已经包含了所有关键的原因条件。通过寻找遗漏的关键原因，丰富真值表中的条件数量，可以增加条件组合的多样性，从而使案例得到更细致的划分，减少逻辑冲突的发生。但这种方法的主要局限性在于，增加条件可能会导致有限多样性问题的加剧。

2. 审视研究对象：除了反思原因条件外，研究者还可以通过重新界定研究问题和研究对象来减少逻辑冲突。例如，在研究经济发展问题时，为世界所有国家提供解释与仅为东亚国家提供解释是两个不同的研究问题，涉及不同的案例总体。

3. 考虑赋值依据：在 QCA 方法中，无论是清晰集还是模糊集，都需要研究者为所有案例的条件和结果进行赋值。赋值过程中的依据需要清晰且合理。逻辑冲突难题可能是因为赋值依据过于笼统或单一，导致无法在不同案例间进行精确区分。因此，重新审视和改进赋值依据是解决逻辑冲突的另一种方法。

同时，在使用定性比较分析（QCA）的过程中，研究者需要不断在观点和案例之间进行比对和核验，以此来校准和完善研究问题与理论框架。然而，由于现实情况的复杂性，即使经过深思熟虑，研究者也很难完全消除逻辑冲突的问题。因此，拉金提出了两个重要的参数：一致性（consistency）和覆盖率（coverage）。②

---

① Alrik Thiem, “Beyond the Facts: Limited Empirical Diversity and Causal Inference in Qualitative Comparative Analysis”, *Sociological Methods and Research*, Vol. 51, No. 2, 2022, pp. 527 – 540.

② 具体可参见：Charles C. Ragin, *The Comparative Method: Moving Beyond Qualitative and Quantitative Strategies*, Berkeley: University of California Press, 1987; Charles C. Ragin, *Redesigning Social Inquiry: Fuzzy Sets and Beyond*, Chicago and London: University of Chicago Press, 2008。

其中，一致性指的是案例与理论预测的符合程度。在 QCA 中，一致性用于衡量一个条件组合对于产生特定结果的可靠程度。高一致性意味着在该条件组合下产生预期结果的案例占比较高。而覆盖率则指的是某一条件组合对于解释结果的范围或广度。高覆盖率意味着该条件组合能够解释大部分观察到的结果案例。覆盖率可以帮助研究者判断某一条件组合在解释整体结果中的重要性。

一致性和覆盖率正是针对逻辑冲突这一现实难题提出的两个重要参数。在布尔代数中，因果关系主要表现为条件因果观，主要由条件的充分性与必要性构成。为了介绍方便，接下来我们首先介绍充分条件的一致性与覆盖率，然后再介绍必要条件的一致性与覆盖率。

充分条件的一致性，是一个条件作为充分条件偏离充分性的程度。这也可以用集合来表示，即如果 A 是 B 的充分条件，那么集合 A 就是集合 B 的子集。从集合的角度更容易理解充分条件一致性的含义。如图 7－2 所示，位于左侧的集合 X 是集合 Y 的一个子集，X 是 Y 的充分条件。然而，这种包含关系在右侧的两个集合中，却表现出一定的偏离程度。

图 7－2　充分条件的一致性

资料来源：笔者自制。

在定性比较分析（QCA）中，计算充分条件充分性的偏离程度涉及评估一个条件（X）作为结果（Y）的充分条件时的可靠程度。根据充分条件的定义，如果 X 是 Y 的充分条件，那么当 X 出现（$X=1$）时，Y 也应该出现（$Y=1$）。然而，当真值表中出现逻辑冲突时，即同样的 $X=1$，但 Y 的值并非总是 1，这就意味着 X 作为充分条件的可靠性存在偏离。充分条件充分性的偏离程度可以通过以下计算公式得到：

$$\frac{\text{当 } X=1, \text{且 } Y=1 \text{ 的案例数量}}{\text{所有 } X=1 \text{ 的案例数量}}$$

这个公式的分子是指在所有 $X=1$ 的案例中，Y 也等于 1 的案例数量；

分母是所有 $X=1$ 的案例数量。这个比值反映了 X 作为充分条件对 Y 的解释力度。值越接近 1，表示充分条件的可靠性越高；值越低，则表示充分条件的可靠性越低。在当前的研究中，一般以 0.9 作为一致性的最低值。换句话说，通过计算如果某条件的一致性低于 0.9，那么该条件不具备作为充分条件的基本要求。

充分条件的覆盖率。在现实世界里，结果可能是由多个因素、多种路径造成的。充分条件的覆盖率是指某个条件（X）对结果（Y）的解释程度。在定性比较分析（QCA）中，这是衡量一个条件作为结果充分条件解释力强弱的一个重要指标。当我们认为 X 是 Y 的充分条件时，$X=1$ 且 $Y=1$ 的案例表明了 X 对 Y 的解释情况；而 $Y=1$ 但 X 不为 1 的案例则表明了其他可能的解释因素或路径。因此，充分条件的覆盖率就是这二者的比值，其计算公式表述如下：

$$\frac{\text{当 } X = 1, \text{且 } Y = 1 \text{ 的案例数量}}{\text{所有 } Y = 1 \text{ 的案例数量}}$$

这个比值反映了条件 X 在所有导致结果 Y 的案例中所占的比例。如果这个比值较高，意味着 X 在产生结果 Y 中起着主要作用；如果比值较低，则意味着还有其他条件或因素在产生结果 Y 中起着重要作用。覆盖率的高低可以帮助研究者了解特定条件在解释结果中的相对重要性。

由于存在多种解释因素与条件组合，因此在一些案例中就可能出现不同因素与条件组合在该案例中共同存在。换句话说，由不同因素或条件组合构成的集合之间出现了交集（比如图 7－3，集合 X_1 与集合 = X_2 便存在交集）。针对这一现象，在定性比较分析中又将覆盖率进一步划分成原始覆盖率（raw coverage）、独占覆盖率（unique coverage）以及解的覆盖率（solution coverage）。

假设真值表经过布尔化解后得到的结果为 $Y = X_1 + X_2 + X_3$，在这一化简布尔解中，条件 X_1、X_2 与 X_3 分别是导致结果 Y 发生的三条因果路径，也是三个充分条件。原始覆盖率指的是当 $X=1$，且 $Y=1$ 的案例数量，与所有 $Y=1$ 的案例数量的比例，即经由上述公式得到的比值。例如，在图 7－3 中，X_1 的原始覆盖率等于Ⅰ加上Ⅱ，X_2 的原始覆盖率等于Ⅱ加上Ⅲ。独占覆盖率指的是原始覆盖率减去不同条件的交集覆盖率得到的比例。在图 7－3 中，Ⅰ就是 X_1 的独占覆盖率。解的覆盖率指的是所有条件独占覆盖率与交集覆盖率的总和，在图 7－3 的例子中，解的覆盖率等于Ⅰ＋Ⅱ＋Ⅲ＋Ⅳ的总和。

充分条件的覆盖率与可以被该条件解释的案例数量直接相关。不同于

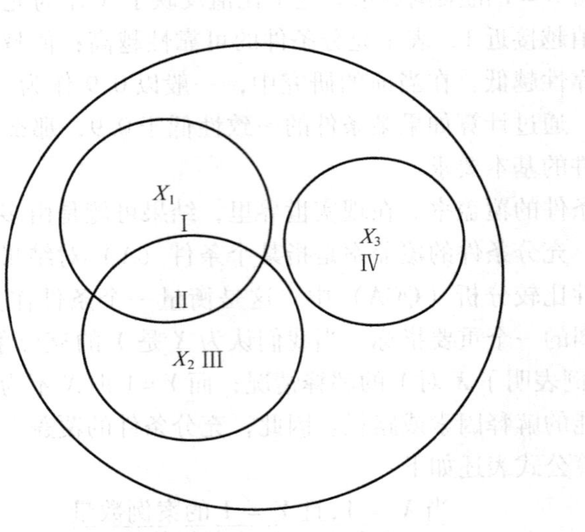

图 7-3　不同种类的覆盖率

资料来源：笔者自制。

一致性，充分条件覆盖率没有固定的数值作为衡量标准。这意味着，即使某个条件解释的案例数量不多（即覆盖率较低），也不能直接否定该条件的重要性。① 是否判定某条件具有重要性，需要结合具体案例情况和研究目的进行更全面的判断。此外，特别需要关注的是每个条件或条件组合的独占覆盖率。如果独占覆盖率过低，表明该条件（或条件组合）在多个案例中与其他条件（或条件组合）共同出现，从而难以明确判断该条件（或条件组合）本身的独立解释价值。

必要条件的一致性。与充分条件一致性的概念相似，必要条件的一致性是指原因 X 作为结果 Y 的必要条件的偏离程度。在集合理论中，如果 X 是 Y 的必要条件，那么集合 Y 应是集合 X 的子集。但实际情况中，这种包含关系可能存在偏离。例如，在图 7-4 中，位于左侧的集合 Y 是集合 X 的子集，而右侧的关系图显示了一定的偏离。

从计算逻辑上看，必要条件一致性的计算与充分条件一致性的计算类似。基于必要条件的定义，如果 X 是 Y 的必要条件，则当 $Y=1$ 时，X 也应为 1。在存在逻辑冲突的情况下，有可能出现当 $Y=1$ 时，X 却不为 1 的

① Charles C. Ragin, *The Comparative Method: Moving Beyond Qualitative and Quantitative Strategies*, Berkeley: University of California Press, 1987.

图7-4　必要条件的一致性

资料来源：笔者自制。

情况。此时，X 作为必要条件的偏离程度可以通过以下公式计算：

$$\frac{\text{当} X = 1, \text{且} Y = 1 \text{的案例数量}}{\text{所有} Y = 1 \text{的案例数量}}$$

这一公式表示，将满足必要条件定义的案例数量（当 Y=1 时，X 也为 1 的案例数量）与所有 Y 赋值为 1 的案例总数之间的比值来计算。这个比值反映了 X 作为必要条件的一致性程度。

必要条件的覆盖率。从集合理论出发，当条件 X 是结果 Y 的必要条件时，集合 Y 则是集合 X 的子集。因此，X 作为必要条件的覆盖率大小，完全取决于集合 Y 相对于集合 X 的大小。在图 7-5 中，覆盖率从（a）至（c）递减，展示了集合 Y 占集合 X 的比例随着条件覆盖范围的变化而变化。覆盖率的大小反映了必要条件在所有可能导致结果 Y 的案例中所占的比重。如果 Y 是 X 的一个小子集，则 X 的覆盖率较高，说明大部分发生结果 Y 的情况都需要条件 X；如果 Y 是 X 的一个大子集，覆盖率较低，则说明条件 X 对于结果 Y 的发生是普遍必要的，但不是唯一必要的条件。

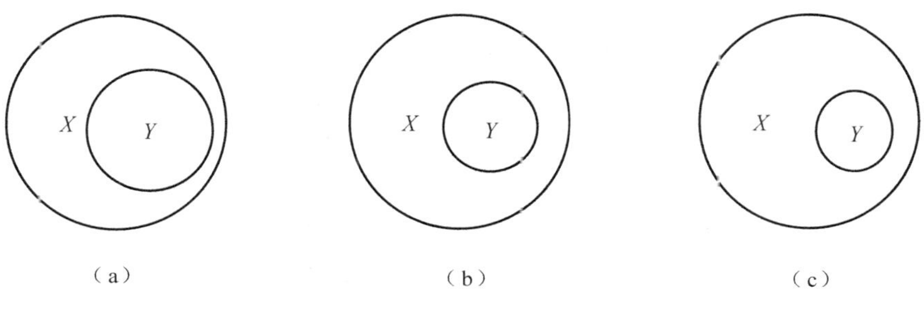

图7-5　必要条件覆盖率的变化

资料来源：笔者自制。

因此，必要条件的覆盖率就等于完全满足必要条件定义的案例数量（即落在集合 Y 中的案例数量）与 $X=1$ 的案例数量的比值。这一比值可以用以下公式概括：

$$\frac{\text{当}X = 1\text{，且}Y = 1\text{的案例数量}}{\text{所有}X = 1\text{的案例数量}}$$

一般来说，必要条件覆盖率的数值都比较高，很少见低于 0.5 的情况。然而值得注意的是，对于数值极高的情况尤其需要研究者根据研究情境进行深入分析。换句话说，通过以上方法计算，即使必要条件覆盖率的数值极高，该条件也可能是一个不相关条件。例如，一项研究试图考察是什么因素影响了不同国家在联合国中的投票倾向。在这一研究问题中，结果 Y 为投票倾向（赞成或反对）。研究者发现，“参与国际贸易”（X）是投赞成票的一个必要条件。但是在全球化背景下，大部分国家都参与国际贸易，所以这个条件几乎是普遍存在的，接近一个常量。在这一背景下，无论怎样，结果 Y（投赞成票）都将是条件 X（参与国际贸易）的一个子集。因此，在评价一个必要条件的相关性时，我们除了需要关注集合 X 与 Y 之间的关系，还要关注 X 与 $\sim X$ 之间的关系。如果集合 X 远远大于 $\sim X$，那么 X 很可能趋近一个常量。

第四节　研究示例

一　清晰集 QCA 研究示例：无家可归者动员的结果因何不同

我们用以展现清晰集 QCA 的研究示例是一项关于社会运动结果差异分析的研究。① 丹尼尔 · M. 克雷斯和大卫 · A. 斯诺的研究通过分析组织、战术、政治和框架等变量如何相互作用，探讨了美国 8 个城市中 15 个无家可归者社会运动组织（social movement organizations，以下简称 SMOs）的结果差异，旨在更系统地理解运动的结果及其影响力。该研究的出发点是，受到概念差异和因果混淆等因素的阻碍，对于社会运动的系统性分析仍然十分缺乏，而这阻碍了我们对于社会运动后果及其影响的系

① Daniel M. Cress and David A. Snow, “The Outcomes of Homeless Mobilization: The Influence of Organization, Disruption, Political Mediation, and Framing”, *American Journal of Sociology*, Vol. 105, No. 4, 2000, pp. 1063 – 1104.

统性理解。

文章首先对社会运动的结果进行了概念化。[①] 研究者将社会运动的结果划分为直接结果和间接结果：直接结果是指社会运动群体是否获得了利益或认可，是否成功组织化，以及是否强调集体利益等具体成果；而间接结果例如社会观念的变化则因为复杂性和难以测量的特点，未在该研究中深入探讨。

进一步，作者将直接结果归纳为四个方面（见表7－7），分别为两种组织结果（organizational outcomes）和两种（个体）受益结果（beneficiary outcomes）。前者包括：代表权（representation），即成员正式参与组织的委员会并享有发言权等；资源（resources），从集体行动目标中获得的物质受惠（material concessions）。而后者则包括：权利（rights），包括保证免受歧视的权利、投票权、申请福利的权利；救济（relief），指的是有助于改善无家可归状况的结果，比如提供基本必需品、庇护所、职业培训、低收入住房等。

表7－7　　无家可归者社会运动组织获取的结果类型

结果接收者	类型	举例
SMOs	代表权	解决无家可归问题的城市工作的职位；服务供给委员会的职位
	资源	办公空间和用品；对服务供给组织的管控
受益性个体	权利	投票权、上学权、获得福利的权利；缓解警察骚扰；减少服务提供者歧视
	救济	确保住宿设施（庇护所、储藏室、淋浴间）；确保恢复性方案和设施（雇佣方案，永久性住房）

资料来源：参见克雷斯和斯诺的研究。[②]

接下来，作者着手探究影响社会运动结果的因素。根据文献分析，作者认为有三大类因素可能对社会运动结果产生显著影响：

其一是组织特征和行为策略（organizational characteristics and tactics），

---

① 值得注意的是：在定性比较分析中，结果往往是一个复合且复杂的社会现象，因此，将其概念化以及操作化，往往需要研究者通过大量的文献回顾甚至实地调研才能得以完成。

② Daniel M. Cress and David A. Snow, "The Outcomes of Homeless Mobilization: The Influence of Organization, Disruption, Political Mediation, and Framing", *American Journal of Sociology*, Vol. 105, No. 4, 2000, p. 1077.

其往往包含结构、目标、战术等方面的组织特征，而且单一议题、非分裂的目标、选择性激励、组织结构的官僚化和中心化等，可能有助于实现社会运动目标。

其二是政治环境（political context）。在一个同情社会运动的政治氛围中，需要政治机构内的支持者进行调解和促进运动目标的实现。但作者同时指出，将这些因素简单化，不考虑本土化背景及其在不同类型社会运动中的作用，是理论观点的主要问题。

其三是框架效应（framing processes）。作者强调框架（framing）一词指的是"对某种有意义工作的概念化"，而这也是SMOs及其追随者定期进行的活动之一。[①] 这一因素主要包括两个方面：诊断性框架（diagnostic framing），其规定需要实现的具体目标及其手段和策略；预测性框架（prognostic framing），其规定了具体的补救措施或目标，以及实现这些目标的手段或策略。

作者试图通过评估组织、战术、政治调解和框架因素的相互作用，来解释15个不同城市SMOs的结果差异。接下来，作者开始从理论上建构分析总体。

作者指出80年代美国城市中无家可归者社会运动的扩张，以及1989年达到顶峰的国会大厦集会。研究选择了结果和活动范围具有差异的城市，并在3年内进行了实地调查。最终确定的8个城市的SMOs是基于对17个城市无家可归者集体行动的报纸报道内容分析后选出的（具体见表7－8）。

表7－8　研究中用以分析的城市和无家可归SMOs

城市	1988年在50个最大城市中的人口数量排名	所在区域	1989年每10000人中的无家可归人口数	无家可归SMOs	简写
波士顿	19	东北部	46.7	Boston Union of the Homeless	BUH
				Homefront	HF
				Homeless Civil Rights Project	HCRP

① Daniel M. Cress and David A. Snow, "The Outcomes of Homeless Mobilization: The Influence of Organization, Disruption, Political Mediation, and Framing", *American Journal of Sociology*, Vol. 105, No. 4, 2000, p. 1071.

续表

城市	1988 年在 50 个最大城市中的人口数量排名	所在区域	1989 年每 10000 人中的无家可归人口数	无家可归 SMOs	简写
丹佛	25	西部	29.7	Denver Union of the Homeless	DnUH
				Homeless People United	HPU
底特律	7	中西部	12.2	Detroit Union of the Homeless	DtUH
休斯顿	4	南部	8.7	Heads Up!	HU
				Houston Union of the Homeless	HUH
明尼阿波利斯	46	中西部	32.8	Alliance of the Streets	AOS
				Minneapolis Union of the Homeless	MUH
				People United for Economic Justice	PUEJ
奥克兰	44	西部	11.7	Oakland Union of the Homeless	OUH
				Membership Caucus	MC
费城	5	东北部	32.3	Philadelphia Union of the Homeless	PUH
图森	35	西南部	27.2	Tucson Union of the Homeless	TUH

资料来源：参见克雷斯和斯诺的研究。①

作者的数据收集方式是基于质性的实地观察，并识别领域内的交互模式、资源流和结果。具体而言，通过滚雪球抽样的方式，作者从每个城市的 SMOs 开始，观察和参与他们的会议和抗议行动，与领导人和普通成员进行访谈；然后再收集了 SMOs 集体行动的目标信息（比如针对警察局、市长办公室等），采访这些机构的一些成员，了解他们对这一问题的看法等等。作者也强调，与 SMOs 接触时采用的是"伙伴"的角色，而与其他相关组织行为者接触时采用的是"研究者"的角色。基于此，作者收集了从 1989 年到 1992 年期间 8 个城市一共 15 个组织的信息（活跃人数从 6

① Daniel M. Cress and David A. Snow, "The Outcomes of Homeless Mobilization: The Influence of Organization, Disruption, Political Mediation, and Framing", *American Journal of Sociology*, Vol. 105, No. 4, 2000, p. 1075.

人到 30 人以上不等)，每个案例组织的能力等方面也各不相同，因此还对每个案例组织的前成员和与之相关的其他重要组织进行了访谈。

对影响条件进行操作化。作者与活动者、盟友、目标群体和中立观察员等讨论了无家可归者的动员，还考察了社会运动和结果之间的时间关系，并对 15 个案例进行比较，在此基础上对以下条件进行操作化：

1. SMOs 的活力（SMOs viability)，即 SMOs 是否在一段时间内从事组织维护和抗议活动，比如，是否存在一年或者更长时间、集会的频率（成员见面频率是否每月至少两次、集体行动因素)，并以此区分案例单位的组织活力如何。

2. 破坏性策略（disruptive tactics)，即故意违反法律或可能被捕的风险策略，其中无中断的破坏性行动是事先协商和批准的（比如请愿等等)，其中有 8 个案例常使用破坏性策略。

3. 同情性盟友（sympathetic allies)，即是否有一个或多个支持无家可归运动的市议员的存在（比如，是否参加 SMOs 的会议和集会)，其中 7 个案例有这样的盟友。城市性支持（city support)，指的是已经建立专门负责解决无家可归问题机构的城市，比如波士顿、明尼阿波利斯和费城。

4. 框架因素，指是否能够知道什么是有问题的和有助改善的活动。诊断性框架则指明了有问题和需要改进的地方，并确定哪些是 SMOs 所针对的机构；预测性框架则规定了需要采取什么措施补救诊断出的问题。其中 7 个案例是有清晰连贯的诊断性框架，11 个案例具有清晰集中的预测性框架。

显然，这是一个适合清晰集 QCA 的研究，作者的目标是识别潜在的多重影响路径，并从许多可能的组合中识别导致特定结果的最简单的组合因素。具体的真值表如下：

表 7-9　SMOs 原因条件与结果的真值表

SMOs	条件						结果			
	组织活力	破坏性策略	同情性盟友	城市支持	诊断框架	预测框架	代表性	资源	权利	救济
PUH	1	1	1	1	1	1	1	1	1	1
AOS	1	0	1	1	1	1	1	1	1	1
OUH	1	1	1	0	1	1	1	1	1	1

续表

SMOs	条件						结果			
	组织活力	破坏性策略	同情性盟友	城市支持	诊断框架	预测框架	代表性	资源	权利	救济
TUH	1	1	1	0	1	1	1	0	1	1
PUEJ	1	1	1	1	1	1	0	0	1	1
DTUH	1	1	1	0	1	1	1	0	1	0
HCRP	1	0	0	1	1	1	1	0	1	0
BUH	0	1	0	1	0	1	0	0	0	1
DNUH	0	1	0	0	0	1	0	0	0	1
HF	0	0	1	1	0	0	0	1	0	0
HUH	0	0	0	0	0	1	0	0	0	1
HU	0	0	0	0	0	1	0	0	0	1
MUH	0	1	0	1	0	0	0	0	0	0
HPU	0	0	0	0	0	0	0	0	0	0
MC	0	0	0	0	0	0	0	0	0	0

资料来源：Daniel M. Cress and David A. Snow, "The Outcomes of Homeless Mobilization: The Influence of Organization, Disruption, Political Mediation, and Framing", *American Journal of Sociology*, Vol. 105, No. 4, 2000, p. 1081。

在具体分析过程中，作者发现因果条件的数量与取得的结果数量之间存在重要的联系①。在进行结果分析时，作者首先辨认出每个案例是否存在相关和独立的条件，以发现不同 SMOs 之间是否存在较大差异。此外，在分析必要和充分条件的组合时，作者识别出多条影响路径，并详细讨论了导致四种结果类型（代表性、资源、权利与救济）的因素组合。尽管研究没有区分取得的结果的数量，但作者通过观察 SMOs 是否接受了两种或以上结果类型，来评估这些因素的重要性，尤其是关注代表权、权利和救济，因为这些影响是最直接的。作者在分析中发现，拥有明确诊断和预测框架的组织是取得成功的必要条件（见表 7 - 10）。

① 详见该文表 4，参见 Daniel M. Cress and David A. Snow, "The Outcomes of Homeless Mobilization: The Influence of Organization, Disruption, Political Mediation, and Framing", *American Journal of Sociology*, Vol. 105, No. 4, 2000, p. 1082。

表 7-10　　无家可归 SMOs 的结果路径

结果路径	SMOs
代表性:	
活力 * 破坏性 * 盟友 * 诊断 * 预测 +	DTUH, TUH, OUH, PUH (PUEJ)
活力 * & 破坏性 * 城市支持 * 诊断 * 预测	AOS, HCRP
资源:	
活力 * 破坏性 * 盟友 * 诊断 * 预测 +	OUH, PUH (DTUH, PUEJ, TUH)
活力 * 盟友 * 城市支持 * 诊断 * 预测 +	AOS, PUH (PUEJ)
& 活力 * & 破坏性 * 盟友 * 城市支持 * & 诊断 * & 预测	HF
权利:	
活力 * 破坏性 * 盟友 * 诊断 * 预测 +	DTUH, OUH, PUEJ, PUH, TUH
活力 * & 破坏性 * 城市支持 * 诊断 * 预测	AOS, HCRP
救济:	
活力 * 盟友 * 城市支持 * 诊断 * 预测 +	AOS, PUEJ, PUH
活力 * 破坏性 * 盟友 * 诊断 * 预测	TUH, OUH, PUEJ, PUH (DTUH)
& 活力 * 破坏性 * & 盟友 * & 诊断 * 预测 +	BUH, DNUH
& 活力 * & 盟友 * & 城市支持 * & 诊断 * 预测	HU, HUH
重要影响路径:	
活力 * 破坏性 * 盟友 * 诊断 * 预测 +	DTUH, OUH, PUEJ, PUH, TUH
活力 * & 破坏性 * 城市支持 * 诊断 * 预测	HCRP, AOS

注：& 表示"非"，即这一条件不存在。

资料来源：Daniel M. Cress and David A. Snow, "The Outcomes of Homeless Mobilization: The Influence of Organization, Disruption, Political Mediation, and Framing", *American Journal of Sociology*, Vol. 105, No. 4, 2000, p. 1083。

作者还为发现众多的因果路径组合辩护，指出如果对单一结果与复合结果的关系及其影响进行细致审视，那么这些关系不确定或缺乏理论效用的结论是没有根据的。数据表明，并非所有途径都同样有效，有一种途径促进了所有四种结果的实现，而其他途径则可能只与一种或两种结果相关。导致两个或更多结果的组合特征在于这些组织拥有清晰的诊断和预测框架，表明良好的组织性和战略规划是取得广泛成效的关键。

比如　从表 7-11 中可以看出，有三条路径很突出：第一，根据获得的结果数量来衡量，所有六种途径并非同等有效或同等成功，其中一种途径促进了所有四种结果的实现；第二，两种组合导致了两种结果；第三，其中三种组合仅与一种结果相关。因此，某些途径或组合显然比其他途径或组合具有更明显的影响，而且，导致两个或更多结果的三种组合的特点是，这些组织都具有明确的诊断和预测框架，即这些组织具有更好的组织性与谋划，才能取得更多的成果。

表7－11　　　　结果的多元路径与影响层次

路径	结果	影响
活力＊破坏性＊盟友＊诊断＊预测	代表性，资源，权利，救济	很强
活力＊& 破坏性＊城市支持＊诊断＊预测	代表性，权利	强
活力＊盟友＊城市支持＊诊断＊预测	资源，救济	一般
& 活力＊破坏性＊& 盟友＊& 诊断＊预测	救济	弱
& 活力＊& 盟友＊无城市支持＊& 诊断＊预测	救济	弱
& 活力＊& 破坏性＊盟友＊城市支持＊& 诊断＊& 预测	资源	弱

资料来源：Daniel M. Cress and David A. Snow，"The Outcomes of Homeless Mobilization：The Influence of Organization，Disruption，Political Mediation，and Framing"，*American Journal of Sociology*，Vol. 105，No. 4，2000，p. 1097。

最后，作者得出结论，即大多数社会运动的结果可能是通过多种途径获得的，而不是通过一个可靠的途径或一组条件。这表明，寻求一个单一的总体框架来解释结果很可能事与愿违。具体而言，作者发现，组织生存能力和框架活动对于无家可归组织获得目标结果非常重要。当这些条件存在并与政治因素一起出现时，无家可归者运动组织可能会取得最好的结果。虽然这种条件结合是否适用于其他运动是一个经验性的问题，但是，作者也强调，从理论和经验上来看，从不同条件相互作用和结合来理解社会运动的结果，可能比专注于单个视角所指定的条件或两个视角间的对立更有说服力。

综上，结合这一典型的清晰集 QCA 研究，我们也可以一窥这一方法的优势与局限。其优势在于结果与前因条件的赋值清晰简单，数据分析与运算也具有结构化的特征，但局限在于难以测量那些"非二分"的变量，从而使得更为精细的分析难以推进。而这也正是模糊集 QCA 的优势所在。

二 模糊集 QCA 研究示例：政治转型后的政党生存研究

在第三波民主化转型背景下，马天航的研究试图解释政体转型后，前苏东国家的前执政党的后继党在民主制下生存状况的差异。① 由于这一分析的总体所包含的案例较少，同时也属于较为宏观的政治学分析，因而在方法上适用于定性比较分析。作者尝试构建了 19 个后继党近三十年来整体生存情况的模糊集以及相关的条件组合数据，围绕历史遗产、转型选择、精英团结和党际关系等方面呈现并分析影响后继党存续和衰亡的条件组合。

具体而言，作者提炼的研究问题是：政体转型后，为什么有些后继党可以在议会中获得（相对）多数支持，主导联合政府或者成为最大在野党；有些可以获得稳定的选票，参与联合政府；还有些政党却长期被边缘化，少有机会制定政策；另有部分政党长年无法进入议会或者因为内部分裂或者法律禁止而消失？

为此，作者建构了理论上的研究总体：从 20 世纪 80 年代末到 2015 年，第三波民主化转型后的 19 个政党。通过文献回顾，作者认为有五大因素会对转型后政党的生存产生影响：

1. 历史遗产。作者强调，历史遗产并非结构清晰的概念，而是一组变量的集合，研究者往往只是选择与自身议题相关的子项目来使用，它们互有交叠又不彼此统辖。

2. 经济因素。通常情况下，经济绩效会引发选民对于议会中政党态度的波动：经济上升有助于执政党连任，经济下降有利于在野党当选。

3. 政党基层组织、党员和经费。作者强调，一些后继党在早期的选举动员中还是依赖原有的组织和资源，但是政党领导人和政治明星在政党生存中扮演愈发重要的角色，而且，还需要分层次理解政党基层组织的作用。

4. 地缘因素。从制度的空间扩散来看，那些靠近西欧的国家更容易接受市场化改革，政体转型更为顺利，民主也易于巩固。然而，作者回顾文献后发现，位置靠近或远离西欧的国家的后继党都可能存续或衰亡，但路径不尽相同。

5. 制度因素。作者认为，制度本身也是一系列因素（比如历史遗产、

① 马天航：《民主化转型后的政党生存——基于 19 国前执政党的后继党的定性比较分析》，《世界政治研究》2021 年第 1 期。

精英博弈和选民参与）共同作用的结果，不过一旦实施，制度就会影响政党的选择——比如选举制度。

基于上述分析，作者给出了上述五个因素对于政党生存影响的分析框架：

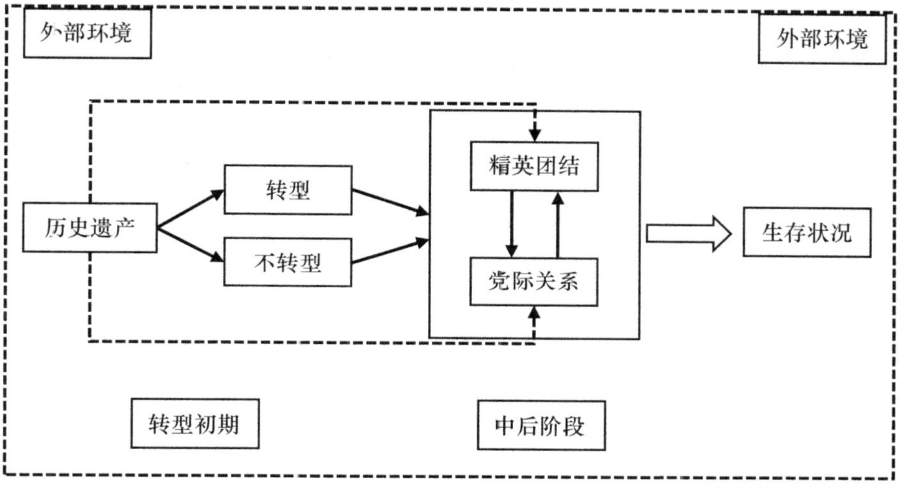

图7－6　影响后继党生存的互动框架

资料来源：参见马天航的研究。[①]

在研究设计部分，作者首先讨论的是如何测量结果。由于政党生存是一个非常复杂的概念，涵盖了政党是主导执政、参与执政（排名如何、作用如何等）以及在野，等等，因此，作者通过计算各后继党转型以来历次正式选举中执政的时间、排名和作用以及在野的时间、排名和作用，并据此对后继党在民主制下的生存情况作定性分类：

一等为核心政党。它们获得多数选票，单独过半或者联合政府，执政时间多于在野时间，执政时期议会的平均排名为1，最近一次选举仍旧是取得主导位置的政党。二等为次核心政党。它们获得相对多数选票，主导联合政府，执政时间少于在野时间，执政时期的议会平均排名多大于等于1，在野时期的平均排名多大于2，最近一次选举多为（最大）在野党。三等为部分小生境政党。它们获得稳定选票，是联合政府中的相关政党，

① 马天航：《民主化转型后的政党生存——基于19国前执政党的后继党的定性比较分析》，《世界政治研究》2021年第1期。

联合执政时议会平均排名大于2，在野平均排名大于2.5。四等也属于小生境政党。它们获得稳定选票，但是长期被边缘化难以参与决策。五等为短期的议会外政党。六等为被合并、解散或长期议会外的政党。

作者根据上述分等情况作定性分类，分六等，间隔0.2，再根据实际情况适当修订。具体分类情况如下：

表7-12　各政党的生存情况与赋值（调整后）

后继党/国家	生存情况	赋值
阿尔巴尼亚	一等	1
保加利亚	二等	0.8
克罗地亚	二等	0.8
捷克	四等	0.4
爱沙尼亚	六等	0
格鲁吉亚	六等	0
匈牙利	二等	0.5
拉脱维亚	四等	0.3
立陶宛	三等	0.6
马其顿	二等	0.8
摩尔多瓦	二等	0.4
蒙古	一等	1
黑山	一等	1
波兰	五等	0.3
罗马尼亚	一等	1
塞尔维亚	三等	0.6
斯洛伐克	六等	0
斯洛文尼亚	三等	0.6
乌克兰	五等	0.2

资料来源：根据原文表2和表5合并而成。

在分析框架基础上，作者对影响因素的编码与操作化则更为复杂，具体操作化和赋值见如下内容和表7-13：

1. 历史遗产：反对力量较强、转型形势比较严峻的国家，赋分为1，包括：捷克、波兰、匈牙利、斯洛文尼亚、克罗地亚、斯洛伐克、爱沙尼亚、拉脱维亚、立陶宛、塞尔维亚；剩下是“世袭式”，属于反对力量较弱、转型形式相对宽松的国家，赋分为C，包括：摩尔多瓦、格鲁吉亚、马其顿、蒙古、保加利亚、罗马尼亚、乌克兰、阿尔巴尼亚、黑山。

2. 转型选择：政党更名 =1；不更名 =0。例如：拉脱维亚 =0，蒙古 =1。

3. 精英团结：用反向指标，数值越大越分裂。一则计算政党分裂的次数，二则衡量分裂事件的严重程度。①

4. 党际关系：用联合竞选策略的频率衡量。联盟竞选比例越高，分值越高。

5. 外部环境：①与欧盟的关系；②比例代表制。

表7－13　　　　后继党生存的结果与各条件赋值

后继党/国家	反对力量	精英转型	党内分裂	联盟竞选	欧盟影响	比例代表制	政党生存
阿尔巴尼亚	0	1	0.37	0.5	0.5	0.46	1
保加利亚	0	1	0.37	0.9	0.9	0.98	0.8
克罗地亚	1	1	0.24	0.63	0.8	0.95	0.8
捷克	1	0	0.1	0.11	1	1	0.4
爱沙尼亚	1	1	0.64	0.33	1	1	0
格鲁吉亚	0	0	0.95	0.29	0.2	0.60	0
匈牙利	1	1	0.9	0.31	1	0.53	0.5
拉脱维亚	1	0	0.1	0.71	1	1	0.3
立陶宛	1	1	0.05	0.29	1	0.50	0.6
马其顿	0	1	0.37	0.78	0.5	0.67	0.8
摩尔多瓦	0	0	0.64	0	0.2	1	0.4
蒙古	0	1	0.37	0	0	0.23	1
黑山	0	1	0.37	0.86	0.5	0.96	1
波兰	1	1	0.9	0.75	1	1	0.3
罗马尼亚	0	1	0	0.57	0.9	0.67	1
塞尔维亚	1	1	0.1	0.57	0.5	1	0.6

① 马天航：《民主化转型后的政党生存——基于19国前执政党的后继党的定性比较分析》，《世界政治研究》2021年第1期。

续表

后继党/国家	反对力量	精英转型	党内分裂	联盟竞选	欧盟影响	比例代表制	政党生存
斯洛伐克	1	1	0.64	0.2	1	1	0
斯洛文尼亚	1	1	0.24	0.11	1	0.98	0.6
乌克兰	0	0	0.64	0	0.2	0.57	0.2

资料来源：参见马天航的研究。①

在研究中，作者通过模糊集 QCA 的运算详细分析了单个条件以及条件组合的必要性与充分性。② 研究发现，没有任何单一条件（包括其否定条件），是政党生存或衰亡的必要条件。满足政党生存的条件组合相对集中甚至是单一的，而满足政党衰亡的条件组合则更为多样化，在不同的符合度阈值下存在多种模式。值得注意的是，QCA 中的多个条件并不是处于同一逻辑层面，它们之间存在明显的时序关系。历史遗产是逐渐减弱的，转型选择是短期集中的，党内分裂的结果是不确定的，而竞选策略、选举制度和议会席位则具有周期性。

这项研究展示了定性比较分析的完整流程，凸显了其在案例分析中的优势与局限。QCA 遵循“规律论—决定论”的因果本体论，并且更注重因果关系的分析而不是因果机制的澄清，留给了基于案例导向的综合研究设计以更大的研究空间。由于历史遗产、转型选择、党内分裂、竞选策略、选举制度和议会席位的时序性、不确定性和周期性特征，QCA 难以详细解析这些因素的因果机制，因此它不能替代过程追踪。过程追踪需要更多的案例内分析来阐明政党生存的因果链条。

第五节 小结

在本章中，我们深入讨论了定性比较分析（QCA）的基础理论和实践应用。通过分析 QCA 的各个方面，我们探索了它在处理复杂社会科学问题中的独特优势和不可忽视的局限。

① 马天航：《民主化转型后的政党生存——基于 19 国前执政党的后继党的定性比较分析》，《世界政治研究》2021 年第 1 期。

② 马天航：《民主化转型后的政党生存——基于 19 国前执政党的后继党的定性比较分析》，《世界政治研究》2021 年第 1 期。

QCA 方法的核心在于识别不同案例间的条件组合，从而揭示多元路径的因果机制。它基于“规律性—决定论”因果本体论，通过布尔代数和集合理论的原则，将复杂的社会现象理论化，从而为社会科学研究提供了一个非线性、非对称的分析框架。QCA 在处理具有内在多样性的案例集时展现出明显的优势。通过精确的条件赋值和结构化的数据分析过程，它能够揭示隐藏在表象之下的因果关系，尤其是在条件存在非线性和相互依赖关系时。此外，QCA 能够处理因果关系的非单一性，识别出导致相同结果的不同路径。

尽管 QCA 在理论上具有明显优势，但它在实际应用中也面临着一系列挑战。例如，有限多样性问题和逻辑冲突问题往往要求研究者进行更深入的理论思考和创造性的解决方案。此外，QCA 在处理模糊、连续和动态条件时存在限制，这些条件往往需要更灵活和细致的分析方法。面对挑战，QCA 的方法论仍在不断发展和完善。通过整合其他方法如过程追踪、案例内分析等，QCA 能够提供更全面和深入的因果分析。同时，随着计算能力的提高和理论的进步，QCA 未来在社会科学研究中的应用将更为广泛和精确。

在结束本章讨论时，我们认识到 QCA 不是一种替代其他方法的工具，而是一种与其他方法相互补充、相互增强的分析框架。它强调的是一种多元、开放的研究视角，旨在揭示社会现象的丰富性和复杂性。通过本章的探索，我们更加深刻地理解了 QCA 在揭示复杂社会现象中的价值和潜力。

第八章　基于案例导向的整合研究设计

在分别介绍案例导向研究的三种主要研究路径后，接下来，我们尝试探讨基于案例导向的整合研究设计，并尝试解答其中的关键问题。在本书第四章中，我们讨论了基于理论化的整合案例选择策略。本章将进一步拓宽分析视野，不仅仅聚焦于案例导向研究本身，而是试图融合部分量化研究的逻辑和术语。因为整合研究设计的多个环节——特别是案例的选择过程——完全可以借助定量研究的方法来提高其科学性，从而优化案例导向研究的设计与执行。①

虽然估计因果效应与厘清因果机制各有侧重，但我们并没有把二者对立起来。相反，这反而对社会科学研究提出了更高的要求，即一项论证严谨且充分的研究往往需要对二者均进行翔实的讨论。在此背景下，基于案例导向的整合研究设计在一定程度上是为了更好地完成上述目标：不同案例导向研究方法各有所长，如何取长补短值得慎重思考。上述提及的多元方法研究的基本原则便是将跨案例因果推断（cross - case causal inference）与案例内因果推断（within - case causal inference）“融为一体”，核心任务则是通过多元方法以形成因果分析的基础。② 在多方法研究设计中，研究者通常先行进行跨案例分析，随后再挑选适当的案例展开深入探究，而案例选择在其中便起着连接“规律性”与“机制性”的桥梁作用。③

接下来，本章将讨论如何进行案例导向研究的整合研究设计，然后再

---

① Colin Elman, John Gerring and James Mahoney, “Case Study Research: Putting the Quant Into the Qual”, *Sociological Methods and Research*, Vol. 45, No. 3, 2016, pp. 375 - 391.

② Gary Goertz, *Multimethod Research, Causal Mechanisms, and Case Studies: An Integrated Approach*, Princeton: Princeton University Press, 2017, p. 5.

③ Derek Beach, “Multi - Method Research in the Social Sciences: A Review of Recent Frameworks and a Way Forward”, *Government and Opposition*, Vol. 55, No. 1, 2020, pp. 163 - 182; Gary Goertz, *Multimethod Research, Causal Mechanisms, and Case Studies: An Integrated Approach*, Princeton: Princeton University Press, 2017.

介绍两种相对应的整合研究设计路径——以跨案例分析优先的整合研究设计与以案例内分析优先的整合研究设计，最后讨论整合研究设计中的案例选择问题。

第一节 案例导向研究的整合研究设计何以可能

案例导向研究的整合研究设计尝试综合跨案例研究与案例内分析以完成因果推断的核心目标。如表8-1所示，跨案例研究与个案研究的目标与作用差异较大。前者一般旨在进行理论验证、估计因果效应。而质性研究层面的案例分析则通常是通过生成新的解释性假说去回答探索性的问题，或者深度讨论特定条件下的因果机制及其连带现象。[①] 因而，案例分析的主要目标不仅是讲故事或展示某种现象，而且是力求通过这些具体信息，挖掘出对一些基本关系类别、基本特征表象、基本行为范型的认识。[②]

表8-1　　个案与跨案例研究设计的一般性比较

		个案研究	跨案例研究
研究目标	假设	生成型（generating）	验证型（testing）
	有效性（validity）	内部的（internal）	外部的（external）
	因果洞见性（insight）	机制（mechanism）	效应（effect）
	命题范围	深度（deep）	广度（broad）
实证因素	个案的总体	异质性（heterogeneous）	同质性（homogeneous）
	因果的强度	强	弱
	有用的变异度	几乎没有（rare）	普遍的（common）
	数据可获取性	集中的（concentrated）	分散的（dispersed）
其他因素	因果的复杂程度	不确定	
	给定领域的研究状况	不确定	

资料来源：John Gerring, *Case Study Research: Principles and Practices*, New York: Cambridge University Press, 2007, p. 38。

① Alexander L. George and Andrew Bennett, *Case Studies and Theory Development in the Social Sciences*, Cambridge: MIT Press, 2005; Robert K. Yin, *Applications of Case Study Research*, Thousand Oaks: Sage, 2011.

② 张静：《案例分析的目标：从故事到知识》，《中国社会科学》2018年第8期。

案例分析不仅能通过对单个或少数分析单元的深入研究来理解更大规模的相似(或相反)的分析单元或案例[①],还能为跨案例分析中的关系提供潜在的机制解释[②]。这种研究设计的基本思路是:在初步明确某种现象或因素的结构性关系后,选择符合特定目标的案例进行深入分析,以完成因果推断目标。

不过,无论是在方法论层面的分析,还是相关的经验研究,相当一部分仍然倡导或践行将个案研究嵌入以量化相关为指导的回归分析之中。[③]多数研究者并未过多考虑不同研究路径在认识论上的差异,以及由此产生的对因果推断的方法论影响。

比如埃文·利伯曼提出的嵌入式分析设计,大体上也遵循了初步大样本分析和对结果稳健性的评估这一思路(参见图 8-1)。[④]这种研究设计涵盖了初期的大样本分析以及对其结果的稳健性评估:如果模型合理且结果可靠,则进入"模型检验型小样本分析"阶段;反之,则进入"模型构建型小样本分析"阶段。在每个案例分析中,研究者应利用从小样本或个案分析中获得的信息,对分析结果进行再评估。

然而,如上所述,像利伯曼等学者倡导的混合研究设计实际上面临着一个重要的挑战:基于案例的方法旨在理解因果过程如何在特定案例中发挥作用,而基于变异的方法则旨在评估一组案例的平均因果效应。由于这两种方法在基本假设上的差异,单个案例的深入研究很难与对大量案例的平均因果效应进行有效的对话。[⑤]正因为此,杰森·西奈特强调,"在初

---

① John Gerring, *Case Study Research: Principles and Practices*, New York: Cambridge University Press, 2007, p. 37.

② John Gerring, "What Is a Case Study and What is it Good for?", *American Political Science Review*, Vol. 98, No. 2, 2004, pp. 341 - 354.

③ 比如:Imke Harbers and Matthew C. Ingram, "Incorporating Space in Multimethod Research: Combining Spatial Analysis with Case - Study Research", *PS: Political Science and Politics*, Vol. 50, No. 4, 2017, pp. 1032 - 1037; Jing Vivian Zhan, Haiyan Duan, and Ming Zeng, "Resource Dependence and Human Capital Investment in China", *The China Quarterly*, Vol. 221, 2015, pp. 49 - 72; Daniel Ziblatt, "Shaping Democratic Practice and the Causes of Electoral Fraud: The Case of Nineteenth - Century Germany", *American Political Science Review*, Vol. 103, No. 1, 2009, pp. 1 - 21; Kai M. Thaler, "Mixed Methods Research in the Study of Political and Social Violence and Conflict", *Journal of Mixed Methods Research*, Vol. 11, No. 1, 2017, pp. 59 - 76.

④ Evan S. Lieberman, "Nested Analysis as a Mixed - method Strategy for Comparative Research", *American Political Science Review*, Vol. 99, No. 3, 2005, pp. 435 - 452.

⑤ Derek Beach, "Multi - Method Research in the Social Sciences: A Review of Recent Frameworks and a Way Forward", *Government and Opposition*, Vol. 55, No. 1, 2020, pp. 163 - 182.

步使用推断性统计分析来检验核心假设的研究者，也应当重视如何将案例研究整合到一个更加系统和扩展的研究设计中”①。

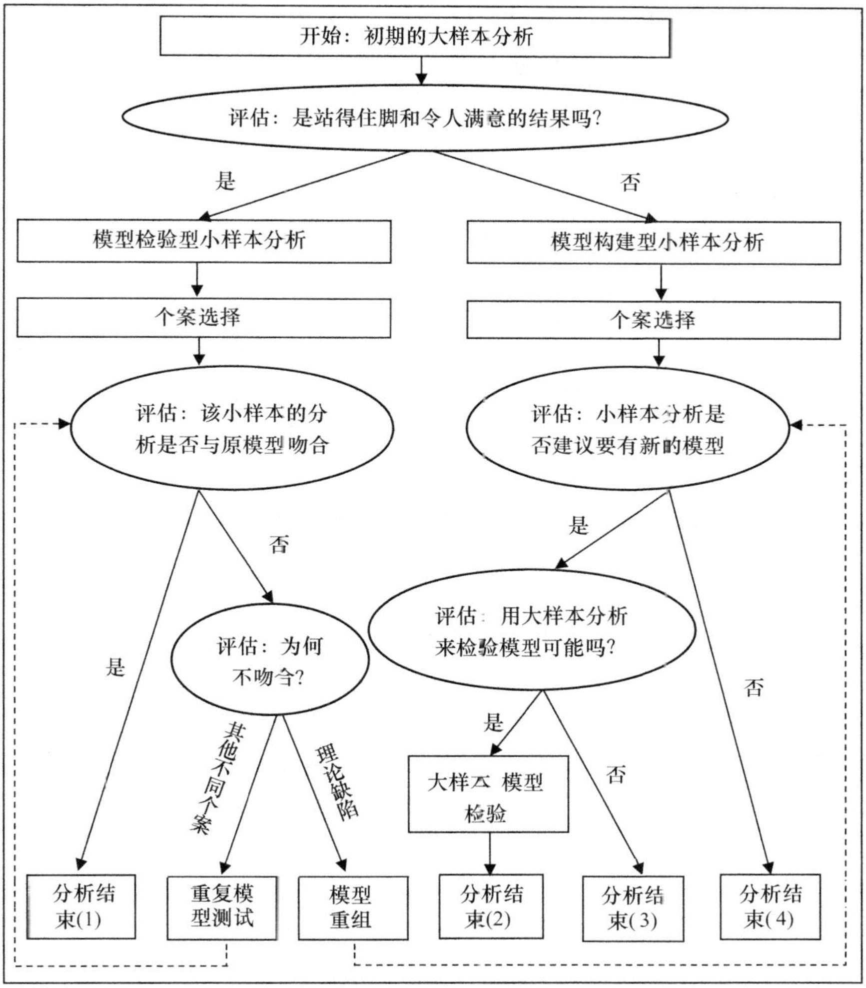

图8－1　嵌入式分析流程概要

资料来源：参见利伯曼的研究。②

① Jason Seawright, *Multi－Method Social Science: Combining Qualitative and Quantitative Tools*, Cambridge: Cambridge University Press, 2016, pp. 70－71.

② Evan S. Lieberman, "Nested Analysis as a Mixed－method Strategy for Comparative Research", *American Political Science Review*, Vol. 99, No. 3, 2005, p. 437.

对此，我们认为，如果将各种案例导向的研究路径整合起来，就可以在很大程度上缓解这一“对话”困境。卡斯滕·Q. 施耐德和英戈·罗尔芬就对类似的研究设计进行了讨论，其中包括定性比较分析前、跨案例分析以及定性比较分析后三个阶段（见图8－2）。①

按照这种研究设计，在QCA之前的案例研究中，主要目的是界定案例范围、识别和校准纳入分析的条件变量，并解决真值表中的矛盾行（即各组案例在赋值后的逻辑不一致）。在形成一个明确且逻辑自洽的真值表之前，研究者需要在研究设想、全面的案例分析与条件结果赋值之间进行反复推敲，并在必要时进行校准。这一系列分析对研究者的案例知识积累提出了较高要求。在真值表确定之后，研究者可以通过布尔代数运算法则进行定性比较分析，之后就进入案例选择环节，即选择哪些案例进行后续的过程追踪分析。② 在QCA之后的阶段，需要对典型案例进行因果机制的过程追踪分析。而异常案例则意味着研究者的理论存在解释漏洞，比如遗漏了一类或几类条件组合（而非个别条件），这要求研究者对这些案例进行深入探索，以提升理论的解释力。

尽管以集合理论和逻辑因果为基础的案例导向研究的整合型设计得到了越来越多研究者的关注③，但是关于案例导向的整合研究设计还存在许多难题需要解决。比如，如何将集合关系（充分性/必要性）的分析与潜在因果机制的探究相结合，如何解决异常案例的问题，如果后续的个案研究没有证实理论假设该如何继续分析等。这些都是研究者特别关注的方法论主题。

在案例导向的整合研究设计中，结合定性比较分析（QCA）与过程追踪的研究设计受到了广泛关注。此外，我们认为少案例比较研究实际上已经是一种将跨案例关系讨论与深入个案分析相结合的研究设计。④ 因此，在

---

① Carsten Q. Schneider and Ingo Rohlfing, “Combining QCA and Process Tracing in Set－Theoretic Multi－Method Research”, *Sociological Methods and Research*, Vol. 42, No. 4, 2013, pp. 559－597.

② 比如选择典型案例和/或异常案例，我们将在本章后续内容中进行讨论。

③ 比如：Derek Beach and Ingo Rohlfing, “Integrating Cross－Case Analyses and Process Tracing in Set－Theoretic Research: Strategies and Parameters of Debate”, *Sociological Methods & Research*, Vol. 47, No. 1, 2018, pp. 3－36; Joachim Blatter and Till Blume, “In Search of Co－Variance, Causal Mechanisms or Congruence? Towards A Plural Understanding of Case Studies”, *Swiss Political Science Review*, Vol. 14, No. 2, 2008, pp. 315－356; Ingo Rohlfing and Carsten Q. Schneider, “A Unifying Framework for Causal Analysis in Set－Theoretic Multimethod Research”, *Sociological Methods and Research*, Vol. 47, No. 1, 2018, pp. 37－63。

④ 正如我们在第四章所讨论的那样，基于前因条件与结果的不同组合选择案例，正是将少案例比较研究的跨案例部分与案例内部分进行有机整合的关键。

本章，我们将主要关注基于 QCA 这一跨案例分析的整合研究设计。

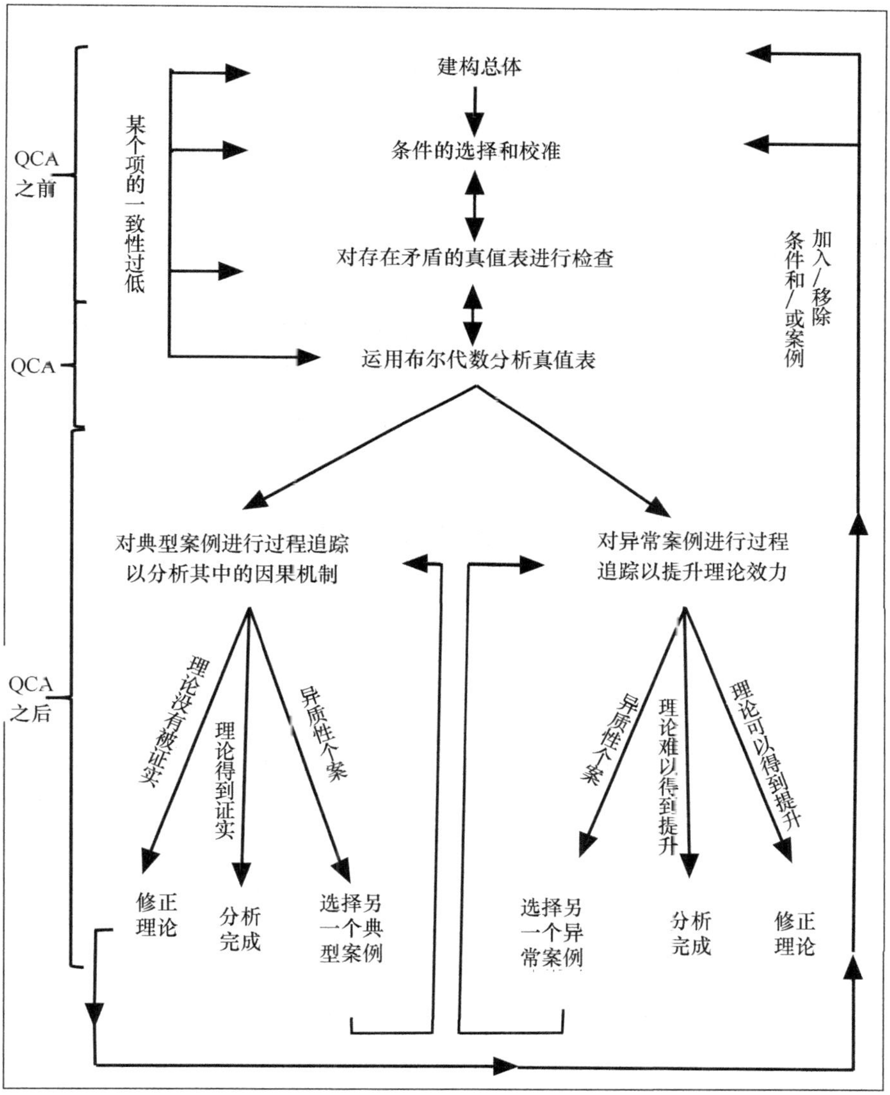

图 8－2　“定性比较分析＋过程追踪”的整合研究设计

资料来源：参见施耐德、罗尔芬的研究。①

① Carsten Q. Schneider and Ingo Rohlfing, “Combining QCA and Process Tracing in Set－Theoretic Multi－Method Research”, *Sociological Methods and Research*, Vol. 42, No. 4, 2013, p. 561.

在讨论案例导向研究的整合研究设计之前，我们先对案例导向研究的不同路径进行比较（见表8－2）。我们认为，定性比较分析的设计思路与操作过程可能是案例导向研究之中方法论制度化程度（methodological institutionalization）最高的，即为研究实践所共享的标准最具系统性和可操作性。其核心在于构建以真值表为中心的条件组合，每个真值表的行则代表不同的类型，而案例被分配到它们所属的行，而每行的结果值取决于与实际结果之间的经验关联。在因果推断上，定性比较分析遵循"规律性—决定论"的因果性本体论，以集合论和布尔代数为分析手段，旨在分析因果结构，即导致结果Y的原因条件组合。少案例比较方法则主要通过跨个案的受控比较以评估结果Y为何产生的必要和（或）充分条件。因此，少案例比较分析与定性比较分析主要关注的是宏观层面的"大问题"（big questions），尝试解析的也是宏观层面的关系。①

表8－2　　　　案例导向研究的不同路径比较

	定性比较分析	少案例比较分析	过程追踪
推断逻辑	整体性视角下的集合论消元逻辑	比较论消元逻辑	主观概率贝叶斯逻辑
对因果性本体论的理解	规律性—决定论	规律性—决定论	机制论—决定论
用什么作推断	集合理论和布尔代数	密尔的求同法与求异法及其变体	有关基于先验知识发现具体证据的预期似然性的贝叶斯定理
评估的因果性类型	导致Y的原因条件组合	导致Y的必要和/或充分条件	因果机制存在/缺失（即从X到产生Y的因果解释力的传递）

① 正如我们在本书上一章所强调的，记住这一点尤为重要，这主要是因为，案例导向下的定性比较分析采用整体论视角看待研究中的案例，而每个案例往往在微观之上的层面"聚合"了诸多信息，从而在结构上形成若干前因条件组合。同时，QCA尝试在理论建构下的总体中进行跨案例比较分析，这些特征都使得定性比较分析往往并不适应分析微观个体数据。

续表

	定性比较分析	少案例比较分析	过程追踪
用以作推断的关键结果类型	中等规模的数据集观察结果	更少量的“厚实”DSOs集合（通常是2—5个深度个案研究）	证据（o+k->e），其中一件证据足以依据其概率进行推断
什么算作观察结果	我们是否可以发现产生结果的前因条件（causal ingredients）组合	现象的特定个案	我们能否发现的每个机制部件预期可观察的表现与可观察到的证据
分析的层次	侧重于分析宏观层次的关系	侧重于分析宏观层次的关系	宏观与微观并重
分析优先性	以理论为中心和以个案为中心的焦点进行跨案例推断	以理论为中心和以个案为中心的焦点	以理论为中心和以个案为中心的焦点
所作推断的类型	在通过理论构建的总体中进行跨案例推断	跨个案推断（但总体范围较小；情景化的）	个案内推断

注：集合论消元逻辑是指在集合关系（子集或非子集等）通过隶属度来对条件组合进行消减，以求达到最简化的原因条件组合；而比较论消元逻辑（comparativist logic of elimination）指的是，建立在密尔的求同与求异法基础上，用求同法来筛除可能的必要原因，求异法则用以检验充分性的因果关系，并筛除潜在的充分原因。

资料来源：少案例比较与过程追踪法的总结主要参见比奇和佩德森的研究；定性比较分析则参见拉金的研究①。

因此，当研究者完成定性比较分析并获取符合一致性与覆盖度标准的前因条件（组合）后，便开始关注其中的因果机制。此时，研究者可以选择两种分析路径来探索机制：其一是对宏观因果现象进行微观层次解释，即寻找因果机制的微观基础②，或通过解析因果过程将宏观变化与微观行为连接起来；其二是通过进一步的案例研究进行机制说明③。

---

① Charles C. Ragin, *Redesigning Social Inquiry: Fuzzy Sets and Beyond*. Chicago and London: University of Chicago Press, 2008.

② 张长东：《社会科学中的因果机制：微观基础和过程追踪》，《公共管理评论》2018年第1期；刘骥：《找到微观基础——公共选择理论的中国困境》，《开放时代》2009年第1期。

③ Andrew Bennett, "Process Tracing and Causal Inference", in Henry E. Brady and David Collier eds., *Rethinking Social Inquiry: DiverseTools, Shared Standards*, Lanham, MD: Rowman and Littlefield, 2010, pp. 207–219; Derek Beach, "It's all about Mechanisms – What Process-tracing Case Studies Should Be Tracing", *New Political Economy*, Vol. 21, No. 5, 2016, pp. 463–472.

无论哪一种，基于过程追踪的个案内因果推断都适用，因为其主要关注如何将相关类型的结果与潜在的因果机制关联起来，特别擅长“验证嵌入在跨案例分析中的因果过程假设”[①]。在“机制论—决定论”的因果性本体论下，过程追踪的主要议题是因果机制是否存在，即从X到产生Y的因果解释力的传递过程，并以能否发现每个机制部件所预期的可观察证据为主要判断依据。因此，过程追踪在分析层次上可以将宏观与微观并重并联结起来。

然而，在研究实践中，基于过程追踪的定性证据（尤其是确凿的环箍型证据以及充分性的枪口冒烟型证据）可能并不存在，甚至存在时也不总能对因果推断做出决定性或有效贡献。尽管如此，在案例导向的整合研究设计中，基于过程追踪的个案内推断“可以”且“应该”扮演关键角色。研究者应思考的方向是，如何通过合理的研究设计更好地运用质性证据以支持系统性的因果推断。在接下来的内容中，我们将重点讨论基于逻辑因果的案例选择“技艺”，并在此基础上介绍两种对应的整合研究设计路径，即以跨案例分析优先的设计和以案例内分析优先的设计。

第二节　基于逻辑因果的案例选择“技艺”

面对中等规模的案例，主要的跨案例分析路径是定性比较分析（QCA）。与基于线性代数的回归分析不同，这一方法基于布尔代数与集合理论，从逻辑充分/必要性的角度对因果关系进行阐释。正是由于这一根本性的差异，使得基于QCA方法完成跨案例分析的研究，在个案选择时有着不同的策略要求。

一　典型案例：机制验证导向

正如我们在上一章介绍的，一般来说，使用QCA的方法进行因果推断主要包括以下四个步骤：首先，根据研究问题确定案例选择范围；其次，根据文献梳理与理论框架的建构确定影响结果的若干条件；再次，根据案例在各个条件与结果上的情况进行赋值，并以此建立真值表（truth table）；最后，根据真值表进行布尔运算并得到最终的布尔解（solution），

---

① Thad Dunning, “Transparency, Replication, and Cumulative Learning: What Experiments Alone Cannot Achieve”, *Annual Review of Political Science*, Vol. 19, 2016, pp. S1 – S23.

该“解”即为导致结果发生的一个或一组充分性的条件或条件的组合。

不难看出，通过这一过程所得到的，是条件（组合）与结果之间有关充分/必要性的关系，然而对于条件如何导致结果的过程——因果机制并无深入的探讨。更重要的是，多数定性比较分析的方法都是静态的，缺乏对“时间”的观照。这一缺陷主要表现在，虽然该方法注重条件组合与结果的关系，但是却忽视了不同条件出现顺序对结果的影响。① 因此，在使用定性比较分析进行跨案例比较之后，十分有必要通过对典型案例的分析，探寻因果机制，完善因果解释。在定性比较分析的方法中，典型案例指的是满足布尔解的条件关系，且结果出现（presence）的案例。下面以探索福利国家产生的条件为例，对以上论述进行简要说明。

哈格指出，从先行研究来看，福利国家的产生大致有四个相关的影响因素，它们分别是：一个强大的左翼政党（P），强有力的工会（U），一个强力的法团主义的工业体系（C），以及社会经济的同质性（S）。② 如果我们以欧美主要国家为研究总体，按照它们在这四个条件上的有无分类W（1/0），可以得到如下真值表（表8-3）：

表8-3　　福利国家产生的条件真值表

国家	P	U	C	S	W
奥地利	1	1	1	1	1
丹麦	1	1	1	1	1
芬兰	1	1	1	1	1
挪威	1	1	1	1	1
瑞典	1	1	1	1	1
加拿大	0	0	0	0	0
法国	0	0	0	0	0
美国	0	0	0	0	0
德国	0	0	1	0	0
荷兰	0	0	1	0	0

① Derek Beach and Ingo Rohlfing, "Integrating Cross-Case Analyses and Process Tracing in Set-Theoretic Research: Strategies and Parameters of Debate", *Sociological Methods & Research*, Vol. 47, No. 1, 2018, pp. 3-36.

② Simon Hug, "Qualitative Comparative Analysis: How Inductive Use and Measurement Error Lead to Problematic Inference", *Political Analysis*, Vol. 21, No. 2, 2013, pp. 252-265.

续表

国家	P	U	C	S	W
瑞士	0	0	1	0	0
日本	0	0	0	1	0
新西兰	0	1	0	0	0
爱尔兰	0	1	1	1	1
比利时	1	1	1	0	1

资料来源：参见哈格的研究。[①]

根据这一真值表，遵循布尔代数的计算方法，可以得出如下结论：

$$PUC + UCS \rightarrow W$$

也就是说，产生福利国家的条件组合有两种可能：一种组合是“强大的左翼政党，强有力的工会与强力的法团主义的工业体系”，另一种组合是“强有力的工会，强力的法团主义工业体系与社会经济的同质性”。可以看出，布尔化简为探索福利国家产生的条件提供了两种清晰的解释。然而，在这一过程中，研究者却无法了解从因到果的过程，更无法厘清因条件时序不同而产生的不同的机制路径。根据比奇和罗尔夫[②]的总结，等于或多于三个条件的条件组合按照不同的时序情况，大致可以有四种机制路径：（1）条件同时发挥作用；（2）诱发条件与中介条件；（3）诱发条件与中介条件组合；（4）诱发条件组合与中介条件。将这四类路径置于以上福利国家的问题中，以 PUC 这一条件组合解为例，从理论上来说，则可以在每种路径类型下至少总结出一种可能（图 8－3）：

图 8－3 中四种类型的机制路径呈现的一个基本事实是，同一条件组合可以有不同的排列方式，而每一种排列方式都对应着截然不同的机制路径。因此，借助对典型案例的分析，深入挖掘案例内条件相互作用的过程，才更有可能对问题进行完整且准确的解释。根据上述对典型案例的界定可知，在本例中，存在两个布尔解“PUC”与“UCS”，满足该布尔解条件组合情况，并且产生福利国家的两个案例分别是比利时与爱尔兰。因此，这两个案例就是该研究中需要进一步分析的典型案例。

① Simon Hug, “Qualitative Comparative Analysis: How Inductive Use and Measurement Error Lead to Problematic Inference”, *Political Analysis*, Vol. 21, No. 2, 2013, p. 258.

② Derek Beach and Ingo Rohlfing, “Integrating Cross－Case Analyses and Process Tracing in Set－Theoretic Research: Strategies and Parameters of Debate”, *Sociological Methods & Research*, Vol. 47, No. 1, 2018, pp. 3－36.

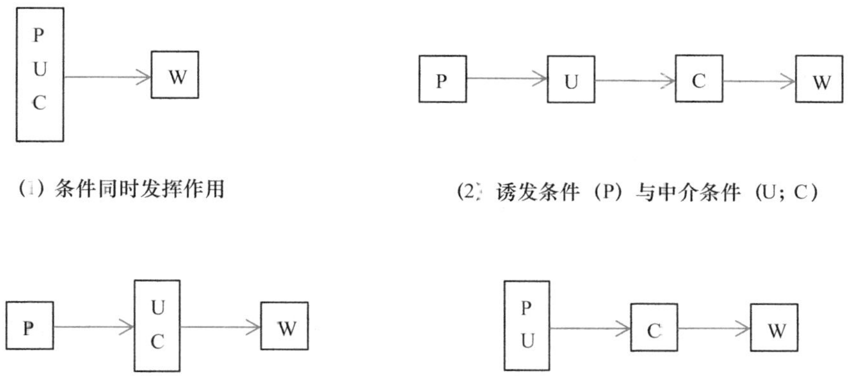

（1）条件同时发挥作用

（2）诱发条件（P）与中介条件（U；C）

（3）诱发条件(P)与中介条件组合(UC)

（4）诱发条件组合（FU）与中介条件（C）

图8－3　由不同条件时序产生的四类机制路径

二　异常案例：条件验证导向

在使用定性比较分析方法得出布尔解之后，除了需要借助典型案例挖掘条件与结果之间的机制以外，还需要根据研究的实际情况对异常案例进行考察，这是因为对于建立在充分/必要性基础上的逻辑因果来说，异常案例不仅意味着对结果可能存在新的解释，有些异常案例甚至挑战着布尔解本身。

总的来说，在定性比较分析研究中，有两种常见的异常案例。[①] 第一种为满足布尔解所提供的条件组合情况，但是结果却没有发生的案例（以下称Ⅰ型异常案例）；第二种为结果虽然发生，但是条件组合情况属于布尔解以外的案例（以下称Ⅱ型异常案例）。从两种异常案例的定义不难看出，Ⅰ型异常案例与一致性（consistency）参数紧密相关，而Ⅱ型异常案例则与覆盖率（coverage）参数紧密相关。虽然各类软件都能便捷地计算出这两个拟合参数，但是由于异常案例从逻辑上影响着关于问题的解释，因此，必须根据研究需要针对不同类型的异常案例，对理论框架进行调适。[②]

---

① Carsten Q. Schneider and Ingo Rohlfing, "Combining QCA and Process Tracing in Set－Theoretic Multi－Method Research", *Sociological Methods and Research*, Vol. 42, No. 4, 2013, pp. 559－597.

② Carsten Q. Schneider and Claudius Wagemann, *Set－Theoretic Methods for the Social Sciences: A Guide to Qualitative Comparative Analysis*, New York: Cambridge University Press, 2012.

Ⅰ型异常案例。以上述有关福利国家的研究为例，根据布尔解可知，凡是在现实中包含“PUC”或“UCS”的条件组合，却没有产生福利国家的案例都属于Ⅰ型异常案例。由于布尔解表示的是导致结果发生的充分性的条件（组合），因此，根据充分性的定义可知，Ⅰ型异常案例本质上是对布尔解充分性能否成立的挑战。最有可能导致该问题发生的原因是，存在一些重要的但却被忽视的条件。因此，研究者需要将异常案例与典型案例进行深入的比较，从而挖掘导致不同结果的其他被忽视的条件，为完善理论框架、进行新一轮的定性比较分析奠定基础。①

Ⅱ型异常案例。同样以上述有关福利国家的研究为例，凡不属于“PUC”或“UCS”蕴含项（implicants）的条件组合，却导致了福利国家产生的案例都属于Ⅱ型异常案例。事实上，这类异常案例的存在，其背后反映的是“殊途同归”（equifinality）或称“一果多因”的现象。这意味着，研究者遗漏了某一类甚至某几类的条件组合（而非个别条件）。因此，这就要求研究者针对这些案例进行深入探索，挖掘条件组合中不同条件之间的整合关系。

总之，如果说典型案例解决的是因果逻辑完整性的问题，那么异常案例则解决的是因果逻辑一致性的问题。因此，从这个意义上来说，针对典型案例的分析，类似于上述利伯曼提出的“模型检验型小样本分析”，而针对异常案例的分析，则属于“模型构建型小样本分析”。② 从这一思路来看，当研究者使用QCA的方法完成跨案例分析之后，应当首先针对异常案例进行分析，从而完成对模型的调适，然后再展开对典型案例的分析，以完成完整的因果解释。

第三节　以跨案例分析优先的整合研究设计

在整合研究设计中，先进行跨案例的定性比较分析（QCA），然后根据分析结果选择不同类型的特定案例，进行接下来的个案内分析，这是一种常见的研究路径。在上一节中，我们讨论了逻辑因果下的个案选择问

① Derek Beach and Ingo Rohlfing, “Integrating Cross - Case Analyses and Process Tracing in Set - Theoretic Research: Strategies and Parameters of Debate”, *Sociological Methods & Research*, Vol. 47, No. 1, 2018, pp. 3 - 36.

② Evan S. Lieberman, “Nested Analysis as a Mixed - Method Strategy for Comparative Research”, *American Political Science Review*, Vol. 99, No. 3, 2005, pp. 435 - 452.

题，并将典型案例和异常案例的概念应用于集合论框架下的定性比较分析，解释了如何根据 QCA 结果识别和选择这些案例。

图 8-4 展示了一个更为简洁且可操作性更强的设计路径。其中，案

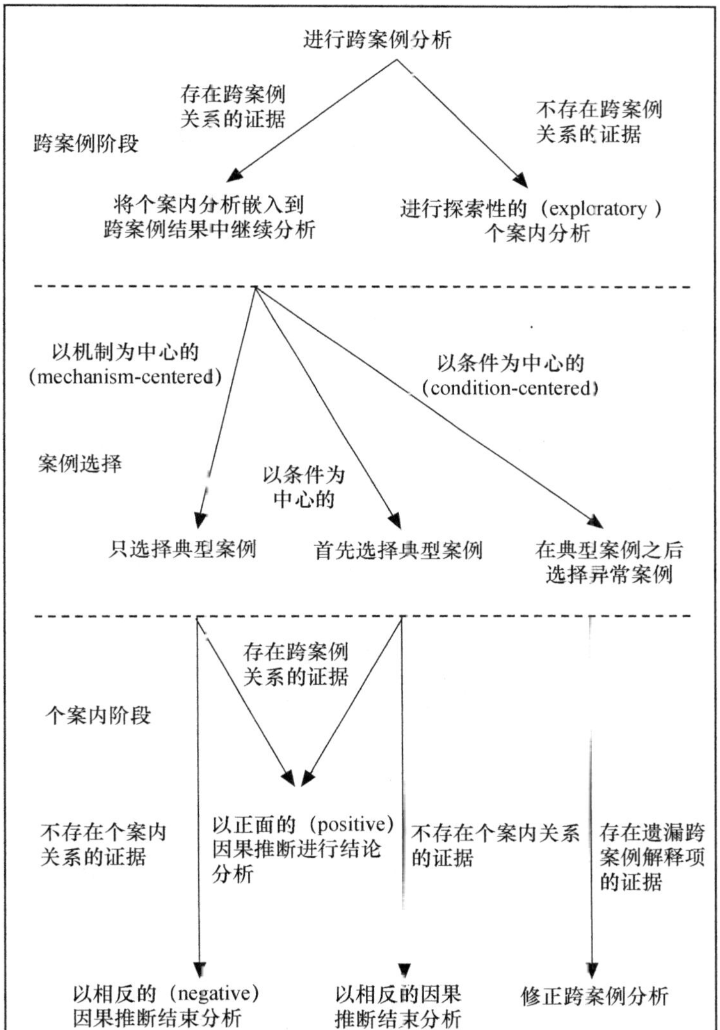

图 8-4 以跨案例分析开始的整合研究设计

资料来源：参见比奇和罗尔夫的研究。①

① Derek Beach and Ingo Rohlfing, "Integrating Cross-Case Analyses and Process Tracing in Set-Theoretic Research: Strategies and Parameters of Debate", *Sociological Methods & Research*, Vol. 47, No. 1, 2018, pp. 3-36.

例选择阶段是设计中非常关键的部分，起到承上启下的作用。表8－4则进一步归纳了定性比较分析结果中的案例类型。[①] 这种设计路径强调了在跨案例分析和个案内分析之间建立起有效的联系，确保研究的整体一致性和深度。通过精心选择案例，研究者可以更深入地理解特定条件下的因果机制，从而在理论和实证层面上提供更为充分的解释。

表8－4　　定性比较分析中充分性的案例类型

		QCA 解决方案（X）中的清晰集隶属度	
		0	1
结果中的清晰集隶属度	0	不相关案例	一致性异常案例
	1	覆盖度异常案例	典型案例

资料来源：根据相关研究[②]绘制。

在以机制为中心和以条件为中心的分析中，我们首先应关注那些已知可能存在相关机制的案例。这类案例即为典型案例，属于布尔解的条件关系项，同时也呈现出了预期的结果。分析表明，典型案例通常以机制为中心，相同的条件组合的不同排列方式对应着截然不同的机制路径。只有通过深入的案例内分析，我们才能完整且准确地解释条件组合之间的相互作用过程。随着在更多典型案例中找到支持性证据，我们将更加有信心地认为，我们的发现很可能也适用于其他未被研究的典型案例。

通常情况下，我们只有一种典型案例，但却可能面对两种不同类型的异常案例——不同类型的异常案例则服务于不同的分析目的。[③] 其中之一是异常一致性案例（a deviant case consistency），其属于充分性前因条件组合项之中但结果却并没出现的案例。异常一致性案例则表明，在布尔解包含的充分性条件组合中，可能存在遗漏条件未被纳入。这说明，我们应该

① 其中，不相关案例（individually irrelevant case）最为特殊，因为它在所有项中均缺失。因而这一类型的案例与典型案例正好构成了一对“反事实”案例组合，可以作进一步的分析。

② Carsten Q. Schneider and Ingo Rohlfing, “Combining QCA and Process Tracing in Set－Theoretic Multi－Method Research”, *Sociological Methods and Research*, Vol. 42, No. 4, 2013, p. 572.

③ Ingo Rohlfing and Carsten Schneider, “Improving Research on Necessary Conditions: Formalized Case Selection for Process Tracing after QCA”, *Political Research Quarterly*, Vol. 66, No. 1, 2013, pp. 572－576.

将异常案例与典型案例进行比较，以阐明两者到底存在哪些条件（组合）的差异。另外一种是异常覆盖度案例（a deviant case coverage），其捕捉的则是相反的情况，即这一案例是结果发生的组别，但却不属于任何布尔解中的充分性前因条件组合。异常覆盖度案例则指向另一个方向，即在结果的解决方案中，可能遗漏了某个充分性前因条件（组合）项。

而在个案内分析阶段，我们通常不会只分析某种特定类型的典型案例或异常案例，而是需要尝试将不同类型的案例进行对比分析。比如，在以条件为中心的案例选择中，我们可以选择多个典型案例进行比较分析。如果对这些典型案例的案例内分析发现是一致，则可以加强我们对充分性解释项的信心。

但是，如果我们在两个或多个典型案例中发现了来自矛盾的证据或模棱两可的结果，此时就有必要启动进一步的分析。按照比奇和罗尔芬的建议，我们可以采取两种分析策略：第一种策略是重新审视跨案例分析及其相关参数的设定（即对阈值进行校准），当我们更改建模决策后再重新运行分析，并根据新结果选择典型案例——如果在典型案例中找到了确凿的证据，我们还应该在另一个典型案例中进行第二轮过程追踪分析；第二种策略是，我们可以分析是否有理由相信，选定的案例与总体中的其他案例相比并不具有同质性因果关系——如果我们发现一个案例在理论上偏离了从另一个案例中得出的见解，我们则选择第三个典型案例进行分析。①

而异常案例的选择则使我们能够在以条件为中心的分析中进一步完善理论建模：如果我们发现存在遗漏项的证据，我们应该相应地修改跨案例分析；然而，如果对异常案例的分析也没有提供任何可能的解决方案（比如校准、寻找遗漏的前因条件组合等），那也暗示这一问题暂时难以解决。

表 8－5 则进一步归纳了上述有关不同类型案例与结果的比较分析模式。有关相似结果的比较案例分析，已经在上述探讨有所涉及，而有关相异结果案例的比较分析则值得进一步分析。

---

① Derek Beach and Ingo Rohlfing, "Integrating Cross－Case Analyses and Process Tracing in Set－Theoretic Research: Strategies and Parameters of Debate", *Sociological Methods & Research*, Vol. 47, No. 1, 2018, pp. 3－36.

表 8－5　集合理论下整合研究设计的比较策略

	必要性	充分性
相似结果比较	典型案例 vs. 典型案例： 建构或检验有关因果机制的假设 典型案例 vs. 一致性异常案例： 寻找解释项中的遗漏条件	典型案例 vs. 典型案例： 建构或检验有关因果机制的假设
相异结果比较	典型案例 vs. 不相关案例： 建构或检验有关因果机制的假设	典型案例 vs. 覆盖度异常案例： 寻找解释项中的遗漏条件 覆盖度异常案例 vs. 不相关案例： 发现真值表中的遗漏条件，以及一个新的解释项的设定

资料来源：参见施耐德和罗尔芬的研究。①

在相异结果的比较中，典型案例与不相关案例的比较尤其重要。由于这两种案例在前因条件组合和结果项呈现完全相反的取值，因而对典型案例和不相关案例进行比较代表了一种很好的策略，即可以弥补在对典型案例进行单案例研究时反事实的缺失。除了缺少必要条件外，不相关案例与典型案例具有相同的结构，因此我们可以研究，如何将该条件的缺失与结果的不存在联系起来，并以此与我们观察到的典型案例进行比较分析。②

与之相对地，在充分性中，覆盖度异常案例与不相关案例的比较逻辑，则与（相似结果中的）典型案例和一致性异常案例的比较是类似的，这也是比较过程追踪的理想设置模式：选择属于同一真值表行（row）的两个案例，这意味着这两种案例在条件组合上一样，但却呈现出不同的结果。此时，过程追踪分析的重点应放在，找寻覆盖度异常案例与不相关案例在结果上实现“分野”的条件——一旦将该条件添加到真值表中，这两个案例将落入不同的真值表行。研究者在扩展真值表后重新进行定性比较分析：而如果覆盖度异常案例中该条件存在，则不相关案例中不存在，前者现在很可能包含在最小化过程中，并成为新的解释项的典型案例，同

① Carsten Q. Schneider and Ingo Rohlfing, “Combining QCA and Process Tracing in Set - Theoretic Multi - Method Research”, *Sociological Methods and Research*, Vol. 42, No. 4, 2013, p. 578.

② Carsten Q. Schneider and Ingo Rohlfing, “Combining QCA and Process Tracing in Set - Theoretic Multi - Method Research”, *Sociological Methods and Research*, Vol. 42, No. 4, 2013, p. 571.

时新的解释项将不包含不相关案例。①

至此，我们再来总结以跨案例分析优先的整合研究设计的要点。第一，案例的选择遵循不同的理由，这取决于研究者旨在厘清机制，还是进行条件组合的诊断或补充。第二，通常只有一种类型的典型案例，但存在不同类型的异常案例，这些案例类型都服务于不同的分析目的。第三，根据异常案例为何出现“异常”的不同原因，我们可以设计不同的过程追踪分析。第四，即使在以跨案例分析优先的整合研究设计中，也存在多种不同的变体，这完全取决于研究者的分析目标和选择的艺术。接下来，在此基础上，我们会探讨以个案内分析优先的整合研究设计。

第四节 以个案内分析优先的整合研究设计

从跨案例分析开始，然后选择特定类型的案例进行案例内分析，目的在于探索跨案例分析中发现的关系的机制，或补充可能遗漏的前因条件或充分性解释组合。而本节讨论的整合研究设计则是从案例内的过程追踪分析开始，之后再进行跨案例分析。

我们通常在两种情况下采用以案例内分析优先的整合研究设计：一是当我们大致知道潜在的原因组合 X 与结果 Y 之间存在相关性，但没有足够的理论来指导我们识别其中的因果机制；二是当我们知道结果 Y，但不清楚导致这一结果的具体原因。② 由前文关于过程追踪的讨论可知，解决这两大问题均是过程追踪的潜在优势所在：第一种情况关注于以 $X—Y$ 为中心的理论构建，通常以机制为核心，探索性或验证性地建立或检验因果机制的假设；第二种情况涉及以条件为中心的研究，即目标在于识别结果 Y 的未知决定因素，属于以 Y 为中心的理论构建的探索性分析。③

---

① Carsten Q. Schneider and Ingo Rohlfing, “Combining QCA and Process Tracing in Set - Theoretic Multi - Method Research”, *Sociological Methods and Research*, Vol. 42, No. 4, 2013, p. 577.

② Derek Beach and Ingo Rohlfing, “Integrating Cross - Case Analyses and Process Tracing in Set - Theoretic Research: Strategies and Parameters of Debate”, *Sociological Methods & Research*, Vol. 47, No. 1, 2018, p. 12.

③ Derek Beach and Rasmus Brun Pedersen, *Process - Tracing Methods: Foundations and Guidelines*, Ann Arbor: University of Michigan Press, 2019; David Collier, “Understanding Process Tracing”, *PS: Political Science and Politics*, Vol. 44, No. 4, 2011, pp. 823 - 830.

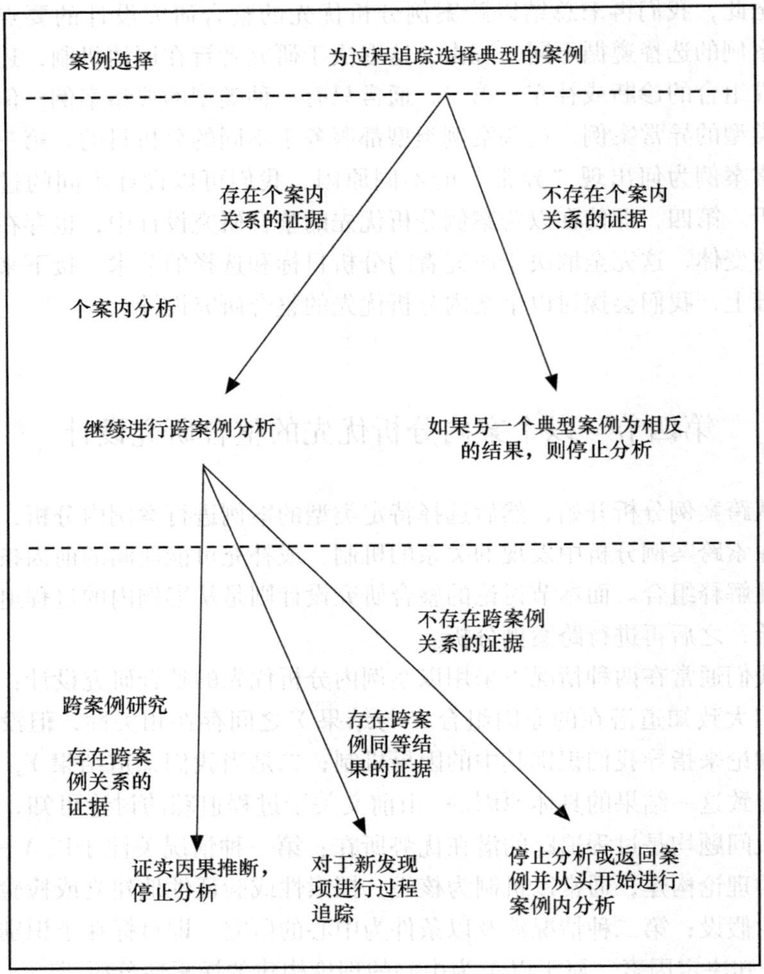

图 8－5　从过程追踪开始的整合研究设计

资料来源：参见比奇和罗尔夫的研究。①

图 8－5 则为我们展示了以个案内分析优先整合研究设计的大致流程。其中，我们首先需要考虑的是选择哪些个案来进行案例内分析（即过程

① Derek Beach and Ingo Rohlfing, "Integrating Cross－Case Analyses and Process Tracing in Set－Theoretic Research: Strategies and Parameters of Debate", *Sociological Methods & Research*, Vol. 47, No. 1, 2018, pp. 3－36.

追踪），或者具体而言，应该选择哪些典型案例来为跨案例分析奠定基础。其基本假设在于过程追踪的基本因果性本体论假设：结果是可以归因于条件和机制（机制论），而适用于案例群的一般理论则可以用来阐述这些条件和机制（决定论）。[①]

因此，我们需要寻找典型案例来检验或建构我们实证分析中的假设，然而根据罗尔芬的观点，典型案例的实际意义和选择取决于我们是实现以条件为中心的目标，还是以机制为中心的分析。[②] 在以条件为中心的设计中，我们的目标是分析 X 是否满足作为 Y 的充分条件，此时，典型案例则被简单地定义为满足条件 X 集合的成员；在以机制探索性为中心的设计中，典型案例是结果集 Y 的成员，研究者通常将跨案例关系视为给定的，并探索或检验因果机制是否存在。[③]

在上述意义上选择案例，研究者们通常会建议选择正面案例，即前因条件组合与结果均出现的案例。[④] 不过，米克尔森也认为，在有限设集合的环境下，研究负面案例也可以提供有关导致结果的原因的经验教训——同时他也强调，通常只有在与相似的正面案例匹配使用的情况下，关注负面案例才得以发挥较大的理论解释力。[⑤]

---

① Tulia G. Falleti and Julia F. Lynch, "Context and Causal Analysis in Political Analysis", *Comparative Political Studies*, Vol. 42, No. 9, 2009, pp. 1143 – 1166.

② Ingo Rohlfing, *Case Studies and Causal Inference: An Integrative Framework*, London: Palgrave Macmillan, 2012, pp. 61 – 96.

③ Ingo Rohlfing and Carsten Schneider, "Improving Research on Necessary Conditions: Formalized Case Selection for Process Tracing after QCA", *Political Research Quarterly*, Vol. 66, No. 1, 2013, pp. 220 – 235; Ingo Rohlfing and Carsten Q. Schneider, "A Unifying Framework for Causal Analysis in Set – Theoretic Multimethod Research", *Sociological Methods and Research*, Vol. 47, No. 1, 2018, pp. 37 – 63.

④ Ingo Rohlfing and Carsten Schneider, "Improving Research on Necessary Conditions: Formalized Case Selection for Process Tracing after QCA", *Political Research Quarterly*, Vol. 66, No. 1, 2013, pp. 220 – 235.

⑤ 图 8 – 5 的研究设计仅讨论了对典型案例（正面案例）的分析，并未关注基于负面案例的过程追踪。实际上，在以个案内分析为先的整合研究设计中，分析负面案例也有着独特的优势，比如：通过分析负面案例，研究者可以深入了解结果未能发生的原因，也可以防止在解释结果发生与不发生之间的理论中产生不一致的情况，还可以确保在产生结果的机制与结果为何缺失的机制之间保持逻辑自洽。因此，从这些作用来看，在整合研究设计中，首先分析负面案例，我们也可以掌握结果为何不发生的机制，并比对结果发生与不发生之间的理论存在哪些关键不同，从而推测关键的前因条件组合。参见 Kim Sass Mikkelsen, "Negative Case Selection: Justifications and Consequences for Set – Theoretic MMR", *Sociological Methods & Research*, Vol. 46, No. 4, 2017, pp. 739 – 771。

不过，我们仍然主要关注以典型案例内分析优先的设计。通过对个案的深入分析，我们通常可以得到三种不同的结果①：

1. 如果我们找到因果关系的个案内证据，则可以继续进行跨案例分析。不过，单个案例只能为因果推断提供最低限度的经验基础，如果我们可以深入研究的典型案例越多，那么我们对该因果关系在整体中确实存在的信心就越强。

2. 在一个所谓的典型个案中并没有找到跨案例关系的证据，此时，我们就需要再次确认所选案例是不是特定且恰当的，以及是否要将这一案例从案例总体中剔除。

3. 这一典型案例并没有反映与我们预期一致的因果关系，反而指向了与之相反的机制方向——如果越来越多的典型案例指向了相反的因果方向，那这一发现就越可靠。

在个案内分析的基础上，接下来进行的跨案例分析可以印证个案内分析的发现，并且可能揭示个案内分析所未触及的分析边界。

对于在个案内分析中发现的 X 与 Y 之间的关联证据，如果跨案例分析产生了与个案内过程追踪一致的结果，我们便可以得出结论，X 与 Y 之间存在某种集合论联系（以条件为中心的设计），或者存在某种特定的因果机制（以机制为中心的分析）。马洪尼还指出，对于个案内分析发现的其他相关可观察影响，研究者可以进行更多轮的跨案例分析，以增强对结论的信心。②

对于第二种情况，即跨案例分析发现了超出个案过程追踪范围的充分性前因条件（组合），或者说发现了跨案例层次的等价性证据（equifinality at the cross - case level），此时需要研究者进行新一轮的过程追踪，以确保新发现的前因条件（组合）确实基于有因果机制的相关性（即确实存在因果关系）。

综上所述，研究者可以基于不同案例类型的选择和初步分析的发现来设计各种整合研究设计。众多研究示例展示了不同的研究侧重点和组合形态，如以条件为中心的设计类型，以机制为中心的设计类型，以及在跨案例定性比较分析后的过程追踪，通过不同案例类型在必要性和充分性上的

① Derek Beach and Ingo Rohlfing, "Integrating Cross - Case Analyses and Process Tracing in Set - Theoretic Research: Strategies and Parameters of Debate", *Sociological Methods & Research*, Vol. 47, No. 1, 2018, pp. 13 - 15.

② James Mahoney, "After KKV: The New Methodology of Qualitative Research", *World Politics*, Vol. 62, No. 1, 2010, pp. 120 - 147.

差异来展示不同的研究设计。[①]

总体而言，与单一方法相比，这些不同形态的整合研究设计展现了案例导向研究在统一认识论基础下的因果推断潜力。[②] 定性比较分析规范化了在小规模案例研究中难以或不可能识别的集合关系分析模式，而案例导向研究可以从其发现的结构性因果关系中获益。[③] 同时，个案内过程追踪既是对跨案例定性比较分析的有效补充，帮助识别背后的因果机制，完善理论和 QCA 模型，也是在跨案例分析前构建理论的重要探索性比较方式。因此，在研究技术与研究艺术的权衡中，案例导向的整合研究设计在很大程度上体现了研究者分析能力的综合运用。

第五节　小结

基于案例导向的整合研究设计在兼顾因果推断的精确性与深度上展示了其独特的优势。在本章的讨论中，我们对基于案例导向的整合研究设计进行了深入探讨。我们重点关注了如何将不同的研究方法整合进一个统一的研究设计中，特别是如何将定性比较分析和过程追踪结合起来，以更全面地理解社会现象和因果机制。

在整合研究设计中，选择合适的案例类型至关重要。典型案例的选择基于预设的因果机制存在的可能性，而异常案例的识别则有助于挑战和完善现有理论。这种选择不仅影响研究的方向，还决定了理论与实证的对话深度。而过程追踪作为个案内分析的核心工具，使研究者得以深入探究个案中的因果机制。尽管在实践中可能面临缺乏确凿证据的挑战，但它仍是探索和验证因果关系的强大方法。

本章讨论的整合研究设计强调在经验性证据和理论性分析之间建立桥梁。研究者在应对复杂的社会现象时，应该如何运用不同的方法论工具，

---

① Derek Beach and Ingo Rohlfing, "Integrating Cross - Case Analyses and Process Tracing in Set - Theoretic Research: Strategies and Parameters of Debate", *Sociological Methods & Research*, Vol. 47, No. 1, 2018, pp. 3 - 36.

② Derek Beach, "Achieving Methodological Alignment When Combining QCA and Process tracing in Practice", *Sociological Methods & Research*, Vol. 47, No. 1, 2018, pp. 64 - 99.

③ Stanley Lieberman, "Small N's and Big Conclusions: An Examination of the Reasoning in Comparative Studies Based on A Small Number of Cases", *Social Forces*, Vol. 70, No. 2, 1991, pp. 307 - 320.

以及如何在不断出现的新证据和新理论假设之间进行迭代，这对实证研究至关重要。展望未来，这种设计能够为理论创新和实证研究开辟新的可能性，特别是在探索中国特有的社会科学问题时更是如此。

第九章　总结与展望

在社会科学领域，理论的形成和适用性密切依赖于特定的社会情境。正如谢宇所提出的社会科学研究的基本原则之一——社会情境原理——所强调的，不同群体的行为模式和变异性随着时间和空间的变化而变化。[①]这个原理说明了社会情境在社会科学理论构建中的核心地位。

"橘生淮南则为橘，生于淮北则为枳"，这句话生动地概括了社会科学理论的相对性。社会科学中的许多理论都是与其产生的特定情境——可能是一定的地理位置、城镇、地区或有相似制度的国家集合——紧密相关的。这种情境可以是空间上的限制，也可以是时间上的界定。因此，不同的时空背景下隐藏着丰富的社会情境差异，影响着群体的变异模式。[②]

换句话说，如果社会科学研究的目标是探究因果关系，这些关系必须嵌入在特定的社会情境中，存在于一定的时空约束之内。当社会情境发生变化时，这种因果关系也可能相应地发生变化。因此，社会情境原理强调了社会科学研究在理论化过程中对时空条件的敏感性和依赖性，这对于研究设计和结果的解释具有决定性影响。

当我们在进行社会科学研究实践时，牢记这一基本原则至关重要。正

---

① 谢宇所阐述的社会科学演技的另外两大基本原理分别是，变异性原理（variability principle）和社会分组原理（Social grouping principle）。"变异性是社会科学研究的真正本质"，我们要研究的就是"变异和差异"；"社会分组只有根据社会结果（social outcome）来分才会是有意义的"，而且"从统计的观点来说，分组的意义在于它有利于研究社会结果的差异"。换言之，在社会科学中，我们难以考察每个个体，那我们就需要通过分组来进行妥协，让某些方面相似的个体成为一组，从而"稀释"掉一部分的差异性，增进我们对于整体的了解。参见谢宇《社会学方法与定量研究》，社会科学文献出版社2006年版，第15—16页。

② 正因为此，有研究也强调，研究者在进行社会科学的案例选择时，时空是最为根本性的约束："在恰当的时空范围和情境下进行案例选择，对于任何社会科学研究者来说都是科学研究的一个前提。"参见叶成城、黄振乾、唐世平《社会科学中的时空与案例选择》，《经济社会体制比较》2018年第3期。

如唐世平在一本比较政治学教科书中的序言中所提醒的那样，“在相当长的一段时间里，中国并没有现代意义上的社会科学，甚至研究中国本身也如此……在改革开放后，我们花了相当长的时间慢慢地引进和消化现代意义上的社会科学”①。

在我们看来，这一提醒有两大重要的意义：第一，我们当下所了解的、熟知的或不断应用的诸多社会科学理论，在很大程度上都是“舶来品”，当我们用这些理论预设来检验基于中国社会情境的某种因果关系、而对其中的社会情境约束又不了解时，很可能就会出现理论与实证的脱节；第二，在经过几十年的引进和消化之后，中国的社会科学研究也应当进入一个贡献新知识的阶段，而这就与贡献或开发基于中国社会情境的新理论、新知识密不可分。当下不断被提及的“要讲好中国故事”也正有这一层深意。

总之，通过探讨扎根于中国实践的研究问题来贡献具有中国情境的新理论与新知识，是中国社会科学研究者理应承担的历史使命，而这往往离不开具有高学理价值的、科学的案例比较研究。当然，我们也并不认为案例导向研究的意义仅止于此。作为一种方法论体系，案例研究在概念挖掘、理论建构与机制明晰等方面具有独特的优势，这些优势也并不局限于在某个学科中使用，或仅仅为某种目标而使用。然而，尽管在社会科学研究领域，案例内分析与跨案例研究作为定性研究的常见形式，已经为越来越多的学者与学科所运用，但是对案例导向研究究竟是什么、可以做什么等重要问题，中国学界尚缺少系统的标准和讨论。②

需要牢记的是，多数的社会行动与结果均是由一系列因素（组合）辅以特定的机制而导致的，这要求社会科学研究者从识别因果关系与厘清因果机制两方面来进行探索。③ 而观点鲜明、结构严谨与逻辑自洽的研究，其关键在于方法的选择与运用。然而，尽管当下有着向经验研究转向的趋势，但无论是在部分学科的发表趋势，还是在本科生与研究生教学上，都不同程度地存在方法论层面“重定量轻质性”、案例研究较不规范

---

① 该书是由王正绪、耿曙与唐世平共同主编、多位青年学者通力合作的比较政治学教材，其中的序言（代序）——《中国比较政治学的责任》则由唐世平撰写。参见王正绪、耿曙、唐世平《比较政治学》，复旦大学出版社 2020 年版。

② 张静：《案例分析的目标：从故事到知识》，《中国社会科学》2018 年第 8 期；陈超、游宇：《迈向理论导向的个案研究：过程追踪与一致性分析的混合设计》，《公共管理评论》2022 年第 4 期；耿曙、陈玮：《社会科学的定性研究：反思几项方法论上的迷思》，《公共治理评论》2014 年第 1 期。

③ 唐世平：《观念、行动和结果：社会科学的客体和任务》，《世界经济与政治》2018 年第 5 期。

的情况。因此，国内社会科学领域在个案分析与跨案例比较研究方面亟须“补课”。

基于上述背景，我们想通过介绍各类案例导向研究的哲学基础与研究设计，希望研究者可以深入理解案例导向研究的价值、规范与设计原理，从而科学、严谨地开展相关的案例导向研究。

尽管在20世纪90年代初以来，部分研究（比如KKV）尝试建立一个以量化研究逻辑为基础的统一的社会科学方法论体系，使得案例导向研究受到了极大的冲击。然而，也正是这一冲击，使得质性研究学者开始反思并整合一套有别于量化研究体系的研究文化。①

我们也认为，案例导向研究在假设验证与理论发展方面具有独特的优势，比如：实现高的概念有效性的潜力，生成新假说的有效程序，在个别案例背景下检验因果机制的预设作用，以及解决因果复杂性的强大能力等等，这些优势使得案例导向研究非量化研究逻辑可以统合。不过，由于国内学界过多偏好变量导向的量化研究路径，而对案例导向的定性研究关注较少，而且，在上述关于案例导向研究方法的重要进展中，仍有诸多问题需要进一步探讨。本书正是在这一研究背景下探讨了案例导向研究的哲学基础与诸多方法论问题。

除了介绍并探讨案例导向研究的主要概念、基本原理以及设计思路等基本问题外，我们认为，还有三个主要问题需要进一步探讨。其一，不同研究路径在因果性本体论和认识论层面存在巨大差异，因而在研究设计上会存在相应的不同。然而，对于这一认识论与方法论“错配”的问题，诸多学者并未引起足够的重视。其二，在案例导向研究内部，如何确定案例范围、如何进行案例选择等研究设计问题仍然需要深入讨论。其三，在遵循大致相同的认识论基础之上，基于案例导向的整合研究的潜力有待于进一步开发，但关于如何“整合”、规律性因果与机制因果如何权衡，以及各种类型的案例应该承担什么样的角色，等等，更需要深入分析。

结合上述思考，我们的基本思路是“知其然更要知其所以然”：要科学开展案例导向研究，首要是理解案例导向研究的哲学基础，并在此基础上探讨其研究设计原理。因此，本书的前半部分（第1—4章）着重探讨

① 参见 Henry E. Brady and David Collier eds., *Rethinking Social Inquiry: Diverse Tools, Shared Standards*, Plymouth: Rowman & Littlefield Publishers, Inc., 2010; Gary Goertz and James Mahoney, *A Tale of Two Cultures: Qualitative and Quantitative Research in the Social Sciences*, Princeton: Princeton University Press, 2012。

案例导向研究的理论内涵与哲学基础，并在后半部分（第5—8章）专注于各类案例导向研究的设计原理，从而将案例导向研究的“应然”要素与“实然”要件有机组合在一起。

基于上述基本思路，我们在介绍、探讨和比较案例导向研究时遵循了以下三个重要的原则。首先，与跨案例分析相比，个案内推断对研究者而言可能更具挑战性。这是因为个案内推断没有统一的标准或操作程序，很大程度上依赖于研究者自身的知识积累和研究艺术。尽管如此，我们仍然试图根据现有的研究和我们自己的经验总结出可行的操作流程，并加入了详细的研究示例介绍。其次，在跨案例分析中，研究者需要确保研究设计在认识论和方法论上的正确衔接。这涉及将案例选择范围和技艺等关键要素融入理论分析框架和研究设计中，实现理论与实证的有效结合。最后，以案例为导向的整合研究设计中，研究者都应在研究设计初期明确研究的客体、核心目标以及可供研究的案例总体（无论是给定的还是理论建构的），以及不同因果分析路径的作用边界。针对不同的研究目标，应运用合适的方法选择适当的案例，从而最大化挖掘案例导向研究在多元方法研究设计中的潜力。

综上所述，相较于专注于具体方法（如定性比较分析）或特定操作流程（如模糊集分析）的研究，或仅关注研究设计的某个层面，我们努力系统探讨了以理论建构和机制解释为目标的案例导向研究体系。我们尝试澄清了案例研究、少案例比较研究与定性比较分析中的常见认知错误和方法论“迷思”，比如案例导向与变量导向研究的区别、确定案例范围的方法以及如何进行案例选择等，并探讨了如何将不同路径的案例导向研究整合为逻辑自洽的整合研究设计。

不过，值得注意的是，虽然我们主要关注实证主义传统下的案例导向研究，但这并不意味着其他哲学传统下的案例研究不重要。每种研究路径都有其方法论的合法性问题，这与研究者的学术背景、研究目标和分析工具等密切相关。因此，无论采用哪种哲学传统的案例研究，准确理解其方法论基础是开展科学严谨研究的关键。

在本书结尾，我们想强调，一项理论上有生命力的研究通常是思维艺术与技术的融合，这种融合源自于研究者对理论的深刻理解和对研究对象的深入观察或实地调研。中国独特的制度设置和多样的区域发展经验为案例导向研究提供了丰富的分析材料和观察对象。如何科学、严谨地运用案例导向研究来讲述中国故事、贡献新理论和新知识，是中国社会科学研究者的历史使命。

参考文献

Adam Przeworski and Henry Teune, *The Logic of Comparative Social Inquiry*, New York: Wiley – Interscience, 1970.

Agustina Giraudy, "Varieties of Subnational Undemocratic Regimes: Evidence from Argentina and Mexico", *Studies in Comparative International Development*, Vol. 48, No. 1, 2013.

Agustina Giraudy, *Democrats and Autocrats: Pathways of Subnational Undemocratic Regime Continuity within Democratic Countries*, Oxford: Oxford University Press, 2015.

Agustina Giraudy, Eduardo Moncada, and Richard Snyder eds., *Inside Countries: Subnational Research in Comparative Politics*, Cambridge: Cambridge University Press, 2019.

Agustina Giraudy, Eduardo Moncada, and Richard Snyder, "Subnational Research in Comparative Politics: Substantive, Theoretical, and Methodological Contributions", in Agustina Giraudy, Eduardo Moncada, and Richard Snyder eds., *Inside Countries: Subnational Research in Comparative Politics*, New York: Cambridge University Press, 2019.

Alberto Abadie, Alexis Diamond, and Jens Hainmueller, "Comparative Politics and the Synthetic Control Method", *American Journal of Political Science*, Vol. 59, No. 2, 2015.

Alexander L. George and Andrew Bennett, *Case Studies and Theory Development in the Social Sciences*, Cambridge: MIT Press, 2005.

Alexander L. George and Richard Smoke, *Deterrence in American Foreign Policy: Theory and Practice*, New York: Columbia University Press, 1974.

Alrik Thiem, "Beyond the Facts: Limited Empirical Diversity and Causal Inference in Qualitative Comparative Analysis", *Sociological Methods and Research*, Vol. 51, No. 2, 2022.

Alrik Thiem, "Mill's Methods, Induction and Case Sensitivity in Qualitative Comparative Analysis: A Comment on Hug (2013)", *Qualitative & Multi-Method Research*, Vol. 12, No. 2, 2014.

Alrik Thiem, Michael Baumgartner, and Damien Bol, "Still Lost in Translation! A Correction of Three Misunderstandings Between Configurational Comparativists and Regressional Analysts", *Comparative Political Studies*, Vol. 49, No. 6, 2016.

American Political Science Review, "Notes from the Editors: Increasing Qualitative Submissions", *American Political Science Review*, Vol. 116, No. 2, 2022.

Amia Lieblich, RivkaTuval-Mashiach, and Tamar Zilber, *Narrative Research: Reading, Analysis, and Interpretation*, Thousand Oaks: Sage, 1998.

Andrew Abbott, "Conceptions of Time and Events in Social Science Methods: Causal and Narrative Approaches", *Historical Methods*, Vol. 23, No. 4, 1990.

Andrew Bennett and Colin Elman, "Case Study Methods in the International Relations Subfield", *Comparative Political Studies*, Vol. 40, No. 2, 2007.

Andrew Bennett and Jeffrey T. Checkel, *Process Tracing: From Metaphor to Analytic Tool*, Cambridge: Cambridge University Press, 2015.

Andrew Bennett, "Process Tracing and Causal Inference", in Henry E. Brady and David Collier eds., *Rethinking Social Inquiry: DiverseTools, Shared Standards*, Lanham, MD: Rowman and Littlefield, 2010.

Ann Chih Lin, "Bridging Positivist and Interpretivist Approaches to Qualitative Methods", *Policy Studies Journal*, Vol. 26, No. 1, 1998.

Arend Lijphart, "Comparative Politics and the Comparative Method", *American Political Science Review*, Vol. 65, No. 3, 1971.

Arend Lijphart, *The Politics of Accommodation: Pluralism and Democracy in the Netherlands*, Berkeley: University of California Press, 1968.

Axel Marx, BenoîtRihoux, and Charles Ragin, "The Origins, Development, and Application of Qualitative Comparative Analysis: The First 25 Years", *European Political Science Review*, Vol. 6, No. 1, 2014.

Barbara Geddes, *Paradigms and Sand Castles: Theory Building and Research Design in Comparative Politics*, Ann Arbor: The University of Michigan Press, 2003.

Bear F. Braumoeller and Gary Goertz, "The Methodology of Necessary Conditions", *American Journal of Political Science*, Vol. 44, No. 4, 2000.

Benedict Wauters and Derek Beach, "Process Tracing and Congruence Analysis to Support Theory – Based Impact Evaluation", *Evaluation*, Vol. 24, No. 3, 2018.

BenoîtRihoux and Charles C. Ragin, *Configurational Comparative Methods: Qualitative Comparative Analysis (QCA) and Related Techniques*, Sage, 2009.

Benoît Rihoux and Charles C. Ragin, *Qualitative Comparative Analysis (QCA) as an Approach*, 2017.

Bernhard Ebbinghaus, "When Less is More: Selection Problems in Large – N and Small – N Cross – National Comparisons", *International Sociology*, Vol. 20, No. 2, 2005.

Brian M. Downing, *The Military Revolution and Political Change: Origins of Democracy and Autocracy in Early Modern Europe*, Princeton: Princeton University Press, 1992.

CaiZuo, "Scaling Down: Subnational Comparative Case Studies in Comparative Politics and Chinese Politics", *European Political Science*, Vol. 14, No. 3, 2015.

Carsten Q. Schneider and Claudius Wagemann, *Set – Theoretic Methods for the Social Sciences: A Guide to Qualitative Comparative Analysis*, New York: Cambridge University Press, 2012.

Carsten Q. Schneider and Ingo Rohlfing, "Combining QCA and Process Tracing in Set – Theoretic Multi – Method Research", *Sociological Methods and Research*, Vol. 42, No. 4, 2013.

Changdong Zhang, "Reexamine Regional Models of China's Economic Growth: Toward an Integrated Analytical Framework", *Sociology Compass*, Vol. 14, No. 5, 2020, e12781.

Charles C. Ragin and Howard Saul Becker eds., *What is a Case?: Exploring the Foundations of Social Inquiry*, Cambridge & New York: Cambridge University Press, 1992.

Charles C. Ragin and John Sonnett, "Between Complexity and Parsimony: Limited Diversity, Counterfactual Cases, and Comparative Analysis", in Sabine Kropp and Michael Minkenberg eds., *Vergleichen in der Politikwissenschaft*,

Wiesbaden: VS Verlag für Sozialwissenschaften, 2005.

Charles C. Ragin, "Introduction: Cases of 'What is a Case?'", in Charles C. Ragin and Howard Saul Becker eds., *What is a Case?: Exploring the Foundations of Social Inquiry*, Cambridge & New York: Cambridge University Press, 1992.

Charles C. Ragin, *Fuzzy - Set Social Science*, Chicago: University of Chicago Press, 2000.

Charles C. Ragin, *Redesigning Social Inquiry: Fuzzy Sets and Beyond*, Chicago and London: University of Chicago Press, 2008.

Charles C. Ragin, *The Comparative Method: Moving Beyond Qualitative and Quantitative Strategies*, Berkeley: University of California Press, 1987.

Charles Tilly, *The Vendée*, Cambridge: Harvard University Press, 1964.

Christine Trampusch and Bruno Palier, "Between X and Y: How Process Tracing Contributes to Opening the Black Box of Causality", *New Political Economy*, Vol. 21, No. 5, 2016.

Colin Elman, "Explanatory Typologies in Qualitative Studies of International Politics", *International Organization*, Vol. 59, No. 2, 2005.

Colin Elman, John Gerring, and James Mahoney, "Case Study Research: Putting the Quant Into the Qual", *Sociological Methods & Research*, Vol. 45, No. 3, 2016.

Colin J. Beck, "The Comparative Method in Practice: Case Selection and the Social Science of Revolution", *Social Science History*, Vol. 41, 2017.

Dan Slater and Daniel Ziblatt, "The Enduring Indispensability of the Controlled Comparison", *Comparative Political Studies*, Vol. 46, No. 10, 2013.

Daniel M. Cress and David A. Snow, "The Outcomes of Homeless Mobilization: The Influence of Organization, Disruption, Political Mediation, and Framing", *American Journal of Sociology*, Vol. 105, No. 4, 2000.

Daniel Ziblatt, "Shaping Democratic Practice and the Causes of Electoral Fraud: The Case of Nineteenth - Century Germany", *American Political Science Review*, Vol. 103, No. 1, 2009.

David Andersen, "Comparative Democratization and Democratic Backsliding: The Case for a Historical - Institutional Approach", *Comparative Politics*, Vol. 51, No. 4, 2019.

David Collier and James E. Mahon, "Conceptual 'Stretching' Revisited: Adapting Categoriesin Comparative Analysis", *American Political Science Review*, Vol. 87, No. 4, 1993.

David Collier and James Mahoney, "Insights and Pitfalls: Selection Bias in Qualitative Research", *World Politics*, Vol. 49, No. 1, 1996.

David Collier, "Understanding Process Tracing", *PS: Political Science and Politics*, Vol. 44, No. 4, 2011.

David Collier, Henry E. Brady, and Jason Seawright, "Outdated Views of Qualitative Methods: Time to Move On", *Political Analysis*, Vol. 18, No. 4, 2010.

David Waldner, *State Building and Late Development*, Ithaca: Cornell University Press, 1999.

Derek Beach and Ingo Rohlfing, "Integrating Cross – Case Analyses and Process Tracing in Set – Theoretic Research: Strategies and Parameters of Debate", *Sociological Methods & Research*, Vol. 47, No. 1, 2018.

Derek Beach and Rasmus Brun Pedersen, *Process – Tracing Methods: Foundations and Guidelines*, Ann Arbor: University of Michigan Press, 2019.

Derek Beach, "Achieving Methodological Alignment When Combining QCA and Process tracing in Practice", *Sociological Methods & Research*, Vol. 47, No. 1, 2018.

Derek Beach, "It's all about Mechanisms – What Process – Tracing Case Studies Should Be Tracing", *New Political Economy*, Vol. 21, No. 5, 2016.

Derek Beach, "Multi – Method Research in the Social Sciences: A Review of Recent Frameworks and a Way Forward", *Government and Opposition*, Vol. 55, No. 1, 2020.

Derek Beach, "Taking Mechanisms Seriously?", *European Political Science*, Vol. 12, No. 1, 2013.

Derek Beach, "What Are We Actually Tracing? Process Tracing and the Benefits of Conceptualizing Causal Mechanisms as Systems", *Qualitative & Multi – Method Research*, Vol. 14, No. 1/2, 2016.

Donald B. Rubin, "Estimating Causal Effects of Treatment in Randomized and Nonrandomized Studies", *Journal of Educational Psychology*, Vol. 66, No. 5, 1974.

Edward L. Gibson, "Boundary Control: Subnational Authoritarianism in Democratic Countries", *World Politics*, Vol. 58, No. 1, 2005.

Edward L. Gibson, *Boundary Control: Subnational Authoritarianism in Federal Democracies*, *Cambridge: Cambridge University Press*, 2012.

Ekaterina VZhuravskaya, "Incentives to Provide Local Public Goods: Fiscal Federalism, Russian style", *Journal of Public Economics*, Vol. 76, No. 3, 2000.

Eva Thomann and MartinoMaggetti, "Designing Research with Qualitative Comparative Analysis (QCA): Approaches, Challenges, and Tools", *Sociological Methods and Research*, Vol. 49, No. 2, 2020.

Evan S. Lieberman, "Nested Analysis as a Mixed – method Strategy for Comparative Research", *American Political Science Review*, Vol. 99, No. 3, 2005.

Felix Elwert and Christopher Winship, "Endogenous Selection Bias: The Problem of Conditioning on a Collider Variable", *Annual Review of Sociology*, Vol. 40, No. 1, 2014.

Gabriella Montinola, Yingyi Qian, and Barry R. Weingast, "Federalism, Chinese Style", *World Politics*, Vol. 48, No. 1, 1995.

Gary Goertz and James Mahoney, *A Tale of Two Cultures: Qualitative and Quantitative Research in the Social Sciences*, Princeton: Princeton University Press, 2012.

Gary Goertz, *Multimethod Research, Causal Mechanisms, and Case Studies: An Integrated Approach*, Princeton: Princeton University Press, 2017.

Gary Goertz, *Social Science Concepts: A User's Guide*, Princeton: Princeton University Press, 2005.

Gary King, Robert O. Keohane, and SidneyVerba, *Designing Social Inquiry: Scientific Inference in Qualitative Research*, Princeton: Princeton University Press, 1994.

Gary S. Becker and George J. Stigler, "Law Enforcement, Malfeasance, and Compensation of Enforcers", *The Journal of Legal Studies*, Vol. 3, No. 1, 1974.

Geoffredy Garrett and Deborah Mitchell, "Globalization, Government Spending and Taxation in the OECD", *European Journal of Political Research*, Vol. 39, No. 2, 2001.

Giovanni Capoccia, *Defending Democracy: Reactions to Extremism in Interwar Europe*, Baltimore and London: The Johns Hopkins University Press, 2005.

Giovanni Sartori, "Concept Misformation in Comparative Politics", *American Political Science Review*, Vol. 64, No. 4, 1970.

Gordon White, "State and Market in China's Socialist industrialisation", in Gordon White (ed.), *Developmental States in East Asia*, London: Palgrave Macmillan, 1988.

Graham Allison and Philip Zelikow, *Essence of Decision: Explaining the Cuban Missile Crisis*, New York: Addison – Wesley Longman, 1999.

Guillermo Trejo and Sandra Ley, "Multilevel Partisan Conflict and Drug Violence in Mexico: When Do Criminal Organizations Attack Subnational Elected Officials?", in AgustinaGiraudy, Eduardo Moncada, and Richard Snyder (eds.), *Inside Countries: Subnational Research in Comparative Politics*, Cambridge: Cambridge University Press, 2019.

Harry Eckstein, "Case Studies and Theory in Political Science", in Fred I. Greenstein and Nelson W. Polsby eds., *Handbook of Political Science*, *Vol. 1. Political Science: Scope and Theory*, Reading: Addison – Wesley, 1975.

Henry A. Walker and Bernard P. Cohen, "Scope Statements: Imperatives for Evaluating Theory", *American Sociological Review*, Vol. 50, No. 3, 1985.

Henry E. Brady and David Collier eds., *Rethinking Social Inquiry: Diverse Tools, Shared Standards*, Plymouth: Rowman & Littlefield Publishers, Inc., 2010.

Henry E. Brady, David Collier, and Jason Seawright, "Sources of Leverage in Causal Inference: Toward an Alternative View of Methodology", in Henry E. Brady and David Collier eds., *Rethinking Social Inquiry: Diverse Tools, Shared Standards*, Plymouth: Rowman & Littlefield Publishers, Inc., 2010.

Imke Harbers and Matthew C. Ingram, "Incorporating Space in Multimethod Research: Combining Spatial Analysis with Case – Study Research", *PS: Political Science and Politics*, Vol. 50, No. 4, 2017.

Imke Harbers and Matthew C. Ingram, "Politics in Space: Methodological Considerations for Taking Space Seriously in Subnational Research", in Agustina Giraudy, Eduardo Moncada, and Richard Snyder eds., *Inside Countries: Subnational Research in Comparative Politics*, Cambridge: Cambridge University Press, 2019.

Ingo Rohlfing and Carsten Q. Schneider, "A Unifying Framework for Causal Analysis in Set - Theoretic Multimethod Research", *Sociological Methods and Research*, Vol. 47, No. 1, 2018.

Ingo Rohlfing and Carsten Q. Schneider, "Improving Research on Necessary Conditions: Formalized Case Selection for Process Tracing after QCA", *Political Research Quarterly*, Vol. 66, No. 1, 2013.

Ingo Rohlfing, "Comparative Hypothesis Testing via Process Tracing", *Sociological Methods & Research*, Vol. 43, No. 4, 2014.

Ingo Rohlfing, *Case Studies and Causal Inference: An Integrative Framework*, London: Palgrave Macmillan, 2012.

Isaac William Martin, Ajay K. Mehrotra, and Monica Prasad, *The New Fiscal Sociology: Taxation in Comparative and Historical Perspective*, Cambridge University Press, 2009.

Jacob I. Ricks and Amy H. Liu, "Process - Tracing Research Designs: A Practical Guide", *PS: Political Science & Politics*, Vol. 41, No. 4, 2018.

Jae Ho Chung and Tao - Chiu Lam, *China's Local Administration: Traditions and Changes in the Sub - national Hierarchy*, London & New York: Routledge, 2009.

Jae Hong Chung, *Central Control and Local Discretion in China: Leadership and Implementation During Post - Mao Decollectivization*, Oxford: Oxford University Press, 2000.

James Mahoney and Dietrich Rueschemeyer, *Comparative Historical Analysis in the Social Sciences*, Cambridge University Press, 2003.

James Mahoney and Gary Goertz, "A Tale of Two Cultures: Contrasting Quantitative and Qualitative Research", *Political Analysis*, Vol. 14, No. 3, 2006.

James Mahoney and Gary Goertz, "The Possibility Principle: Choosing Negative Cases in Comparative Research", *American Political Science Review*, Vol. 98, No. 4, 2004.

James Mahoney and Kathleen Thelen, *Advances in Comparative - Historical Analysis*, Cambridge: Cambridge University Press, 2015.

James Mahoney and Rodrigo Barrenechea, "The Logic of Counterfactual Analysis in Case - study Explanation", *British Journal of Sociology*, Vol. 70, No. 1, 2017.

James Mahoney, "After KKV: The New Methodology of Qualitative Research",

World Politics, Vol. 62, No. 1, 2010.

James Mahoney, "Strategies of Causal Inference in Small – N Analysis", *Sociological Methods & Research*, Vol. 28, No. 4, 2000.

James Mahoney, "The Logic of Process Tracing Tests in the Social Sciences", *Sociological Methods and Research*, Vol. 41, No. 4, 2012

James Mahoney, "Toward a Unified Theory of Causality", *Comparative Political Studies*, Vol. 41, No. 4, 2008.

James N. Druckman et al., "The Growth and Development of Experimental Research in Political Science", *American Political Science Review*, Vol. 100, No. 4, 2006.

James S. Coleman, "Microfoundations and Macrosocial Behavior", in Jeffrey C. Alexander et al. eds., *The Micro – Macro Link*, Berkeley: University of California Press, 1987.

Jan A. Fuhse, "How Can Theories Represent Social Phenomena?", *Sociological Theory*, Vol. 40, No. 2, 2022.

Jason Lyall, "Process Tracing, Causal Inference, and Civil War", in Andrew Bennett and Jeffrey T. Checkel eds., *Process Tracing: From Metaphor to Analytic Tool*, Cambridge: Cambridge University Press, 2015.

Jason Seawright and John Gerring, "Case Selection Techniques in Case Study Research: A Menu of Qualitative and Quantitative Options", *Political Research Quarterly*, Vol. 61, No. 2, 2008.

Jason Seawright, *Multi – Method Social Science: Combining Qualitative and Quantitative Tools*, Cambridge: Cambridge University Press, 2016.

Jean Lachapelle et al., "Social Revolution and Authoritarian Durability", *World Politics*, Vol. 72, No. 4, 2020.

Jefferey M. Sellers, "From Within to Between Nations: Subnational Comparison across Borders", *Perspectives on Politics*, Vol. 17, No. 1, 2019.

Jing Vivian Zhan, Haiyan Duan, and Ming Zeng, "Resource Dependence and Human Capital Investment in China", *The China Quarterly*, Vol. 221, 2015.

Jiwei Qian and Ka Ho Mok, "Dual Decentralization and Fragmented Authoritarianism in Governance: Crowding Out among Social Programmes in China", *Public Administration and Development*, Vol. 36, No. 3, 2016.

Joachim Blatter and Markus Haverland, *Designing Case Studies: Exploratory*

Studies in Small – N Research, Houndmills: Palgrave Macmillan, 2012.

Joachim Blatter and Till Blume, "In Search of Co – Variance, Causal Mechanisms or Congruence? Towards A Plural Understanding of Case Studies", *Swiss Political Science Review*, Vol. 14, No. 2, 2008.

Johannes Schmitt and Derek Beach, "The Contribution of Process Tracing to Theory – Based Evaluations of Complex Aid Instruments", *Evaluation*, Vol. 21, No. 4, 2015.

John A. Donaldson, *Small Works: Poverty and Economic Development in Southwestern China*, New York: Cornell University Press, 2011.

John Anderson, *Studies in Empirical Philosophy*, Sydney: Sydney University Press, 2004.

John B. Knight, "China as a Developmental State", *The World Economy*, Vol. 37, No. 10, 2014.

John Gerring, "Causal Mechanisms: Yes, But. . . ", *Comparative Political Studies*, Vol. 43, No. 11, 2010.

John Gerring, "Is There a (Viable) Crucial – Case Method?", *Comparative Political Studies*, Vol. 40, No. 3, 2007.

John Gerring, "The Mechanismic Worldview: Thinking Inside the Box Review", *British Journal of Political Science*, Vol. 38, No. 1, 2008.

John Gerring, "What Is a Case Study and What is it Good for?", *American Political Science Review*, Vol. 98, No. 2, 2004.

John Gerring, *Case Study Research: Principles and Practices*, New York: Cambridge University Press, 2007.

John Leslie Mackie, "Causes and Conditions", *American Philosophical Quarterly*, Vol. 2, No. 4, 1965.

John Leslie Mackie, *The Cement of the Universe: A Study of Causation*, Oxford: Oxford University Press, 1980.

John S. Mill, *A System of Logic, Ratiocinative and Inductive*, New York: Harper & Brothers, 1958.

John W. Creswell and Vicki L. Plano Clark, *Designing and Conducting Mixed Methods Research*, SAGE Publications, Inc., 2011.

John W. Creswell, *Research Design: Qualitative, Quantitative, and Mixed Approaches*, Thousand Oaks: Sage, 2009.

Juan J. Linz, *Totalitarian and Authoritarian Regimes*, Boulder: Lynne Rienner

Publishers, 2000.

Kai M. Thaler, "Mixed Methods Research in the Study of Political and Social Violence and Conflict", *Journal of Mixed Methods Research*, Vol. 11, No. 1, 2017.

Karl Popper, *The Poverty of Historicism*, New York: Routledge, 2002.

Karl Popper, *The Structure of Scientific Revolutions*, Chicago and London: University of Chicago Press, 1970.

Kent Eaton et al., "Measuring and Theorizing Regional Governance", *Territory, Politics, Governance*, Vol. 7, No. 2, 2019.

Killian Clarke, "Revolutionary Violence and Counterrevolution", *American Political Science Review*, Vol. 117, No. 4, 2023.

Kim Sass Mikkelsen, "Negative Case Selection: Justifications and Consequences for Set - Theoretic MMR", *Sociological Methods & Research*, Vol. 46, No. 4, 2017.

Lily L. Tsai, "Solidary Groups, Informal Accountability, and Local Public Goods Provision in Rural China", *American Political Science Review*, Vol. 101, No. 2, 2007.

Lily L Tsai, *Accountability without Democracy: Solidary Groups and Public Goods Provision in Rural China*, Cambridge: Cambridge University Press, 2007.

Lily L. Tsai, "Bringing in China: Insights for Building Comparative Political Theory", *Comparative Political Studies*, Vol. 50, No. 3, 2017.

Ludwig Wittgenstein, *Philosophical Investigations*, London: Basial Blackwell, 1968.

Mario Bunge, "Mechanism and Explanation", *Philosophy of the Social Sciences*, Vol. 27, No. 4, 1997.

Mario Bunge, "How Does It Work?: The Search for Explanatory Mechanisms", *Philosophy of the Social Sciences*, Vol. 34, No. 2, 2004.

Matthew C. Ingram and Imke Harbers, "Spatial Tools for Case Selection: Using LISA Statistics to Design Mixed - Methods Research", *Political Science Research and Methods*, Vol. 8, No. 4, 2020.

Matthew Evangelista, *Unarmed Forces: The Transnational Movement to End the Cold War*, Ithaca: Cornell University Press, 1999.

MegRithmire, "China's 'New Regionalism': Subnational Analysis in Chinese Political Economy", *World Politics*, Vol. 66, No. 1, 2014.

MegRithmire, "Local States of Play: Land and Urban Politics in Reform – Era China", in Agustina Giraudy, Eduardo Moncada, and Richard Snyder eds. , *Inside Countries: Subnational Research in Comparative Politics*, Cambridge: Cambridge University Press, 2019.

Michael J. Crotty, *The Foundations of Social Research: Meaning and Perspective in the Research Process*, London: SAGE Publications Ltd, 1998.

Michael Mann, "The Autonomous Power of the State: Its Origins, Mechanisms, and Results", *European Journal of Sociology*, Vol. 25, No. 2, 1984.

Nita Rudra, "Openness, Welfare Spending, and Inequality in the Developing World", *International Studies Quarterly*, Vol. 48, No. 3, 2010.

Noam Lupu, "Party Brands and Partisanship: Theory with Evidence from a Survey Experiment in Argentina", *American Journal of Political Science*, Vol. 57, No. 1, 2013.

Norman K. Denzin and Yvonna S. Lincoln, "Introduction: The Discipline and Practice of Qualitative Research", in Norman K. Denzin and Yvonna S. Lincoln eds. , *The SAGE Handbook of Qualitative Research*, Thousand Oaks: Sage, 2018.

Omar Sanchez, "Party Non – Systems: A Conceptual Innovation", *Party Politics*, Vol. 15, No. 4, 2009.

Paul Furlong and David Marsh, "A Skin Not a Sweater: Ontology and Epistemology in Political Science", in Vivien Lowndes, David Marsh, and Gerry Stoker eds. , *Theory and Methods in Political Science*, London: Palgrave Macmillan, 2018.

Paul W. Holland, "Statistics and Causal Inference", *Journal of the American Statistical Association*, Vol. 81, No. 396, 1986.

Peter A. Hall, "Systematic Process Analysis: When and How to Use It", *European Management Review*, Vol. 3, No. 1, 2006.

Peter T. Y Cheung, Jae Ho Chung, and Zhimin Lin, *Provincial Strategies of Economic Reform in Post – Mao China: Leadership, Politics, and Implementation*, Armonk: M. E. Sharpe, 1998.

Petri Ylikoski, "Mechanism – Based Theorizing and Generalization from Case Studies", *Studies in History and Philosophy of Science*, Vol. 78, 2019.

Ramiro Glauer, *Emergent Mechanisms: Reductive Explanation for Limited Beings*, Münster: Brill Mentis, 2012.

Regina Bateson, "The Politics of Vigilantism", *Comparative Political Studies*, Vol. 54, No. 6, 2021.

Regina Bateson, "Voting for a Killer: Efraín Ríos Montt's Return to Politics in Democratic Guatemala", *Comparative Politics*, Vol. 54, No. 2, 2021.

Reinhard Bendix, "Concepts and Generalizations in Comparative Sociological Studies", *American Sociological Review*, Vol. 28, No. 4, 1963.

Richard A. Nielsen, "Case Selection via Matching", *Sociological Methods & Research*, Vol. 45, No. 3, 2016.

Richard Snyder, "Scaling Down: The Subnational Comparative Method", *Studies in Comparative International Development*, Vol. 36, No. 1, 2001.

Richard Swedberg, "Before Theory Comes Theorizing or How to Make Social Science More Interesting", *The British Journal of Sociology*, Vol. 67, No. 1, 2016.

Richard Swedberg, "From Theory to Theorizing", in Richard Swedberg (ed.), *Theorizing in Social Science: The Context of Discovery*, Stanford: Stanford University Press, 2014.

Robert E. Stake, *The Art of Case Study Research*, Thousand Oaks: Sage, 1995.

Robert H. Bates, "From Case Studies to Social Science: A Strategy for Political Research", in Carles Boix and Susan C. Stokes eds., *The Oxford Handbook of Comparative Politics*, Oxford University Press, 2007.

Robert K. Yin, *Applications of Case Study Research*, Thousand Oaks: Sage, 2011.

Rudy B. Andeweg, "A Least Likely Case: Parliament and Citizens in the Netherlands", *Journal of Legislative Studies*, Vol. 18, No. 3-4, 2012.

Ryan Saylor, "Why Causal Mechanisms and Process Tracing Should Alter Case Selection Guidance", *Sociological Methods and Research*, Vol. 49, No. 4.

Sam Wilkins, "Subnational Turnover, Accountability Politics, and Electoral Authoritarian Survival: Evidence from Museveni's Uganda", *Comparative Politics*, Vol. 54, No. 1, 2021.

Sara Niedzwiecki, *Uneven Social Policies: The Politics of Subnational Variation in Latin America*, Cambridge: Cambridge University Press, 2018.

Sebastian Heilmann, *Red Swan: How Unorthodox Policy Making Facilitated China's Rise*, Hong Kong: The Chinese University Press, 2018.

Sharon Crasnow, "Process Tracing in Political Science: What's the Story?",

Studies in History and Philosophy of Science Part A, Vol. 62, 2017.

Shaun G. Breslin, "China: Developmental State or Dysfunctional Development?", *Third World Quarterly*, Vol. 17, No. 4, 1996.

Simon Hug, "Qualitative Comparative Analysis: How Inductive Use and Measurement Error Lead to Problematic Inference", *Political Analysis*, Vol. 21, No. 2, 2013.

Stanley Lieberman, "Small N's and Big Conclusions: An Examination of the Reasoning in Comparative Studies Based on A Small Number of Cases", *Social Forces*, Vol. 70, No. 2, 1991.

Stephen Toulmin, *The Philosophy of Science*, London: Hutchinson, 1953.

Stephen VanEvera, *Guide to Methods for Students of Political Science*, Ithaca: Cornell University Press, 1997.

Thad Dunning, "Transparency, Replication, and Cumulative Learning: What Experiments Alone Cannot Achieve", *Annual Review of Political Science*, Vol. 19, 2016.

Theda Skocpol, *States and Social Revolutions: A Comparative Analysis of France, Russia and China*, New York: Cambridge University Press, 1979.

Thomas A. Schwandt, "Constructivist, Interpretivist Approaches to Human Inquiry", in Norman K. Denzin and Yvonna S. Lincoln (eds.), *Handbook of Qualitative Research*, Thousand Oaks: Sage, 1994.

Thomas B Pepinsky, "The Return of the Single – Country Study", *Annual Review of Political Science*, Vol. 22, 2019.

Todd Landman and Edzia Carvalho, *Issues and Methods in Comparative Politics: An Introduction*, London & New York: Routledge, 2008.

Tulia G. Falleti and Julia F. Lynch, "Context and Causal Analysis in Political Science", *Comparative Political Studies*, Vol. 42, No. 9, 2009.

Victor Nee and Sonja Opper, *Capitalism from Below: Markets and Institutional Change in China*, Cambridge: Harvard University Press, 2012.

Wenkai He, *Paths toward the Modern Fiscal State: England, Japan, and China*, Cambridge: Harvard University Press, 2013.

Xueguang Zhou, "The Road to Collective Debt in Rural China: Bureaucracies, Social Institutions, and Public Goods Provision", *Modern China*, Vol. 38, No. 3, 2012.

Yvonna S. Lincoln, Susan A. Lynham, and Egon G. Guba, "Paradigmatic

Controversies, Contradictions, and Emerging Confluences, Revisited", in Norman K. Denzin and Yvonna S. Lincoln eds., *The SAGE Handbook of Qualitative Research*, Thousand Oaks: Sage, 2018.

［丹］奥勒·诺格德：《经济制度与民主改革：原苏东国家的转型比较分析》，孙友晋等译，上海世纪出版集团2007年版。

［丹麦］德里克·比奇、拉斯穆斯·布伦·佩德森：《过程追踪法：基本原理与指导方针》，汪卫华译，格致出版社、上海人民出版社2020年版。

［美］查尔斯·C. 拉金：《重新设计社会科学研究》，杜运周等译，机械工业出版社2019年版。

［英］安·格雷：《文化研究——民族志方法与生活文化》，许梦云译，重庆大学出版社2009年版。

［英］大卫·休谟：《人类理智研究》，吕大吉译，商务印书馆1999年版。

［英］罗伯特·D. 帕特南：《使民主运转起来：现代意大利的公民传统》，王列、赖海榕译，江西人民出版社2001年版。

包刚升：《民主崩溃的政治学》，商务印书馆2014年版。

曾荣光、罗云、叶菊艳：《寻找实证研究的意义：比较—历史视域中的实证主义之争》，《北京大学教育评论》2018年第3期。

陈超、李响：《逻辑因果与量化相关：少案例比较方法的两种路径》，《公共管理评论》2019年第2期。

陈超、蒙克：《全球化的时机与次国家福利供给：基于中国东莞与昆山的比较分析》，《开放时代》2022年第6期。

陈超、游宇：《迈向理论导向的个案研究：过程追踪与一致性分析的混合设计》，《公共管理评论》2022年第4期。

邓胜利、付少雄：《定性比较分析（QCA）在图书情报学中的应用——以网络社区健康信息搜寻影响因素研究为例》，《情报理论与实践》2017年第12期。

杜运周、贾良定：《组态视角与定性比较分析（QCA）：管理学研究的一条新道路》，《管理世界》2017年第6期。

樊攀、郎劲松：《媒介化视域下环境维权事件的传播机理研究——基于2007年—2016年的环境维权事件的定性比较分析（QCA）》，《国际新闻界》2019年第11期。

耿曙、陈玮：《比较政治的案例研究：反思几项方法论上的迷思》，《社会科学》2013 年第 3 期。
耿曙、陈玮:《社会科学的定性研究: 反思几项方法论上的迷思》,《公共治理评论》2014 年第 1 期。
耿曙、王颖颖:《发展研究中的“国家能力解释”——论证逻辑的陷阱及其超越》,《社会学评论》2022 年第 2 期。
何鉴孜、李亚:《政策科学的“二次革命”——后实证主义政策分析的兴起与发展》,《中国行政管理》2014 年第 2 期。
侯志阳、张翔:《作为方法的“中国”: 构建中国情境的公共管理案例研究》,《公共管理学报》2021 年第 4 期。
黄荣贵、郑雯、桂勇:《多渠道强干预框架与抗争结果——对 40 个拆迁抗争案例的模糊集定性比较分析》,《社会学研究》2015 年第 5 期。
井润田、孙璇:《实证主义 vs. 诠释主义: 两种经典案例研究范式的比较与启示》,《管理世界》2020 年第 3 期。
李晚莲、高光涵:《突发公共事件网络舆情热度生成机理研究——基于 48 个案例的模糊集定性比较分析(fsQCA)》,《情报杂志》2020 年第 7 期。
凌争:《走出案例研究的迷思: 两种视角与两种能力》,《经济社会体制比较》2022 年第 5 期。
刘丰:《定性比较分析与国际关系研究》,《世界经济与政治》2015 年第 1 期。
刘慧:《超越实证主义和后实证主义之争——批判实在论与国际关系理论研究》,《世界经济与政治》2007 年第 7 期。
刘骥、张玲、陈子恪: 《社会科学为什么要找因果机制——一种打开黑箱、强调能动的方法论尝试》,《公共行政评论》2011 年第 4 期。
刘骥:《找到微观基础——公共选择理论的中国困境》,《开放时代》2009 年第 1 期。
刘晓亮、侯凯悦、张硕:《从地方探索到中央推广: 政府创新扩散的影响机制——基于 36 个案例的清晰集定性比较分析》, 《公共管理学报》2019 年第 3 期。
马天航:《民主化转型后的政党生存——基于 19 国前执政党的后继党的定性比较分析》,《世界政治研究》2021 年第 1 期。
毛湛文:《定性比较分析 (QCA) 与新闻传播学研究》,《国际新闻界》2016 年第 4 期。
蒙克、李朔严: 《公共管理研究中的案例方法: 一个误区和两种传承》,

《中国行政管理》2019 年第 9 期。

潘燕萍、何孟臻、乔灵炅：《何种能力组态能促进新企业成长——基于 fsQCA 方法的实证研究》，《管理学季刊》2020 年第 4 期。

庞珣、陈冲：《国际金融的“赫希曼效应”》，《世界经济与政治》2020 年第 6 期。

庞珣：《国际关系研究的定量方法：定义、规则与操作》，《世界经济与政治》2014 年第 1 期。

漆海霞：《国际关系理论的突破与研究方法的应用》，《国际政治科学》2021 年第 3 期。

孙婧婧、和经纬：《作为溯因推理研究方法的因果过程追踪及其在公共政策研究中的应用》，《公共管理评论》2020 年第 4 期。

唐睿、唐世平：《历史遗产与原苏东国家的民主转型——基于 26 个国家的模糊集与多值 QCA 的双重检测》，《世界经济与政治》2013 年第 2 期。

唐世平：《观念、行动和结果：社会科学的客体和任务》，《世界经济与政治》2018 年第 5 期。

田耕：《社会学民族志的力量：重返早期社会研究的田野工作》，《社会》2019 年第 1 期。

汪卫华：《拆解过程追踪》，《国际政治科学》2022 年第 2 期。

王英伟：《权威应援、资源整合与外压中和：邻避抗争治理中政策工具的选择逻辑——基于（fsQCA）模糊集定性比较分析》，《公共管理学报》2020 年第 2 期。

王正绪、耿曙、唐世平主编：《比较政治学》，复旦大学出版社 2020 年版。

吴文强：《政策协调机制何以失效？对 F 省新版医疗服务价格目录“难产”的过程追踪》，《公共管理学报》2021 年第 4 期。

夏鑫、何建民、刘嘉毅：《定性比较分析的研究逻辑——兼论其对经济管理学研究的启示》，《财经研究》2014 年第 10 期。

谢宇：《社会学方法与定量研究》，社会科学文献出版社 2006 年版。

杨原、曹玮：《大国无战争、功能分异与两极体系下的大国共治》，《世界经济与政治》2015 年第 8 期。

杨志、魏姝：《政策爆发生成机理：影响因素、组合路径及耦合机制——基于 25 个案例的定性比较分析》，《公共管理学报》2020 年第 2 期。

叶成城、黄振乾、唐世平：《社会科学中的时空与案例选择》，《经济社会体制比较》2018 年第 3 期。
叶成城、唐世平:《基于因果机制的案例选择方法》,《世界经济与政治》2019 年第 10 期。
游宇、陈超:《比较的“技艺”:多元方法研究中的案例选择》,《经济社会体制比较》2020 年第 2 期。
游宇、陈超:《一切为了理论——理论化与整合性的案例选择策略》,《世界经济与政治》2023 年第 12 期。
游宇、张光、庄玉乙:《次国家财政结构与地方治理:一项实证研究》,《公共行政评论》2016 年第 5 期。
游宇:《“大事必作于细”:比较政治学中的次国家比较案例研究》,《经济社会体制比较》2022 年第 5 期。
于文轩:《中国公共行政学案例研究:问题与挑战》,《中国行政管理》2020 年第 6 期。
余莎、游宇:《不操纵无因果:实验政治学几个核心的方法论问题》,《甘肃行政学院学报》2017 年第 2 期。
臧雷振、徐榕、陈香妤:《从规范化理念到规范化实践:透明度视域下案例研究方法新突破》,《经济社会体制比较》2022 年第 5 期。
张汉:《质性研究与量化研究是截然对立的吗?——社会科学研究中的本体论和认识论辨析》,《国外理论动态》2016 年第 5 期。
张静:《案例分析的目标:从故事到知识》,《中国社会科学》2018 年第 8 期。
张长东:《社会科学中的因果机制:微观基础和过程追踪》,《公共管理评论》2018 年第 1 期。
赵鼎新:《论机制解释在社会学中的地位及其局限》,《社会学研究》2020 年第 2 期。
周亦奇、唐世平:《“半负面案例比较法”与机制辨别——北约与华约的命运为何不同》,《世界经济与政治》2018 年第 12 期。
左才:《政治学研究中的因果关系:四种不同的理解视角》,《国外理论动态》2017 年第 1 期。

后　　记

2014 年，我从新加坡国立大学完成学业后回到本科的母校厦门大学工作。那一年，游宇正在为他的博士论文做最后的准备。因为志趣相投，我们一起组建了一个读书会，并起名为“旮旯”。读书会成立之后，台湾研究院、公共事务学院以及国际关系学院的许多学生热情踊跃地参与进来，其中最积极认真的是两位硕士生严宇和一凡。由于每个人的研究兴趣不同，所以“方法”便顺理成章地成了阅读材料选择中的一个最大公约数。

2017 年，游宇、严宇还有一凡相继毕业，他们有的回到祖国的西南服务，有的前往大洋彼岸继续深造。随着身边有兴趣一起读书的人越来越少，在这一年，读书会也在我们的厦大岁月中消失了。那时候的厦门大学还有很多咖啡馆。直到现在我们还清晰地记得，在成智楼的咖啡馆中，雷艳红老师曾鼓励我们说，“你们花了这么多时间与精力，也要考虑考虑写点东西试着发表，也不算浪费你们的这些积累”。如今，距离 2014 年竟已整整十年。

在过去的十年里，游宇和我在不同的兴趣领域进行着各自的阅读与思考，而由于读书会的缘故，却让案例研究偶然地成为我们在学术上的交集。在这些年里，每当看到最新的文章，我们都会与对方分享；每次萌生不同的想法，我们都会与对方交流。就在这些不经意与无计划中，我们合作完成了一些文章，也逐渐产生了将这些零散观点加以整合成书稿的计划。

在这本书中，我们已经向大家展示，一个有益的案例研究颇为复杂，它既包括了案例选择、案例比较、变量控制和机制检验等各个环节的诸多要求，也涉及不同方法优势互补混合使用时的各种规范。因此，在开展案例研究时，研究者不仅需要深入了解案例细节，充分掌握不同证据，更要具备在理论与案例之间不断对话与调适的能力。总之，以案例为基础的研究，是一项以长周期为基本特征的知识生产过程。

然而，我们不得不承认，这个时代对“长周期”似乎并不太友好。超强算力形成了人工智能企业的竞争优势，“小单快反”构成了时尚电商平台的制胜法宝，超短视频成了社交媒体账号的主流产品……如果技术与产品周期的缩短源于性质的颠覆性变革，那么在知识尚没有发生类似变化时，我们就无法在保证质量的前提下，为缩短知识生产的周期而提供任何令人信服的理由。从这一基本立场出发，如果这本书能够为未来的案例研究者提供任何一点“深思熟虑”的参考，那么也将是本书价值的最大化体现。

从十年缘起到如今出版，这本书的历程是一个关于“快”与“慢”的隐喻，亦是一个关于“计划”与“意外”的辩证。这本书的出版，可以算是对雷老师当年那一句期望的兑现，同时它也说明，积累永远不会浪费，只是效应的反射弧有时会长一点。黑格尔曾不无感慨地说，时代的艰苦使人对日常生活中平凡的琐屑的兴趣予以太大的重视。正因如此，我们才更加感谢那些曾经给予我们帮助与鼓励的师友，是你们在前方踏出的旅途，让我们看到，当下依然有人可以自由地去理会那较高的内心生活与纯洁的精神活动。

陈超
2024 年 5 月 7 日